낯선 곳에서의 아침

낯선 곳에서의 아침

구본형 지음

을유문화사

낯선 곳에서의 아침

발행일
2007년 12월 15일 초판 1쇄
2022년 2월 10일 초판 7쇄

지은이 | 구본형
펴낸이 | 정무영
펴낸곳 | ㈜을유문화사

창립일 | 1945년 12월 1일
주소 | 서울시 마포구 서교동 469-48
전화 | 02-733-8153
팩스 | 02-732-9154
홈페이지 | www.eulyoo.co.kr

ISBN 978-89-324-7129-7   03320

- 저작권법에 의해 보호를 받는 저작물이므로 무단전재와 복제를 금합니다.
- 이 책의 전체 또는 일부를 재사용하려면 저작권자와 을유문화사의 동의를 받아야 합니다.
- 책값은 뒤표지에 있습니다. 잘못된 책은 구입하신 곳에서 바꾸어 드립니다.

자신과 만나고 싶은 분들에게 드립니다.

현실과 정신세계의 중간쯤에서
풍요로운 삶을 원하는 분들에게 드립니다.

세계를 탐색하는 자유를 얻고 싶은 분들에게 드립니다.
그리하여 불협화음 속에서도 저마다 한 가닥의 진리를
끌어안고 산다는 것을 인정하는 분들에게 드립니다.

핏줄을 타고 몸속으로 흐르는
주어진 재능에 흥분하는 사람들에게 드립니다.
그리하여 평생 그것만을 위해 울고 싶은 분들에게 드립니다.

햇빛을 뼛속으로 받아들이고
마음이 흘러가는 대로 놓아두는 사람들,
그리하여 노동과 놀이를 같은 것으로 만들어 가는 사람들,
바로 살아지는 대로 살아가는 분들에게 드립니다.

자신을 만나지 못한 것은
찾지 못했기 때문임을 알고 있는 분들에게 드립니다.

그리고 낯선 곳에서 아침을 맞듯
인생은 다시 시작할 수 있다고 믿는 분들에게 드립니다.

감사의 글

언제나 그렇듯이 나는 많은 것을 빚지고 산다. 이번에도 여러 분으로부터 숱한 도움을 받았다. 특히 제일기획의 최인아 전무가 이 책이 '그녀에게 무엇이었는지' 써 주었다. 특별한 정성을 가지고 윤광준 선생이 좋은 사진을 찍어 주었다.

해린과 해언, 두 아이와 아내에게 고마움을 전한다. 깊은 애정과 부드러움으로 지켜봐 주었다.

'을유문화사' 여러분의 열정과 노고에 감사드린다. 늘 고마운 마음 잊지 않는다.

개정판 서문 | 경계를 넘지 않으면 탐험은 시작되지 않는다

    오늘은 오늘이 아니면 할 수 없는 것을 하는 날이다. 나는 삶 속에서 내게 오늘 일어나는 일들에 대하여 대체로 기뻐한다. 많은 사람들이 무엇을 원하는지조차 모르고 살아갈 때 원하는 것을 품고 매일 애쓰는 것은 좋은 삶이다. 호라티우스의 『송가』 11편 속에 나오는 것처럼 "내일을 믿지 말고 오늘의 열매를 따는 데" 나는 몰두한다.

    나는 50 : 50의 인생을 살고 싶다. 애를 쓰면 얻고 마음을 놓으면 얻지 못하는 정직한 긴장에 나를 걸고 싶다. 길게 볼 때 인생은 매우 솔직하여 애를 쓴 사람을 잊지 않고 기억해 준다. 애를 쓰지 않거나 너무 늦게 나타나는 사람에게 인생은 벌을 내린다 시간이 지나는 것처럼 쉬운 일은 없으니 세월보다 무섭게 살을 헤집어드는 사나운 채찍은 없다. 나이가 들어 아무것도 이룬 것이 없는 자신을 보는 것은 추운 일이다. 세월이 지나 어떤 것에도 마음을 쏟지 못한 자신처럼 미운 것은 없다. 시간이 많이 남지 않았는데 쓸데없는 것들에 연연하여 내가 누군지 모르고 살았던 그 많은 시간보다 통탄에 젖게 하는 것은 없다.

지난 10년간 글을 쓰며 살았다. 많은 강연을 하였다. 많은 사람들과 손을 나누었다. 글 쓰는 사람의 비유로 인생을 말한다면 삶이란 한 권의 책과 같다. '자신이라는 이름의 책'을 펼칠 때 차마 손을 놓지 못하게 하는 감동이 없다면 그 삶이 좋았다 말하기 어렵다. 세월이 지난 내 책을 보며 나는 이 속에서 무슨 이야기를 하고 싶었는지 되새겨 보았다. 그 이야기를 전달하는 데 성공했든 그렇지 못했든 내가 하고 싶었던 말은 '너의 이야기를 만들어라' 라는 메시지였던 것 같다.

경계를 넘지 않으면 탐험은 시작되지 않는다. 탐험이 없는 인생이 줄 수 있는 새로움은 없다. 나를 실험하고 싶었고 나를 누르는 세상 이야기의 압력으로부터 벗어나고 싶었다. 시지프의 신화는 매일 아침 출근하는 내가 새로운 하루를 시작도 하기 전에 패배하도록 만들었다. 바위를 굴려 올려 정상에 가까워지면 그 돌은 다시 굴러 떨어지고 다음날 아침 굴러 떨어진 돌을 다시 밀어 올려야 하는 운명적 형벌이 매일 반복된다는 이 신화의 틀을 깨부수지 않고는 행복해질 수 없다는 것을 알게 되었다. 적극적으로 행복을 찾아가고 싶었다. 그래서 나를 위해 새로운 이야기를 만들어 들려주기로 했다.

어느 날 새벽 바위를 굴려 올리기 시작하자 내 속에 있는 어떤 위대한 것이 소리쳤다.

"오늘을 바위가 다시는 굴러 떨어지지 못하게 하는 첫 번째 날로 만들리라."

정상에서 돌은 다시 굴러 떨어지려 했다. 그때 내가 외쳤다.

"오늘은 내 인생의 마지막 날이다. 돌이 떨어진다면 나는 다시는 계곡 밑으로 내려가 돌을 굴려 올리지 않을 것이다. 나에게 내일은 없다."

그러자 돌은 멈춰 섰다. 나에게 내일이 없다면 내일의 형벌도 존재할 수 없는 것이다. 이윽고 내 뇌의 시냅스Synapse를 지배하던 마법의 주술이 풀렸다. 나의 머리를 통제하던 시지프의 신화는 파괴되었다. 더 이상 월요일부터 금요일까지의 지옥을 경험하시 않아도 되게 되었다. 나는 내가 굴리던 커다란 바위를 정상에 올려두었다. 그리하여 그곳을 지나는 사람들이 밟고 올라 그 동안 넘어온 산들을 조망하는 전망대로 삼았다.

2007년 이 책의 서문을 다시 쓰며 나는 더 이상 나를 '변화 경영 전문가'로 부르지 않으리라 결심했다. 이제부터 스스로를 '변화 경영 사상가'로 부를 생각이다. 그리고 10년 후가 될지, 죽을 때에 이르러가 될지 잘 모르겠지만 나는 이윽고 '변화 경영의 시인'으로 변화할 것이다. 시야말로 행간마다 변화를 이루어 낸 글이다. 글을 쓰면서 한 줄을 바꾸어 쓸 때마다 생각의 도약이 이루어지는 글쓰기가 바로 시인 것이다. 행간과 행간 사이에 커다란 텅 빈 공간이 자리할 때 우리는 그것을 시라 부른다. 작가와 독자 사이에서 무수한 버전의 이야기들이 가능한 그 텅 빈 공간이 바로 창조적인 공간인 것이다.

밥벌이에 지지 말자. 살고 싶은 대로 사는 것을 두려워 말자. 꿈을 꾸자. 삶의 어디에서건 새로 시작할 수 있는 용기가 있음을 보이자. 현실과 꿈 사이를 일상의 좋은 감촉으로 채워 넣자. 기쁨으로 시작한 삶이 지혜로 끝나게 하자. 그리하여 시처럼 인생을 살자.

2007년 겨울

초판 서문 | '있는 그대로의 자신'을 받아들여라

살아가면서 모든 사람을 사랑할 수 있기를 기대하지 않는다. 몇 사람이라도 깊이 사랑할 수 있기를 바란다. '나'와 '너' 사이에는 서로 자기에게만 속한 무엇인가가 있어, 있는 그대로 받아들이지 못하면 인간은 서로 사랑하지 못한다. 세상 또한 그렇다. 있는 그대로 받아들이지 못하면 우리는 견디지 못한다. 변화의 시작은 있는 그대로 받아들이는 것이다. 변화는 인간과 세상이 다양하다는 것을 인정하는 것으로부터 시작한다.

그러나 세상이 만들어 주는 대로 산다는 것은 무난한 일인지 모르지만 비겁한 일이다. 세상은 또한 우리가 만들어 가는 것이다. 깃발을 들고 거리로 나옴으로써 세상을 만들어 가려는 사람도 있다. 그러나 수도원의 한 작은 방에서 한 편의 시를 써 우리를 일깨움으로 세상을 만드는 이도 있다. 인간은 자신의 일상적 삶을 통하여 세상에 참여한다. 매일매일 조금씩 세상의 일부를 만들어 간다. 변화란 세상과 자신 사이의 균형을 잡아가는 끊임 없는 과정이다. 변화를 통해 우리가 얻으려고 하는 것은 그러므로 삶 자체이다.

시인이며 명상가인 틱 낫 한Thich Nhat Hahn은 차를 천천히 마시라고 말한다. 이 세상이 어려운 것은 일을 당장에 빨리빨리 해치우려고 하기 때문이라는 것이다. '해치우는 것'이 중요하다 보면 일 자체를 존중하는 마음을 잃어버리게 된다. 무엇을 이루었다는 것이 중요한 것은 아닐지 모른다. 삶 자체가 소중한 것이다. 우리는 그저 나이를 먹어 삶을 마감하기 위해 늙어가는 것이 아니다. 살아가는 것이다. 해뜰녘, 아침, 점심, 한낮, 해질녘, 저녁…… 시간마다 달라지는 햇빛처럼 그렇게 변해 가는 것이다. 산다는 것은 그러므로 시간마다 독특한 아름다운 빛깔로 변해 간다는 것을 말한다.

일상은 삶이 이루어지는 곳이다. 변화는 일상 속에 자신의 욕망을 받아들이는 것으로부터 시작한다. '있는 그대로의 자신'을 받아들이는 것이다. 욕망이 흘러가는 곳으로 깊이 침잠하여 들어가는 것이다. 아주 멀리 그것을 따라 흘러가는 것이다. 그리하여 욕망을 통해 세상과 만나는 것이다. 우리의 욕망이 선택한 대로 아름다운 빛 하나를 세상에 더해 가는 것이 삶이기를 바란다. 그리하여 개인의 역사도 인류의 역사만큼 장엄할 수 있다는 것을 보여줄 수 있기를 희망한다.

　자발적이든 환경에 의해서든 아름다움을 만날 기회를 박탈당하고 욕망을 억제하는 사람들을 나는 경계한다. 그들의 억제된 욕망이 언제 흉악한 모습으로 터져 나올지 모르기 때문이다. 아직 완성되지 않은 그림 위에 엎질러진 페인트처럼 하나의 색으로 세상을 덮으려는 어리석고 끔찍한 파투破鬪를 두려워한다.

　이 책은 '변화'를 주제로 쓴 에세이적 입문서이다. 나는 '다양성과 균형'을 이 담론의 가운데에 두었다. 우리는 참으로 작은 규칙과 관행에 얽매여 산다. 그럼으로써 커다란 원칙을 잊고 산다. '다양성'이란 규칙과 관행을 떠나 원칙이 지배하는 일상으로 회복하는 것을 의미한다. 개인이 사회로부터 보다 자유로워지는 것이다. 자유의 가운데에는 '자신에 대한 존중'이라는 핵심적 가치와 원칙이 자리 잡고 있다. 자신의 삶을 사랑하는 사람은 타락하지 않는다. 삶을 통해 세상의 한 부분을 바꾸어 놓는다. 변화의 정체는 '다양성'을 기초로 세상과 자신, 과거와 미래 사이에서 현재의 위치를 잡아가는 것이다. 그러므로 변화는 언제나 현재적이다. 바로 '지금' 일어나야 하는 새로운 균형을 향한 역동적인 조율이다.

　나는 개인이 어떻게 자신을 얽매고 있는 관행과 규칙으로부터 벗어나 커다란 원칙에 따라 살아가는 삶을 일상 속에 담아낼 수 있는지 그 방법의 일단을 제공하려고 애썼다. 삶은 일상 속에서 이루어진다. 그리고 일상은 바로 하루하루 속에 있다. 낮과 밤으로 이루어진 하루는 삶과 죽음이라는 상징성을 통해, 인생 전체 속에서 '현재'를 구성하는 기본 단위라고 할 수 있다. 살면서 얻은 깨달음과 공감이 일상적 삶 속에서 구현되지 못하는 것은 하루를 바꾸지 못했기 때문이다. 하루를 개편하지 않고는 일상적 삶을 바꿀 수 없다. 물리적 현실을 개편하지 못하는 정신은 허망한 꿈일 뿐이다. 그러므로 자기 혁명은 하루 속에서 자신이 지배하는 시간을 넓혀가는 것이다. 하루의 10%를 지배하는 것으로부터 시작하자. 하루 속에서 잃어버린 두 시간을 찾아내어 자신에게 돌려주자. 나는 그렇게 할 수 있는 현실적이고 실용적인 대안을 찾아보려고 노력하였다.

"인생은 살기 어렵다는데 시가 이렇게 쉽게 씌어지는 것은 부끄러운 일이다." 남의 나라에서 살다 간 시인처럼, 인생을 담지 못하고는 시가 될 수 없다. 시처럼 인생을 산다는 것은 좋은 일이다. 행간의 비약과 절제, 한꺼번에 건져지는 깨달음을 일상의 삶 속으로 끌고 들어온다는 것은 스스로 자신을 만들어 가는 작업이다. 아직 살아 있다는 것이 이처럼 좋을 수가 없다.

아직 미완의 미래를 가지고 있다. 나의 미래는 뻔한 것이 결코 아니다. 내가 있고 싶은 곳으로 가서 낯선 아침을 맞이하고 싶다. 흥분과 긴장이 있는 곳, 불안과 더불어 떠나왔다는 해방감과 자유가 있는 곳, 그곳에서 나는 나와 마주하고 싶다. 오랫동안 그리워한 일이다. 노회하고 원숙하지만 곳곳에서 아직 소년의 모습을 잃지 않았기를 바란다.

나는 지금 여기 살아 있다. 그대 또한 함께.

1999년 2월
구본형

차례

헌사 ... 5
감사의 글 ... 7
개정판 서문 | 경계를 넘지 않으면 탐험은 시작되지 않는다 ... 8
초판 서문 | '있는 그대로의 자신'을 받아들여라 ... 12

제1장 변화 – 살아 있다는 것

변화란 무엇인가? ... 22
변화는 에너지를 필요로 한다 ... 29
개인의 혁명을 통해 우리가 얻으려고 하는 것은 삶 자체이다 ... 45
우리는 왜 변화에 저항하는가? ... 51
세 사람의 죽음 ... 64

제2장 역사 속의 개혁과 혁명

물과 불의 싸움: 물의 승리 ... 72
물과 불의 싸움: 불의 승리 ... 78
"스승은 나를 구하고 나는 스승을 구하리다" ... 83
노블레스 오블리주 Noblesse Oblige ... 93
역사로부터 배운 교훈 ... 99

제3장 상식과 일상으로부터의 일탈 – 몇 가지 이야기

식물은 눈이 없어도 더 잘 볼 수 있다 110

식물은 1년에 한 번 죽는 연습을 한다 116

시간과 그 뒤편에 감추어진 이야기 125

공간에서 공간으로 135

별과 인생 144

정동진, 환선굴과 백마횟집을 다녀오는 데 150
하루가 걸리지 않는다

고전과 고우영의 만화 157

무협의 세계 165

문화와 자유 173

뱀 181

상어, 가오리 그리고 말:어떤 짧은 여행 185

자유와 통제의 사이 193

제4장 자기 혁명은 저항과의 싸움이다 – 필승의 방법

저항의 극복 첫 번째 조건 : 그대로 있을 수 없는   202
                이유에 대한 확신

저항의 극복 두 번째 조건 : 자신에게 상냥하게 대하라   215

저항의 극복 세 번째 조건 : 시간을 쓰지 않으면 욕망은   221
                그저 그리움으로 남을 뿐이다

저항의 극복 네 번째 조건 : 전면전의 첫 번째 싸움에서   229
                반드시 이겨라 – 7일간의 개혁

저항의 극복 다섯 번째 조건 : 끊임없이 대화하라   287

이 책을 마무리하며   293
추천사 | 최인아   297
『낯선 곳에서의 아침』을 읽기 위한 인물 사전   301

변화 – 살아 있다는 것

변화란 무엇인가? 그것은 살아 있다는 것이다. 모든 살아 있는 것들은 변화한다. 변화하지 않는 것들은 죽은 것이다. 1년 전과 똑같은 생각을 하고 있다면, 당신은 1년 동안 죽어 있었던 것이다. 만일 어제와 똑같은 생각을 하고 있다면, 지난 24시간은 당신에게 있어 죽어 있던 시간이다.

변화란 무엇인가?

변화란 무엇인가? 그것은 살아 있다는 것이다. 모든 살아 있는 것들은 변화한다. 변화하지 않는 것들은 죽은 것이다. 1년 전과 똑같은 생각을 하고 있다면, 당신은 1년 동안 죽어 있었던 것이다. 만일 어제의 똑같은 생각을 하고 있다면, 지난 24시간은 당신에게 있어 죽어 있던 시간이다.

살아 있다는 것은 무엇인가? 그것은 스스로 변화한다는 것이다. 죽은 것은 스스로를 변화시키지 못한다. 단지 상황이 그것을 바뀌게 할 뿐이다. 이것은 변화가 아니다. 그저 썩어가는 것이다. 아이는 커서 어른이 된다. 아이를 크게 하는 것은 아이의 내부에 있는 힘이다. 사람이 죽으면 땅에 묻는다. 세월이 가면 육탈이 되어 뼈만 남게 된다. 죽은 것을 바뀌게 하는 것은 내부의 힘이 아니라 외부의 힘이다. 바람과 비와 세월과 미생물들이다. 그러므로 우리가 외부의 다른 사람이 만들어 주는 대로 삶을 살아가고 있을 때 우리는 이미 죽어 있는 것이다. 이때 우리는 단지 상황과 환경의 희생자일 뿐이다.

남이 만들어 주는 대로 살아서는 안 된다. 삶은 스스로 만들어 가는 것이다. 어느 누구도 자신의 위에 놓아서는 안 된다. 우리는 아이를 위해 희생하는 어머니가 될 수도 있다. 그러나 이것 역시 선택이어야 한다. 아이의 선택이 아니라, 어머니의 선택이어야 한다. 이때 우리는 종속되어서도 기쁠 수 있다. 희생의 의미를 알기 때문이다. 자신을 사랑하지 않고는 다른 사람을 사랑할 수 없다.

모든 사람이 변화에 대하여 이야기한다. 그것은 따라 잡기에 너무 빠르다고 말한다. 어쩌다가 여러 사람과 함께 산행을 해본 사람이면 너무 빠르다는 것이 무엇을 의미하는지 알 수 있다. 평소에 평평한 길조차 많이 걸어 보지 못하다가 수직운동을 하게 되면 쓰지 않던 근육들이 아우성친다. 무릎이 아프고 발목이 시큰거린다. 숨이 차고 심장이 터질 것 같다. 산이 아름답고, 공기가 맑다는 최초의 탄성을 잃고, 주위의 경관을 돌아볼 새도 없이 점점 멀어져 가는 동료의 뒷모습을 따라 잡기에 급급해진다. 저 앞에서 한참을 쉬며 기다려 주던 동료들 속에 합류하여 배낭을 벗어놓고, 땀이라도 한번 닦을 참이면 동료들은 벌써 다시 일어나 배낭을 짊어지기 시작한다.

빠르다는 것은 생활을 급급하게 한다. 살아 있다는 것을 느끼기 전에 이미 화살처럼 시간이 지나가 버린다. 이런 사람들에게 변화란 늘 너무 빠르다. 삶은 언제나 그들을 헉헉거리게 만드는 것이고, 쉬는 시간은 늘 짧다. 바쁜 하루하루가 쌓여 40이 되고 50이 된다. 늘 바쁜 일만 하며 평생을 산다. 중요한 일은 언제나 뒷전으로 밀려나고, 소중한 사람과 보낸 시간은 언제나 모자란다.

그런가 하면 어떤 사람은 즐겨 변화의 외곽에 머물러 있기를 좋아한다. 그들은 어떠한 변화가 일어나고 있는지 알려고 하지 않는다. 그들은 언제나 과거 속에 머물러 있다. 과거의 원칙과 지나간 추억에 매달려 산다. 미래는 그저 과거의 인과율에 묶여 있는 여분의 시간일 뿐이다. 그들은 바쁘지 않다. 배낭을 지고 산에 들었지만, 그들이 가는 곳은 언제인가 우연히 발길이 닿아 가보게 된 장소 한곳에 국한된다. 거대한 산이 뒤에 있건만 그들은 언제나 자신을 기다리고 있는 작은 샘이 있고 물이 흐르고 또 몸을 간신히 올려놓을 수 있는 평평한 바위가 있는 산의 어귀에 있는 그곳에서 가지고 간 밥을 꺼내 펼쳐놓고 먹는다. 산

살아 있다는 것은 무엇인가? 그것은 스스로 변화한다는 것이다.
죽은 것은 스스로를 변화시키지 못한다.

속으로 더 깊숙이 들어가 보려고 하지 않는다. 그 속에서 자신을 기다리고 있는 것이 무엇인지 알려고 하지 않는다. 그들에게 인생은 언제나 같다. 그들은 선택하지 않는다. 언제나 우연히 선택당하며 세상을 산다. 그들은 상황의 희생자들이다. 상황이 만들어 놓은 경계선에서 한 발자국도 벗어나려고 하지 않는 사람들이다. 쓸데없이 복잡하고 바쁘기만 한 세상이다. 세상은 어둡고 더러운 골목일 뿐이다. 그들은 햇빛이 비치지 않는 곳만 본다. 그리고 그 속에서 어두움이라는 동질성을 발견한다. 그리고 그 어두움 속에서 조금 덜 어두워 보이는 곳에 자리를 깔고 웅크리고 앉아 스스로 위로한다. 낚시질이나 종교 단체에 몰입할 수도 있다. 이런 사람들은 대체로 세상을 원망한다. 마크 트웨인Mark Twain은 한 100년 전쯤에 다음과 같이 말했다. "세상이 자신의 인생에 빚을 지고 있다고 떠들지 마라. 세상은 우리에게 아무런 의무도 없다. 이곳에 먼저 와 있던 것은 세상이지 당신이 아니다."

어떤 사람은 변화에 대처하는 가장 적극적인 방법이 스스로 변화를 만들어 가는 것이라는 것을 알고 있다. 처음에 그들도 다른 사람들이 많이 다니는 길을 따라 산행을 시작한다. 그러나 결코 지난번에 가보았던 길로 가지 않는다. 산의 앞으로도 올라가 보고 뒤로도 가본다. 그리고 횡단면을 가로질러 보기도 한다. 갈림길이 나오는 지점에 올 때마다 그들은 길을 선택한다. 자신이 선택한 길로 자신에게 맞는 속도로 걸어간다. 힘들면 쉬고, 바람이 땀을 식혀 추워지기 시작하면 다시 일어나 걷는다. 그들은 서두르지 않는다. 운동하듯 죽자 살자 산을 기어오르지 않는다. 그들은 산이 시간마다 변한다는 것을 알고 있다. 햇빛이 강할 때와 비가 올 때 산이 어떻게 변하는지 알고 있다. 눈이 내리면 어디가 늦게까지 녹지 않고 쌓여 있는 곳이라는 것을 잘 알고 있다. 봄에 노란색 꽃으로 가장 먼저 피는 나무가 바로 생강나무라는 것도 알게 된다. 그리고 어디에 가면 진달래가 모여 피는 곳인지 알게 된다. 어느 샘물의 물맛이 가장 좋은지도 알게 된다. 그들은 사람들이 가보지 않은 곳을 많이 알고 있다. 결국 계절과 날씨와 하루의 시각에 따라 그 산에서 가장 아름다운 곳을 선택하여 바로 그때 그 자리에 있게 된다. 그때 비로소 산행은 아름다워진다. 우리의 삶이 아름다워지는 것도 이것과 같다.

　인생이란, 무엇을 이루기 위해 사는 것은 아니다. 그것은 그저 사는 것이다. 하나의 길을 선택하면, 다른 길은 가보지 못하는 여정으로 남는다. 한 길을 가며, 다른 길의 모습을 그리워하지 않길 바란다. 그래서 선택은 다른 것을 버리는 것이다. 여행은 어디에 도착하는 것이 아니다. 그것은 기차 안이고, 거리며, 만난 사람들이며, 골목 속의 주점이며, 산이며 바다이다. 선택한 여정을 따라 보고 느끼며 그때 그 장소의 숨결이 되어가는 것이다. 모든 사람을 다 사랑할 수는 없지만 몇 사람이라도 사랑하며 사는 것이다.

떠나지 않고 여행할 수 없다. 세상을 받아들이지 않고 세상을 이해할 수 없다. 그때 그 장소의 그 사람이 되어 서로 이웃이 되지 못하면 그 문화를 느끼지 못한다. 이 세상은 흰색과 검은색만으로 이루어져 있지 않다. 이곳은 가지가지의 색과 빛깔들이 어울려 있는 곳이다. 무기력한 시멘트색도 있고 슬프고 어두운 낙엽과 같은 색도 있다. 분노처럼 붉은빛이 있는가 하면, 자존심의 서릿빛이 있고, 공포와 두려움의 핏빛이 있다. 용기를 나타내는 나뭇잎 같은 초록빛이 있는가 하면, 중용과 균형, 포용과 사랑을 나타내는 밝고 따뜻한 빛들 또한 가득하다.

당신을 둘러싸고 있는 습하고 어두운 빛 속에서 한 발자국만 걸어 나와라. 수치감과 무기력, 슬픔과 분노의 색깔로 뒤엉킨 곳을 떠나, 밝고 빛나는 곳을 향해 한 걸음만 옮겨라. 그리하여 스스로 밝고 빛나는 하나의 빛이 되라. 변화는 바로 빛이 되는 과정이다.

변화는
에너지를
필요로 한다

　　변화에 성공하기 위해서는 살아 있어야 한다. 살아 있지 않고는 변화를 일으킬 잠재력power을 빌려 올 수 없다. 중요한 것은 자신이 아직 살아 있다는 것을 느끼고 감사해야 한다.

　　데이비드 호킨스David R. Hawkins는 『내부 잠재력과 외부로부터의 억지력Power vs Force』에서 20년에 걸쳐 수백만 번의 운동역학kinesiology적 실험을 통해 측정된 인간 의식의 에너지 수준을 소개하고 있다. 그에 따르면 인간은 살아 있지만 이미 죽음과 비슷한 에너지 수준에 머물러 있는 경우가 있다고 한다. 이 수준의 에너지 장에 있다는 것은 파괴적인 삶을 의미한다.

그에 따르면 죽음과 가장 가까운 상태의 에너지 수준은 우리가 수치심에 싸여 있을 때라고 한다. 원시사회에서 수치스러운 짓을 한 사람은 추방된다. 추방은 곧 죽음이다. 사람다운 취급을 받지 못했을 때 우리는 수치심을 느끼게 된다. 죽고 싶지만 차마 죽을 수 없어 목숨을 부지하는 것이 바로 수치심의 수준이다. 수치심은 잔인성의 도구가 된다. 수치심이 성격의 바탕을 이루는 사람들은 융통성 없는 완벽주의로 이것을 보상하려고 한다. 예를 들어, 연쇄살인자들은 '더러운 여자'를 잔인하게 벌하여 성도덕을 세운다는 미명 아래 자신을 정당화한다. 수치심에 싸인 사람들은 어렸을 때 당한 성폭행 같은 외부적 힘에 의해 피해를 입은 사람들이 대부분이다. 그리고 당한 이상으로 보복하기 쉽다. 그렇게 그들의 삶은 파괴되어 간다.

'수치심'처럼 다른 사람의 삶에까지 치명적인 보복을 주는 수준보다는 높지만, 본인에게 지병적이고, 주위 사람에게 무거운 짐으로 남아 있는 에너지 수준이 '무기력'이다. 빈곤, 절망, 자포자기의 특징을 가지고 있다. 사회적 낙오자, 나이 든 노인, 치명적인 만성 질병을 가지고 있는 사람들이 이 부류이다. 그들은 자신의 힘으로 버틸 수 없다. 살기 위해 다른 사람으로부터 에너지 공급을 필요로 한다. 그러나 어려운 점은 주위 사람이 그들에게 실질적 도움을 줄 수 있는 동기를 갖지 못한다는 것이다. 왜냐하면 그들은 현실을 마주할 용기를 갖지 못하고 희망이 없는 상태로 자신을 몰아가기 때문이다. 도움은 결국 도움이 되지 못한다.

무기력보다는 낫지만 여전히 낮은 에너지 수준에 속하는 것이 '슬픔'이다. 이 에너지 수준에 계속 남아 있는 사람들은 비탄과 공허, 후회와 우울 속에서 인생을 살아간다. 모든 것이 슬프다. 그들은 하나를 잃었지만 모든 것을 잃은 것으로 생각한다. 사랑하는 사람의 상실이 사랑 자체의 상실로 이어진다. 슬픔이 인생을 죽음으로 몰아갈 수 있지만, '무기력'보다는 높은 에너지 수준이다. 충격을 받아 무기력한 환자가 울기 시작하면 회복되고 있다는 증거이다. 그들은 곧 음식을 먹고 걸을 수 있다.

'두려움'은 '슬픔'보다 더 광범위한 일반적 현상이고 위험에 대한 두려움은 건강한 반응이다. 적에 대한 두려움, 죽음에 대한 두려움, 상실에 대한 두려움, 거절에 대한 두려움, 사회적 다수의 힘에 대한 두려움, 도덕과 관행에 대한 두려움들은 인간 행동의 보편적인 동기를 이루고 있다. 이 수준에 있는 사람들에게는 세상은 위협과 함정으로 가득 차 보인다. 실제로 독재자들은 통치의 수단으로 두려움을 이용한다. 기업과 광고업체들도 두려움을 이용하여 시장 점유율을 넓힌다. 우유를 바꾸면 설사한다든가, 칫솔 속의 세균을 과장한다든가 하는 식은 모두 두려움을 이용한 접근이다. 두려움은 인간의 상상력을 타고 끝이 없이 확산된다. 두려움에 사로잡히면 세상은 온통 두려움으로 싸이게 된다. 이것은 강박관념이 되어 만성 스트레스와 신경질적인 반응으로 사회 전역에 전염된다.

무인들은 검을 배울 때 사계四戒를 들어 마음의 동요를 경계한다. 이 사계 중 두 가지는 두려움에 대한 것이다. 두려움에는 다른 사람으로부터 기인한 것이 있다. 검을 겨누고 있는 상대방의 몸집이 크고, 그 외모가 험상궂고, 눈매가 무섭고 기합 소리가 우렁차면 겁을 먹는다. 이를 경驚이라 한다. 경은 훈련과 연습에 의해 극복된다. 다른 사람에 대한 두려움은 자신의 힘을 키워 감으로써 이겨낼 수 있기 때문에 비교적 상대하기 쉬운 적이다. 또 다른 두려움으로 구懼를 든다. 이것은 자신에게서 기인하는 두려움이다. 자신도 그 두려움의 원인을 모른다. 까닭 없이 무섭고 두려운 것이다. 이 두려움은 경보다 상대하기 훨씬 힘들다. 수련을 많이 쌓은 무사도 근본을 알 수 없는 두려움으로부터 벗어나기 어렵다. 그래서 무인의 가장 기본적인 제일의 자질이 바로 담이다. 담膽이 크지 않고는 구를 극복하기 어렵다.

두려움의 치명적 약점은 창조력을 죽인다는 점이다. 두려움 속에 있는 사람들은 육체적 분주함 속에서 자신의 불안을 잊는다. 회사가 감원을 시작하면 더 빨리 출근하고 더 바쁜 것처럼 움직이고, 더 늦게 퇴근한다. 육체적으로 더 많은 시간을 회사업무에 쏟을지 모른다. 그러나 창조적인 일은 할 수 없다. 노예는 신역이 고되다. 하루 종일 쉴 사이 없이 일한다. 그러나 그에게 돌아오는 것은 식은 밥 한 덩어리와 불편한 잠자리뿐이다. 고도의 정신적 작업을 요구하는 직업에 종사하는 사람들에게 많은 자율이 주어지는 이유는 여기에 있다. 그들은 자유롭지 않으면 아무것도 만들어 낼 수 없다.

죽음의 에너지 수준을 0이라고 한다면 수치심, 무기력, 슬픔, 두려움은 순서대로 조금씩 에너지 수준을 높여 가기는 하지만 그 상태에 놓인 사람이 스스로 자신을 변화시킬 수 있을 만한 에너지 수준에는 도달하지 못한다. 따라서 변화를 위해 다른 사람의 에너지를 빌려와야 한다. 이 수준에 놓여 있는 사람들은 다른 사람의 도움을 필요로 한다. 그러나 이 도움은 보상받지 못한다. 아이들을 키우는 부모는 자신들의 도움이 아이를 성장하게 한다는 것을 안다. 그러므로 도와주면서 기쁘고 사랑하게 된다. 그러나 치매에 걸린 어머니를 보살펴 드리기는 어렵다. 자신의 보살핌이 답답하고 힘든 상황을 유지하고 지속시키는 것일 뿐 무엇을 낫게 하는 것이 아니라고 생각하기 때문이다. 수치심 속에 빠져 있는 사람을 도와주긴 어렵다. 그들은 좋은 의도를 왜곡한다. 무기력에 빠져 있는 사람을 보살피기도 어렵다. 그들은 어떤 도움을 받고 있는 지조차 알지 못한다. 그들은 혼자 일어나려고 하지 않는다. 슬픔 속에 젖어 있는 사람은 도

우리가 지나치게 낮은 에너지 수준에 있을 때는 변화를 만들어 낼 수 없다.
단지 변화의 희생자로 남아 있을 뿐이다.

움의 의미를 중요하게 생각하지 않는다. 모든 것을 상실한 사람으로 느끼고 있을 때, 어떤 일도 중요하지 않다. 두려움 속에 있는 사람은 감히 변화를 시도하지 못한다. 그저 외부적인 힘에 굴복할 뿐이다.

스스로 자신을 변화시킬 수 있는 잠재력을 갖는 가장 기초적인 상태는 '욕망'의 에너지 수준이다. 욕망은 본능적이다. 그리고 광범위한 동기이다. 돈, 명예, 권력에 대한 욕망은 인생의 원동력이다. 이것만큼 강력하고 전생애에 걸쳐 지속적인 힘은 없다. 욕망은 만족을 모른다. 욕망을 되찾게 되면, 무기력과 슬픔을 이기고 두려움을 벗어날 수 있게 된다. 그리고 더 나은 삶을 추구하게 만든다. 원하는 마음을 가진 다음에야 비로소 인간은 성취로 가는 출발점에 설 수 있다. 그래서 자신의 욕망을 되찾는 작업이 변화의 시작점이다. 비로소 자신을 돌아보고 자신을 사랑하게 된다.

자본주의의 토대는 이기적 욕망이다. 애덤 스미스Adam Smith는 오늘의 자유시장경제의 이론과 원리의 대부라고 불린다. 그는 잘생긴 사람이 아니다. 개구리눈에 엄청나게 큰 코, 그리고 아랫입술이 튀어나온 신경질적이고 멍청해 보이는 사람이다. 실제로 엉뚱한 사고를 잘 저지르는 사람이었으며, 잠옷 바람으로 거리를 헤매는 묘한 잠버릇을 가지고 있는 사람이었다. 계몽주의의 영향을 받은 그는 1776년에 아주 기다란 이름의 책을 한 권 출판하였다. 『국가의 부에 대한 본질과 원인에 대한 일 고찰 An Inquiry into the Nature and Causes of the Wealth of Nations』이라는 다소 우스꽝스러운 제목의 두꺼운 책이다. 보통은 『국부론』으로 알려져 있는 책이다. 자본주의의 중심이 되어 있는 미국의 독립전쟁의 발발과 자본주의 이론의 원조인 책의 출간이 비슷한 시기에 이루어졌다는 것은 우연한 일치 이상의 운명적 만남처럼 보인다.

그의 위대함은 인간을 있는 그대로 이해한 점에서부터 시작한다. 인간을 이상화시키지도 않았고 미화시키지도 않았다. 있는 그대로 허물과 이기심을 그대로 끌어안았다. 『도덕 감성론 The Theory of Moral Sentiments』의 저자이기도 했던 철학자 애덤 스미스는 모든 행성 가운데 태양이 있듯이 사람들은 세상의 한가운데 자기 자신을 두고 산다고 믿었다. 그는 모든 행성이 각자의 궤도를 도는 데도 우주 전체의 조화와 균형이 유지되는 것에 크게 감명을 받았다. 그리고 인간 사회에도 이 우주의 원리가 작용하고 있다고 믿었다. 결국 자기 자신을 도움으로써 타인들에게도 도움을 줄 수 있는 것이 사람이라고 생각하였다. 그가 본 것은 이기적 욕망이야말로 인간에게 가장 강력하고 지속적인 동기를 부여하는 사실이었다.

애덤 스미스는 인간의 고귀한 심성에만 사회의 미래를 맡기는 것은 현명한 방법이 아니라는 것을 알고 있었다. 인간의 이기적 욕망은 사회를 윤택하게 만드는 가장 강력하고 훌륭한 자산이다. 한번 상상해 보라. 욕망을 가진 한 이기적인 인간이 아침에 일찍 일어나 빵을 만든다. 다른 사람을 위해서가 아니라 자기 자신에게 돈벌이가 되기 때문이다. 그러나 아이러니컬하게도 그는 모든 기준을 자신의 기준에 맞추지 않고 다른 사람의 기준에 맞춘다. 자신이 원하는 것이 아니라 남들이 원하는 것을 만들어 낸다. 자신이 팔고 싶은 양만큼이 아니라 남들이 사고 싶어하는 양만큼 만들어 낸다. 그리고 자신이 받고 싶은 가격이 아니라 남이 인정해 주는 가격에 그것을 판다. 자신을 위해 일하지만 결국 다른 사람에게 도움을 주는 메커니즘이 바로 시장경제이다. 그래서 이 단순한 시스템은 기타의 시도들이 실패할 때에도 살아남았고 이제는 인류의 유일한 경제 시스템이 되었다.

그는 그러나 '보이지 않는 손'에 의해 균형 잡혀지는 자유방임시장 경제체제가 그렇게 쉽게 이루어지리라고 믿지 않은 것 같다. 왜냐하면 정치가의 귀에 속삭이는 상인의 목소리를 간과하지 않았기 때문이다. 그에 의하면 "동일 업종에 종사하는 상인들은 함께 모이는 경우가 드물다. 하지만 일단 모이게 되면 그들의 대화는 항상 소비자들을 우롱할 술수나 가격 상승 결의 따위로 끝맺는다." 실제로 상인들 간의 비도덕적인 담합과 결의는 그 자체로는 별로 효력을 보기가 어렵다. 강력한 영향력을 가진 누군가가 그들을 도와주어야 비로소 효력을 발휘하기 때문이다. 그래서 악덕 상인은 정치가를 필요로 한다. 정부가 나서서 강제력과 규제를 통해 몇몇 악당들에게 독과점권을 부여하게 되면 국내 시장은 그들의 것이 되고 만다.

애덤 스미스의 우려대로 지금까지 한국은 자유로운 시장경제 체제와 거리가 멀었다. 독재정권은 재벌을 키워 냈고, 재벌의 힘이 커지는 것을 통제하고 관리하기 위해 각종 규제를 만들어 활용해 왔다. 이 과정에서 불투명한 자금이 정치권으로 유입되었다. '교활하고 영악한' 정치가들은 '탐욕스럽고 특혜를 바라는' 비도덕적인 상인들과 즐거운 밀월을 즐겨왔다. 뿐만 아니라 상인들은 로비 활동을 벌여 외제품의 수입을 막아달라고 정부에 호소한다. 주로 두 가지 수법을 사용하게 된다. 하나가 바로 '애국심'에 대한 호소이고 또 다른 하나는 '유아산업보호론Infant Industry Protection'이다. 그들은 자생력을 갖춘 후에도 늘 해오던 보호육성책을 정부로부터 기대해 왔고, 애국심을 부추겨 수입품을 배격하는 것이 나라 사랑이라고 소비자를 우롱한다. 외국기업과의 자유경쟁을 피하여 가격을 올릴 수 있기 때문에 이러한 국내 기업은 막대한 이윤을 취할 수 있었다. 소비자는 비싼 가격에 물품을 구입해야만 했다.

이기적 욕망은 축적이나 탐욕과 밀접한 관련이 있다. 욕망은 또한 집착이다. 그래서 욕망은 인생 그 자체보다 더 중요한 것이 되고 말기도 한다. 그러나 인간의 경제적 번영은 욕망을 통해 가장 효율적으로 구현된다. 하버드 대학의 경제학 교수였던 토드 부크홀츠Todd G. Buchholz는 애덤 스미스의 경제학을 계승한 밀턴 프리드먼Milton Friedman의 사진을 들어 인간 이기심의 효율성을 설명한다. 프리드먼의 저서 『선택의 자유Free to Choose』라는 책의 표지에 연필을 들고 있는 저자 사진이 나온다고 한다. 그가 들고 있는 연필은 스미스 경제학의 상징이라는 것이다. 비록 노벨경제학상을 받은 사람이라고 하더라도 혼자 힘으로 연필 한 자루도 만들지 못한다. 불과 100원 남짓한 연필 하나는 스리랑카에서 수입한 흑연과 인도네시아산 고무 지우개, 미국 오리건 주에서 생산된 목재를 재료로 펜실베이니아 주에서 만들어졌다. 효율성을 따지는 개인적 이기심이 아니고서는 불가능한 국제적 분업의 산물이다. 애덤 스미스는 다음과 같이 말한다. "사람들은 종종 자신의 이익을 위해 일할 때, 공익을 위해 봉사할 때보다 사회에 더 많은 기여를 할 수 있다. 공익 사업치고 진정하게 사회를 발전시킨 경우를 단 한 건도 본적이 없다."

그러나 욕망이 항상 성공하는 것은 아니다. 욕망은 좌절을 낳고 좌절은 '분노'를 유발한다. 분노는 억압된 사람들을 해방시키는 분기점이 될 수도 있다. 실제로 정치적 독재, 사회적 부조리, 불평등, 부패에 대한 분노는 사회에 대한 분노를 통해 구조적 대변혁을 낳게 되는 도도한 사회운동으로 발전되는 경우가 적지 않다. 한국 역시 오랜 세월의 투쟁을 통해 군사독재로부터 벗어났다.

분노는 그렇지만 자칫하면 보복으로 흐를 수 있고 폭발적이며 거칠다. 성급하고 조급하다. 작은 일에 과민하여 사소한 일에 목숨을 건다. 잘 싸우고, 다른 사람에 대한 에티켓이 없다. 쉽게 증오로 변질되기 쉽다.

광장에서 당연한 것이 지켜지지 않을 때 느껴지는 분노는 거울에 되비친 빛처럼 반사되어 자신에게 되돌아온다. 자신도 곧 그 천박하고 성급함에 전염되어 똑같이 그 짓을 할 수밖에 없게 된다. 내면의 아름다움과 세련을 잃어간다. 자신에 대한 존엄을 잃어간다. 이런 사회 속에서 좌절하면서 결국 각 개인은 스스로에게 분노하고 다른 사람에게 분노를 되돌려준다. 그리하여 분노는 사회 전체에서 재생산되게 된다.

성급하고 사소한 일로 쉽게 상처를 주는 분노의 에너지 수준에 머물러 있는 사회에서 자신을 지키고자 하는 개인들도 많이 있을 수 있다. 그들의 에너지 수준은 '자존심'의 단계라고 볼 수 있다. 자존심은 좋은 덕목으로 사회적으로 권장받고 있다. 그러나 그것은 매우 불안전한 에너지 수준이다. 자존심은 방어적이고 오만하고 부정적이다. 그리고 비난에 약하다. 그래서 아주 쉽게 '수치심'의 수준으로 떨어질 수 있다.

자존심은 분열과 파벌주의를 초래한다. 애국심이라는 '자존심'은 국민으로 하여금 기꺼이 전쟁을 치르도록 몰아간다. 종교 전쟁, 정치적 테러, 중동의 광적인 역사는 자존심의 대가이다. 자존심에 가득 찬 사람은 의식의 성장을 차단한다. 자신의 성품과 기질이 가지고 있는 약점을 부정하기 때문이다. 부정함으로써 등을 돌린다. 자존심은 진실한 성장을 만들어 낼 수 있는 내면의 힘을 가로막고 있는 장애물임을 직시해야 한다. 자신의 잘못과 오류를 인정할 만한 용기를 지니지 못하는 자존심은 덕목이 아니다. 이 수준에 머무는 사람들은 그저 외부의 강제력과 내부의 잠재력 사이의 경계선에 간신히 서 있는 한없이 피곤한 사람들이다.

참된 내면의 잠재력을 통해 자신을 성장하게 하는 에너지 수준은 '용기'의 단계이다. 이 수준에 이르면 인생은 흥미롭고, 도전적이며, 자극적인 것이 된다. 용기는 우리에게 기꺼이 새로운 것을 시도하게 해준다. 파란만장한 인생을 새로운 삶으로 전환시켜 준다. 성장이 목표가 된다. 새로운 것을 습득하려 하고, 자신에게 끊임없이 에너지를 부여함으로써 항상 새롭게 되려 한다. 이 수준에 이르게 되면 자신의 성격적 결함이나 두려움을 볼 수 있고 인정한다. 그러나 두려움과 결함에도 불구하고 성장을 포기하지 않는다. 이 수준의 사람들은 쉽게 굴복하지 않는다. 장애물을 만나면 오히려 자극을 받는다. 세상으로부터 받아 자신이 흡수하고 소모한 에너지만큼 자신의 활력을 통해 세상으로 되돌려 보낸다. 그들은 성취를 통해 고무받고, 더 높은 수준에 도달하기 위해 스스로를 격려한다. 데이비드 호킨스는 20년 전부터 인류는 평균적으로 이 정도의 에너지 수준에 도달해 있다고 추정하고 있다.

우리는 때때로 외부로부터 사람 취급을 받지 못해 수치심에 시달릴 때도 있다. 무기력에 빠져 며칠이고 헤어나지 못할 때도 있다. 혹은 몇 달을 다른 사람의 짐이 되어 그렇게 보낼 수도 있다. 상실감 때문에 슬픔에 싸여 세상이 온통 슬픔 외에는 없는 것처럼 느낄 때도 있다. 국가의 부도와 기업의 도산, 그리고 실직의 두려움 속에서 하루하루를 살고 있기도 하다. 욕망을 따라 그것을 위해 동분서주했건만 욕망은 좌절되었을 수도 있다. 무능하고 부패한 공무원으로부터 불친절한 대접을 받고 분노할 때도 있다. 책임을 다하지 않고 뻔뻔하고 더러운 정치인들을 쓸어버리고 싶은 분노 속으로 자신을 몰아넣을 때도 있다. 자존심을 지키기 위해 싸우고, 세상의 한 귀퉁이 속으로 자신을 쑤셔 박았을 수도 있다.

그 동안 우리가 어떻게 살았든 우리는 다시 시작할 수 있다. 다시 한 번 멋있게 인생을 시작할 수 있다. 나시 인생 속으로 되돌아가기에는 너무 늦었다고 생각하는 사람들도 있을 수 있다. 만일 그런 생각이 든다면 반대로 자신의 인생에 멋있게 정리해야 할 과제가 아직 남아 있다고 생각하라. 지금 우리에게 필요한 것은 용기이다. 용기는 특별한 사람의 전유물이 아니다. 데이비드 호킨스의 계량화 수치에 따르면 용기는 에너지 수준 200 정도로서 인류 보편적인 의식 수준이다(그는 예수나 부처의 에너지 수준을 1,000으로 보고 있다. 위대한 정치 지도자나 아인슈타인, 프로이트 등은 에너지 수준이 400대 정도로 나타난다고 한다).

우리가 지나치게 낮은 에너지 수준에 있을 때는 변화를 만들어 낼 수 없다. 단지 변화의 희생자로 남아 있을 뿐이다. 수치심, 무기력, 슬픔, 두려움의 에너지 수준에 있는 사람들은 외부적 힘에 의해 파괴되어 가는 삶을 살고 있는 것이다. 외부적 힘은 주어진 상황이다. 이때 우리는 상황의 희생자에 불과하다. 그래서 이때 우리는 살아 있지만 죽은 것과 다를 바 없다.

변화를 시작하는 최초의 출발점은 내부의 욕망을 발견하고 그 욕망의 흐름에 자신을 맡기는 것이다. 욕망은 그러나 좌절할 수 있다. 좌절의 순간마다 자신을 일으켜 세우려면 용기가 필요하다. 용기는 다시 시작하게 한다. 다행스럽게 욕망과 용기는 인류가 보편적으로 가지고 있는 동기이며 힘이다. 이것은 외부로부터 주어지는 강제력이 아니다. 이 힘의 근원은 우리의 내부로부터 온다. 이것은 우리가 언제고 자신을 위해 변화를 만들어 갈 수 있는 잠재력을 소유하고 있음을 말해 준다.

개인의 혁명을 통해
우리가 얻으려고 하는 것은
삶 자체이다

변화를 만들어 가는 가장 강력하고 극단적인 방법은 혁명이다. 혁명을 규정하는 여러 정의들 중에서 내가 좋아하는 것은 '패러다임Paradigm의 변화'이다. 패러다임이 바뀌기 위한 전제는 '정상'으로 보이는 것들에 대한 파괴와 단절을 가정한다. 혁명 속에서 항상 피의 냄새가 나는 이유는 여기에 있다. 핏속에는 언제나 죽음의 냄새가 난다. 그러나 피는 또한 새로운 탄생을 상징한다. 우리는 피를 흘리며 죽기도 하지만 어린아이는 누구나 어머니의 핏속에서 탄생한다.

삶은 그러므로 피와 피 사이에서 존재한다. 바로 탄생과 죽음 사이에 존재한다. 살면서 새로운 삶을 살고 싶어하는 사람이 있다면 정신적으로 우리는 죽어야 한다. 물리적 죽음이 오기 전에 우리는 정신적 육탈을 필요로 한다. '죽지 않고는 살 수 없다'는 것이 바로 혁명의 요체이다. 『성경』에서는 이것을 '거듭난다'고 말한다. 임제 선사는 "이곳에 나를 산 채로 묻으라"고 말한다.

모든 사람이 깨달음을 얻어 부처가 될 수는 없다. 그저 우리는 날 때부터 '하느님의 형상'이었고, 부처(自心卽佛)였다는 아주 먼 곳에 있는 불빛의 도움을 받을 뿐이다. 그리하여 우주의 어둠이 되어 묻히지 않고 수많은 별들 중의 하나가 되어 밤에 깨어 있고 싶은 것이다.

자기 혁명을 통해 우리가 얻으려고 하는 것은 돈과 명예와 권력이 아니다. 혁명을 통해 우리가 얻으려고 하는 것은 삶 자체이다. 삶은 일상이다. 좋은 삶은 일상 속에서 행복을 느끼는 것이다. 일상을 통해 자기 삶을 살면서 기꺼이 다른 사람의 도움이 될 수 있다면 우리는 하나의 빛이 되어 살고 있는 것이다. '행복한 일상적 삶'이야말로 자기 혁명이 추구하는 비전이다.

일상이 행복해지기 위해서는 의식의 에너지 수준을 끌어올려야 한다. 부정적이고 파괴적인 양상의 삶을 만들어 왔던 조건들의 뒤에 버티고 서 있는 의식의 함정을 극복하지 않으면 안 된다.

사물을 이원적으로 파악하는 사람들은 그 편협성 때문에 세상을 이해하는 데 커다란 어려움을 겪게 된다. 세상은 여러 가지 색으로 구성되어 있다. 흑백의 시각은 이러한 세상을 사실대로 볼 수 없게 한다. 편파성 때문에 대립과 분열과 반대를 초래한다. 여러 가지 색을 인식할 수 있는 유연한 균형적 의식은 정신적 색맹으로부터 우리를 구해 준다.

나에게 있어 개인혁명은 두 가지 목표를 가지고 있다. 그 첫째는 이원적 시각을 교정함으로써 세상에게 원래의 색깔을 돌려주는 것이다. 이 수준에 도달한 사람들은 내면의 자신을 신뢰한다. 자신이 가지고 있는 잠재력을 믿고 있으므로, 쉽게 위협을 느끼지 않는다. 무엇인가를 증명하기 위해 안달을 하지도 않는다. 자신의 인생이 어떻게 흘러가든 기본적으로 수용의 자세를 잃지 않는다. 그들은 세상에 대해 편안함을 느낀다. 경쟁, 대립, 죄책감 같은 것에는 관심이 없다. 세상을 좋은 나라와 나쁜 나라로 나누어 보지 않기 때문이다. 다른 사람을 비난하지 않는다. 다른 사람의 행동에 의해 자신의 일상이 좌우되지 않기 때문이다. 다른 사람의 행동을 마음대로 조정하고 싶다는 생각도 가지고 있지 않다. 왜냐하면 자신의 자유를 아주 중요하게 여기므로 다른 사람의 자유 역시 존중하기 때문이다. 그들의 일상은 잔잔하고 조용하여 참으로 일상적이다. 간디가 한 말을 기억하게 한다. "그대에게 잘못이 없다면 화를 낼 이유가 없다. 만일

다른 색깔의 희생을 통해 빛나는 불완전한 돋보임이 아니라
스스로 빛나는 가장 아름다운 빛이 되어야 한다.

그대가 잘못했다면 화를 낼 자격이 없다." 그러므로 우리는 언제나 화를 내지 않고 세상을 볼 수 있다.

개인혁명을 통해 도달하고 싶은 또 하나의 목표는 자발성이다. 자발성이란 인생 속에 내재하는 보이지 않는 저항을 뿌리치고 기꺼이 삶에 참여하는 마음이다. 어려움으로부터 회복하는 능력과 시련을 통해 배운 바에 따라 자신의 등뼈로 스스로를 바로 세울 줄 아는 수준의 사람들이다. 이 수준에 도달한 사람은 성장이 빠르고 다른 사람으로부터 기꺼이 배우려고 한다. 아주 훌륭한 학생이며 쉽게 가르칠 수 있기 때문에 사회의 가장 중요한 자원이 된다.

이 세상에게 색깔을 찾아줌으로써 우리는 흑백으로 데포름 déform 되어 보이는 세상을 있는 그대로 조화로운 색의 모임으로 볼 수 있게 되었다. 그러나 인생은 관조하는 것이 아니다. 이제 스스로 우리는 세상을 이루는 하나의 빛깔이 되어 세상의 일부가 되어야 한다.

다른 색깔의 희생을 통해 빛나는 불완전한 돋보임이 아니라 스스로 빛나는 가장 아름다운 빛이 되어야 한다. 그녀를 위한 '붉고 붉은 장미'의 빛으로 남을 수도 있다. 혁명가가 되어 양귀비꽃빛으로 세상을 살아갈 수도 있다. 온갖 잡동사니를 끌어안고도 푸른색으로 빛나는 바다처럼 살다 갈 수도 있다. 가수가 되어 무대 위에서 쓰러질 때까지 어둠 속의 박꽃 같은 빛으로 살다 갈 수도 있다. 아이들을 가르치는 쪽빛 선생으로 살다 갈 수도 있다. 무엇이 되어 살다 가도 좋다. 그러나 무엇이 되든 가장 그 일을 잘할 수 있는 사람이 되어 자신이 택한 색깔에 가장 고운 점을 하나 더 하고 가는 것은 멋진 일이다. 우리는 모두 그렇게 살 수 있다.

우리는 왜 변화에 저항하는가?

아침 6시에 일어나 영어 회화를 시작하겠다고 다짐한 사람이 얼마나 많겠는가? 그러나 계속한 사람들은 별로 많지 않은 것 같다. 아침에 30분간 조깅을 하겠다고 벼르는 사람은 또 얼마나 많은가? 그러나 새로운 습관으로 정착시킨 사람은 드물다. 담배를 끊어보려고 노력하다 실패한 사람도 있을 것이다. 술을 마시지 않고 집에 일찍 들어가 보려고 시도한 사람 중에서 성공한 사람은 극히 일부에 지나지 않는다. 날씬한 몸매를 만들고 싶은 여인들이 좀더 환상적인 약을 찾는 이유는 운동과 절제에 의해 체중을 빼기가 어렵기 때문이다. 그러나 쉬운 방법은 없다. 그래서 모든 여인들이 다 날씬한 것은 아니다.

일상 속에서 작은 변화조차 만들어 내는 것이 이렇게 어려운 이유는 무엇인가? 그것은 우리가 저항에 지기 때문이다. 변화는 저항과의 싸움이다.

『변화를 이끌어 가기 : 가치 중심의 리더십을 위한 논쟁Leading change:the argument for value based leadership』이라는 책을 쓴 제임스 오툴James O'tool은 변화에 대하여 저항하게 되는 33가지의 이유를 나열하고 있다. 전부 다 공감할 만한 내용은 아니지만 몇 가지는 매우 탁월한 지적이라고 생각한다. 다양한 사고의 폭을 넓힌다는 의미에서 필요한 경우 괄호 안에 간단한 주를 달아 모두 소개한다.

인간이 변화에 저항하게 된 33가지 가정

1. 인간은 태어날 때부터 체내의 안정을 유지하려는 경향을 가지고 있다. 즉, 변화는 자연스러운 상태가 아니다.
2. 기존의 상황은 이미 정당화되어 있다. 변화가 일어나면 또 정당화의 과정을 거쳐야 한다. 부담스럽다.
3. 불활성 : 변화시키기 위해서는 막대한 힘이 들어간다(따라서 그렇게 하고 싶지 않다).
4. 만족 : 지금 이대로에 만족하고 있다(그러나 실제로는 그렇지 않다. 변화가 가져올지도 모르는 상대적 불만족을 두려워하고 있다).

5. 시기 부적당 : 변화의 조건이 아직 무르익지 않았다. 더 기다리자(이 경우에는 이미 너무 늦을 때까지 기다리는 것이 보통이다. 미룰 수 있을 때까지 미루기 때문이다).

6. 공포 : 미지에 대한 불안.

7. 기득권 : 변화는 다른 사람에게 기회를 줄지 모르지만 나에게 혜택을 주지는 않는다(언제나 얻는 것만큼 잃을 수도 있다. 살면서 아무것도 가지고 있지 않은 사람은 없다. 그것이 무엇이든 그나마 그것조차 잃어버릴지 모른다는 불안이 있다. 그래서 확실해지기 전까지는 변화에 적극 참여하는 사람보다는 관망하는 사람들이 언제나 훨씬 많다).

8. 자신감의 부족 : 새로운 도전에 대한 준비가 되어 있지 않다.

9. 미래 쇼크 : 변화에 압도당하여 두려워한다(변화의 내용, 방향뿐 아니라 변화의 스피드에서도 사람들은 압도당한다. 따라갈 수 없을 때 포기하고 스스로 문을 닫아건다. 상황을 이해할 수 없을 때, 우리는 받아들일 수 없고, 따라서 폐쇄적이 된다).

10. 헛된 노력 : 변화가 표피적이고, 껍데기만 덧칠하고, 기만적이라는 것을 알고 있다. 왜 또 해야 하는가?(실패한 개혁에 대한 경험이 많은 사람들이 빠지기 쉬운 오류이다. 하나라도 철저히 실행하고 그 결과를 보아 수정해 가는 자세보다는 잡지에 새로운 개혁 프로그램이 소개될 때마다 도입하여 구성원을 변화에서 변화로 끌고 다니는 조직 속의 사람들이 느끼기 쉬운 감정이다. 거듭된 실패를 통해 조직 구성원이 냉소적으로 변하게 되면, 그들은 다음

계획을 들으려고 하지 않는다. 이런 과정을 거쳐 조직은 개혁의 능력을 상실하게 된다. 개혁이 빠른 성공을 요구하는 이유가 여기에 있다.)

11. 지식의 부족 : 무엇을 어떻게 변화시킬지 모른다.
12. 인간 본성 : 인간은 경쟁적이고, 진취적이고, 탐욕스럽고 이기적이다(좀더 나은 사회, 조직을 위한) 변화에 필요한 이타심이 결여된 채 태어났다.
13. 냉소주의 : 변화를 주도하는 사람의 동기에 대해 의심한다.
14. 왜곡 : 변화를 환영한다. 그러나 원치 않은 나쁜 결과가 나타날까 봐 우려된다.
15. 천재와 대중 : 대중은 천재가 보는 변화 속의 지혜를 예견할 수 없다.
16. 자아 : 자신이 잘못되었다는 것을 인정할 수 없다.
17. 단기적 사고 : 사람은 편안하고 좋아하는 것을 바꾸지 않는다.
18. 근시안 : 변화란 결국 자신의 이해와 종국적으로 직결된다는 것을 외면한다.
19. 몽유sleepwalking : 대부분의 사람들은 검증되지 않은 삶을 살아간다.
20. 설맹snow blindness : 동아리, 사회적 동질성이 변화를 가로막는다.
21. 집단 환상 : 우리는 자신의 개인적 경험으로부터 배우는 대신 미리 인식된 사회적 의미로 모든 것을 해석한다(자기 자신의 눈으로 세상을 본다는 것은 쉬운 일이 아니다. 그러나 사회와

다른 사람의 눈으로 세상을 볼 때, 우리의 행복은 그들의 손에 쥐어지게 된다. 세네카는 이것을 다음과 같이 쏘집었다. "사람은 가치 있는 일을 해서 칭송받는 것이 아니다. 칭송받기 때문에 가치 있는 일이 되는 것이다").

22. 쇼비니스트적 사고 : 우리는 옳다. 변화를 강요하는 사람들이 잘못되었다.

23. 예외의 오류 : 다른 곳은 변화가 필요하다. 그러나 우리는 괜찮다.

24. 이데올로기 : 우리는 다른 세계관을 가지고 있다. 따라서 갈등이 있을 수밖에 없다.

25. 체제중심주의 : 개인은 변할 수 있다. 그러나 집단은 그럴 수 없다.

26. 자연은 뛰지 않는다. 점진적으로 진화할 뿐이다.

27. 권력의 정통성 : 기존의 진로로 우리를 인도하는 리더에 대해 의문을 제기하지 마라.

28. 변화는 지지자를 가지고 있지 않다.

29. 결정주의 : 개인이 의도적인 변화를 통해 얻을 수 있는 것은 없다.

30. 습관.

31. 과학만능주의 : 역사의 교훈은 과학적인 것이다. 따라서 역사로 부터 배울 것이 없다(조건을 달리하면 다른 결과가 나온다).

32. 관습의 독재 : 변화를 주도하는 자의 사고는 반사회적이다

(대체로 나이가 들면 보수적으로 변한다. 폐쇄적인 늙은 사회가 젊은이들을 위험시하는 이유가 여기에 있다).

33. 인간의 부주의.

제임스 오툴의 33가지 가정들 중에서 전문가들에 의해 공통적으로 받아들여지고 있는 중요한 저항의 이유를 대별하면 다음과 같다.

첫째, 사람들은 변화가 가지고 올지도 모르는 불이익을 두려워한다. 변화는 현재의 상태를 파괴하기 때문에 사회적 기득권은 보호되지 않는다. 변화는 자유를 제한할지도 모른다. 책임과 함께 그 권한도 줄어들게 될지 모른다. 근무 조건을 악화시키고, 근무 환경을 더 나쁘게 만들지도 모른다. 더 많이 일하고 더 적게 받게 될지 모른다. 더 심각하게는 실업을 야기하고, 직장을 잃게 될지도 모른다.

개인적으로도 변화는 희생을 강요한다. 6시에 일어나서 영어를 배우거나 조깅을 하는 것은 편안한 새벽잠을 희생해야 가능한 것이다. 날씬한 몸매를 위한 다이어트는 맛있고 기름진 음식을 먹는 즐거움을 희생해야 가능하다.

기득권의 본질을 이해하지 못하고는 변화를 성공시킬 수 없다. 나는 『익숙한 것과의 결별』에서 노회의 정신이 기득권의 보호를 위해 어떻게 다양한 형태의 저항을 전개하는지 설명하기 위해 많은 지면을 할애했다. 저항의 핵심 속에 기득권의 상실에 대한 불안이 깊이 숨어 있다. 당唐나라 때 유거용이라는 장수가 있었다. 그는 '황소의 난亂' 때 복병을 이용하여 반란군을 대파하였다. 그러나 유거용은 황소가 달아나도록 놓아두고 쫓지 않았다. 부하들이 도주하는 적을 급히 칠 것을 요청할 때 그는 다음과 같이 말했다고 한다.

> 조정은 곧잘 사람을 배신한다. 자기들이 위태로울 적에는 장수들에게 의존하여 관작을 아끼지 않는다. 그러나 다시 태평세월이 되면, 장수 따위는 돌보지 않는다. 헌신짝처럼 버리고 만다. 죄를 뒤집어씌워 죽이는 것이 예사이다. 조정을 견제할 수 있는 것은 민란밖에 없다. 그러므로 비적의 뿌리를 뽑으면 안 된다.

유거용의 견해는 마음속에 들어 있는 본심이다. 그는 사냥이 끝나면 사냥개를 삶아 먹는다는 것을 잘 알고 있었다. 껍데기 속에 숨어 있는 진심을 안다는 것은 중요하다. 결국 그것이 사람을 움직이게 하는 진정한 이유가 되기 때문이다. 개혁에 대해 '총론 찬성, 각론 반대'를 주장하는 사람들은 실제로는 방법론에 이의가 있기 때문이 아닐 때가 많다. 그들은 자신의 이해에

도움이 되지 않기 때문에 그 방법에 반대하는 것이다. 정치가들이 '나라와 민족'을 들먹이는 것은 항상 자신의 본심을 속이기 위해 사용하는 포장이다. 개혁은 그러므로 예로부터 성공하기 어렵다. 개혁이 실패하고 지나간 자리에는 기득권층이 더욱 무성하고 번창하게 마련이다.

둘째, 변화는 습관의 일부를 깨뜨림으로써 불균형을 가져온다. 우리의 일상은 여러 가지 익숙한 습관들로 이루어져 있다. 이 습관들은 서로 상호 연결되어 있다. 마치 기름진 음식은 술과 어울리고 술은 담배 맛을 좋게 만든다. 변화는 사람이 그 동안 체득하여 익숙해진 매일 매일의 생활과 습관 중 일부를 공격함으로써, 상호 연관된 나머지 다른 일상적 요소들과 갈등을 일으키게 한다. 그리하여 '과거의 자기'는 변화된 일부를 다시 원상 복귀시킴으로써, 마음의 평화를 찾게 만든다. 예를 들어 담배를 끊겠다고 결심했고 며칠째 그 약속을 지키고 있다고 하자. 그러나 술과 기름진 음식은 그대로 허용했다고 가정하자. 술과 기름진 음식을 먹으면서 담배를 피우지 않기는 매우 어렵다. 술과 음식은 담배를 그리워하며 손짓하며 부른다. 그는 망설이다가 술이 거나해지면 슬그머니 담배 한 개비를 피워 문다. 마지막 담배라고 다짐하지만 이미 그때는 늦어 옛날로 되돌아가는 첫 담배를 피워 문 것이다.

죽은 인간들은 아름다움에도 눈이 멀어 있다. 다른 사람을 볼 때도 나쁜 면밖에 볼 줄 모르며, 나무를 볼 때도 목재나 거기서 얻을 수 있는 이득밖에 볼 줄 모르게 된다.

변화 관리 전문가인 존 P. 코터John P. Kotter는 『변화의 주도Leading Change』라는 책에서 다음과 같은 예를 들고 있다.

프랭크Frank는 어떤 대기업에서 100명의 직원을 거느리고 있는 관리자다. 그는 지시와 통제 스타일의 관리자로서 혁신하려는 회사의 창의력과 이니셔티브를 죽이는 전형적 인물이다. 그러나 코터는 그가 나쁜 사람이 아니라고 변호한다.

우리 모두가 그렇듯이 프랭크 역시 자신의 역사의 피조물이다. (……) 만일 프랭크가 안고 있는 문제가 한 특정요소 하나 정도와 배치된다면 변화는 훨씬 쉬웠을 것이다. 그러나 그렇지가 않다. 그는 이미 수십 가지의 상호 연관된 습관들을 가지고 있고 이것들이 모여 그의 관리 스타일을 형성해 놓았다. 만일 그가 자기 습관 중의 하나를 바꾸었다고 가정하자. 그러면 수많은 기존의 다른 습관들이 그에게 압력을 가하고 결국 옛날로 되돌아가게 하고 만다. 그가 필요한 것은 모든 습관을 한꺼번에 바꿔버리는 것이다.

프랭크가 변화에 저항하는 것이 이상한가? 오히려 저항은 변화에 대한 매우 자연스러운 반응이다. 저항이 없는 변화치고 근본적인 것은 없다. 저항이 없다는 것은 변화 자체가 껍데기뿐이거나 철저하게 실행되고 있지 않다는 것을 의미한다.

셋째, 변화에 대한 충분한 설득이 이루어져 있지 않기 때문에 우리는 변화에 저항한다. 이것은 자기 자신과의 커뮤니케이션을 말한다. 변화는 '하면 좋은 것'이 아니다. 그것은 '생존의 문제survival issue'이다. 당신은 스스로에게 그렇게 믿도록 자신을 설득하였는가? 정말로 그렇게 믿고 있는가? 변화는 지금 당장 시작해야 하는 것이다. 내일이 아니고 한 시간 후가 아니라 지금 당장 '불타는 갑판'에서 뛰어내리는 것이 확실한 죽음을 모면하는 일이다. 당신은 정말 그렇게 믿고 있는가? 그리고 변화가 종국적으로 가져다 줄 수 있는 가치와 혜택에 대하여 믿음을 가지고 있는가? 지금 이 고통과 불안은 언젠가 자랑이 되고 나는 좀 더 행복해질 것인가?

배추벌레 한 마리가 있다. 열심히 먹어 살이 오르면 어느 날 고치가 된다. 고치는 배추벌레의 죽음이다. 또 어느 날 고치는 한 마리의 아름다운 나비로 변한다. 나비는 고치의 부활이다. 하나의 생명이 물리적으로 죽기 전에 그것은 눈부신 변신을 해내고 만다. 배추벌레는 자기 안에 힘을 가지고 있다. 고치가 되어야 할 시점에서 망설이지 않는다. 내일로 미루는 법이 없다. 미루는 것은 바로 죽음을 의미하기 때문이다. 자신의 입에서 실을 뽑아 스스로를 묶는다. 자유를 묶고, 싱싱하고 맛있는 배춧잎의 기억을 잊어버린다. 스스로 나비가 되어 하늘을 나는 꿈을 꾸며 좁은 공간 안에서 옷을 벗어버린다.

포리스트 카터Forrest Carter는 한 체로키 인디언 소년인 '작은 나무'의 이야기를 책으로 펴냈다. 1977년 뉴멕시코 대학 출판부에서 출간된 이 『작은 나무의 배움The Education of Little Tree』이라는 책은 1993년 『작은 나무야 작은 나무야』라는 제목으로 번역되어 나왔다. 이 책은 번역 또한 훌륭하다. 이 책에서 한 구절을 인용한다.

> 할머니의 말씀에 의하면 모든 사람들은 두 개의 마음을 가지고 있다고 한다. 마음의 하나는 육신의 삶을 위해 필요한 것들과 관계된 것이다. 우리는 그러한 마음을 통해 잠자리나 먹을 것, 그리고 그 밖에 우리의 육신을 위해 필요한 것들을 얻는 방법을 생각해 낸다. 남녀가 짝을 짓고 아이들을 갖는 등의 행위를 하는 데도 그러한 마음이 작용한다. 우리가 계속 생존하려면 그러한 마음을 갖고 있어야 한다. 그러나 우리는 그러한 일들과 전혀 무관한 또 다른 마음을 갖고 있으니 그것은 바로 영적인 마음, 곧 영혼이다.
>
> 만일 우리가 육신의 삶과 관계된 마음을 통해 탐욕스럽고 비천한 생각에만 몰두해 있다면, 그리고 우리가 항상 그러한 마음을 통해 남들을 공격하고 남들에게서 이익을 취할 방법만을 생각한다면 (……) 우리의 영적인 마음은 히코리 열매만 하게 졸아붙어 버릴 것이다. (……) 만일 다시 태어나서도 육신의

삶과 관계된 마음이 당신의 모든 것을 지배하게 된다면 그것은 완두콩만 하게 졸아붙어 버리거나 아예 사라져 버릴 수도 있다. 그럴 경우 당신은 영혼을 완전히 상실하게 된다.
이렇게 해서 그러한 인간은 살아 있으면서도 죽은 인간이 된다. (……) 죽은 인간들은 아름다움에도 눈이 멀어 있다. 여자를 볼 때에도 추잡한 것밖에 볼 줄 모르고, 다른 사람을 볼 때도 나쁜 면밖에 볼 줄 모르며, 나무를 볼 때도 목재나 거기서 얻을 수 있는 이득밖에 볼 줄 모르게 된다. 그들은 살아 있는 사람처럼 걸어 다니지만 사실은 죽은 인간들이다.

인간은 정신이 죽으면 무력한 존재이다. 육체적으로는 털도 하나 없어 겨울이 오기 전에 얼어 죽고 만다. 자신이 왜 이곳을 떠날 수밖에 없으며 어디를 향해 가야 하는지 충분히 알지 못하고는 겨울 속으로 떠나가지 못한다. 당연한 일이 아닌가? 확신을 갖지 못하는 사람에게 저항은 당연한 것이다. 자신과 많은 대화를 나누는 사람은 스스로를 설득할 수 있다.

# 세 사람의 죽음

그리스의 작가 니코스 카잔차키스Nícos Kazantzakís의 유해는 1957년 11월 고향 크레타 섬에 묻혔다. 헤라크리온에는 그의 비명碑銘이 있다. 두 줄의 시가 쓰여 있다. 그것은 〈토다라바〉라는 작품에서 그가 인용했던 힌두의 우화에서 따온 것이다. 위대한 무사가 있었다. 그는 폭포로 떨어지지 않으려고 필사적으로 노를 저었다. 그는 마침내 노를 걷어 올리며 노래한다.

아, 이 노래가 나의 목숨이게 하십시오. 나는 아무것도 희망하지 않고 두려워하는 것도 이제는 없습니다. 나는 자유입니다. 나는 아무것도 희망하지 않고 나는 두려워하는 것이 없습니다. 나는 자유입니다.

괴테Johann Wolfgang von Goethe는 인생과 우주에 대한 지칠 줄 모르는 정열을 가진 사람이다. 그는 23세 때 시작한 『파우스트』를 죽기 1년 전인 1831년에 끝냈다. 『파우스트』에서 그는 한 인간의 역사가 인류의 역사에 못지않게 깊고 장엄하다는 것을 보여주었다. 괴테의 생애 역시 깊고 풍요하고 정열적이다. 74세에 19세의 처녀를 사모하였다. 그녀의 이름은 우를리케 폰 레베쵸였다. 사랑은 거절되었지만 연모의 정은 1823년 시집 『마리엔바더의 비가』에 남게 된다. 그는 오래 살았다. 당시의 평균 수명을 감안한다면 다른 사람의 거의 두 배를 살다 갔다. 1749년에 태어나 1832년에 죽었다. "좀더, 빛을……" 이것은 그가 죽기 전에 남긴 마지막 말로 알려져 있다.

물리학자인 리처드 파인만Richard Phillips Feynman은 평생을 호기심과 흥분과 모험 속에서 살았다. 그는 1965년에 노벨상을 수상하였다. 전후 최고의 물리학자 중의 한사람이었지만 명예로부터 자유로웠다. 술을 퍼먹고 화장실에서 주정뱅이와 싸움질을 하기도 했고, 동네 사람들로 구성된 삼바 밴드에 가입하여 꽹과리를 치고 다니기도 했다. 라스베이거스의 쇼걸의 궁둥이를 따라다니기도 했다. 그는 봉고 치는 것을 좋아했으며 우스갯소리를 잘하는 장난꾸러기였다. 사진을 보면 얼굴에 장난기가 가득하다는 것을 단박에 알 수 있다. 10년 동안 암과 싸워 왔지만 죽기 2주일 전까지 캘리포니아 공과대학인 칼텍Caltech의 교수로 있었다. 그는 열광적이었지만 편파적이지 않았다. 정력적이고 사교적이며 혁신적인 사람이었다. 과학의 힘과 한계에 대하여 누구보다 깊이 생각한 진지함이 그의 자유로운 장난기 속에 숨어 있었다.

그는 죽을 때도 장난처럼 죽었다. 그의 삶처럼 유쾌하게 죽었다. 그의 마지막 말은 다음과 같다.

"두 번 죽고 싶지는 않아. 너무 지루해.
I hate to die twice. It's so boring."

여기 나의 희망이 있다. 힌두의 무사처럼 살아 있는 동안 힘껏 노를 저을 것이다. 그리고 육체가 죽기 전에 수없이 죽어보고 싶다. 죽는 것은 지루할지 모르지만 다시 태어난다는 것은 아주 흥미로울 것이다. 살아 있다는 것은 빛이다. 내가 서 있는 곳이 그늘로 변할 때마다 밝은 곳을 향해 걸어 나올 것이다. 그리하여 쏟아져 내리는 무수한 햇빛 속의 빛 알갱이 하나가 되고 싶다.

그늘은 휴식이다. 밤은 그러므로 쉬는 것이다. 슬픔과 불행과 불안은 벗어나옴으로써 자랑이 된다. 죽음이 없이 또한 삶도 없다. 그리고 죽음 또한 산 사람들의 문제이다. 죽은 사람에게 죽음은 아무 의미가 없다. 밤과 낮, 어두움과 빛은 하루를 구성하고 있는 서로 의존하는 짝이다. 우리는 오직 하루 속에서 인생을 산다. 하루하루가 모여 평생이 된다. 깨어서 살아 있다는 것은 낮 동안 빛 속에 있는 시간이다. 육체로부터 자유로운 어두움이 오기 전에 그늘의 의미를 알고 있는 빛이고 싶다.

신은 우리를 사랑한다. 그는 바람이고 비며, 나뭇잎이며 바다다. 그리고 햇빛이다. 모든 자연 속에 그의 마음이 있다. 그는 눈물이며 안타까움이며 사랑이다. 우리가 아직 살아 있을 때 그 역시 우리와 함께 있다. 기독교에서는 하나님의 왕국은 그대 안에 있다고 말한다. 이슬람교는 자기 스스로를 알고 있는 사람은 자신의 신에 대해 알고 있는 것이라고 말한다. 불가에서는 그대가 바로 부처라고 가르친다. 힌두교의 한 지파인 베단타Vedanta에서는 아트만(개인적 의식)과 브라만(우주의 의식)은 하나라고 기록한다. 역시 힌두교의 한 지파인 요가Yoga에서는 그대 안에 신이 함께 거주하고 있다고 설파한다. '우파니샤드' 철학 역시 자신을 알게 되면 우주를 알 수 있다고 말한다. 공자 역시 하늘과 땅과 인간은 본디 하나라고 강론한다. 어두움 속에서 신과 우주의 모습으로 우리가 만들어졌으니, 우리는 날 때부터 한 움큼의 빛이었다. 60억이 하나하나 모두 빛나는 부처였다.

인간이 만든 무언가가 문명의 이름으로 빛을 가릴 때, 그리하여 지금 서 있는 곳에 그림자가 드리울 때, 한 걸음을 걸어 나와

산다는 것은 그러므로 시간마다 독특한 빛깔로 변해 간다는 것이다.
달라지기 위해서는 살아 있어야 한다.

빛을 향해야 한다. 그리하여 다시 빛이 되는 것이다. 빛이 되어 다시 살아나는 것이다. 우리는 늙어가는 것이 아니다. 살아가는 것이다. 해뜰녘, 아침, 점심, 한낮, 해질녘, 저녁, 시간마다 달라지는 햇빛처럼 그렇게 변해 가는 것이다.

산다는 것은 그러므로 시간마다 독특한 빛깔로 변해 간다는 것이다. 달라지기 위해서는 살아 있어야 한다. 어두움 속에 웅크리고 있는 것은 이미 죽은 것이다. 살아 있지만 어두움 속의 죽음을 보고 있다. 밝은 곳을 보지 않는다. 세상은 오직 잘못될 뿐이고, 불공평할 뿐이다. 스스로 밝음을 더하는 작은 하나의 광자光子가 되려고 하지 않는다. 이때 우리는 살아 있지만 죽은 것이다. 우리가 빛이라는 믿음은 시선을 자신의 속으로 돌릴 때 확인된다. 삶이 빛인 것은 축복이다.

2 역사 속의 개혁과 혁명

에스파니아에는 '물과 불의 싸움에서 지는 것은 언제나 불이다'라는 속담이 있다. 불은 타오름이며 정열이다. 젊은 남자의 기백이며, 열광이다. 모든 것을 태우는 파괴이며, 광기다. 그러나 물은 지루함이며, 서글픔이며, 맥 빠지는 예속이다. 소풍 가는 날 쏟아지는 비 때문에 울어야 했던 어린 시절의 기억이 없는 어른들은 없다. 학교 가야 하는 평일 하루를 까먹고 노는 그 이례적인 날, 훨훨 들로 산으로 떠돌고 싶건만, 비는 땅을 질퍽이게 하고, 버스 안에서 밥을 먹게 하고, 고궁의 처마 밑에서 오들거리며 떨게 한다.

개혁은 시간을 요구하지만 개혁을 이끄는 정열은 오래가지 않는다. 일상의 안정과 평화에 대한 그리움은 곧 물이 되어 힘차게 시작한 열광의 불꽃을 꺼버린다. 물이 흥건한 타다 남은 장작더미에 다시 불을 붙이기는 더욱 어려워지고, 우리는 더욱 더 일상에 매이게 된다.

물과 불의 싸움 : 물의 승리

　물이 불을 꺼버린 예는 역사 속에서 얼마든지 찾을 수 있다. 예를 들어보자. 카르타고의 한니발은 5만 명의 보병과 9천 명의 기병 그리고 37마리의 코끼리를 이끌고 피레네 산맥을 넘었다. 론 강 유역에서 로마 군대를 무찌르고 얼음과 눈에 뒤덮인 10월의 알프스 산맥을 넘었다. 그가 로마를 거의 다 먹었다고 생각했을 때, 패배하기 시작했다. 승리를 거듭할수록 그가 방금 점령한 나라에서 거꾸로 포위당해 간다는 사실을 알았다. 병력은 줄고, 보급로는 끊어졌다. 그를 도우려던 동생의 목은 깨끗한 바구니에 담긴 채 한니발에게 전해졌다. 로마는 카르타고 본국을 치기 시작했고, 한니발은 원정군을 되돌려 본국으로 되돌아갈 수밖에 없었다. 그는 결국 소아시아로 건너가 마케도니아와 시리아를 설득하여 로마와의 항전을 계속하려 했지만, 실패했다. 그는 결국 초라한 망명객이 되어 타지에서 독약을 미시고 죽었다. 그를 궁지에 몰아넣어 자살하게 만든 로마의 스키피오 가문의 한 여인인 스키피오 아프리카누스의 딸 코르넬리아는 그라쿠스라는 청년과 결혼하여 티베리우스와 가이우스라는 두 아들을 두었다.

두 아들이 자라서 정치에 입문하게 되었을 때, 로마의 자유민들은 피폐할 대로 피폐해 있었다. 어머니 로마에 대한 의무를 다하기 위해 자유민들은 10년, 15년, 20년 동안 전장을 떠돌아다녔다. 그러다가 돌아와 보면 농지는 잡초로 덮여 있고, 가족은 몰락해 있었다. 그러나 전쟁을 통해 부자가 된 사람들도 있었다. 장군들과 원로들 그리고 전쟁상인들이 바로 그들이었다. 그들에게 전쟁은 중요한 사업이었다. 땅과 노예에 자금을 투자했고, 더욱더 부자가 되어갔다. 이탈리아 반도의 대부분이 2천 개의 귀족 가문에 의해 소유되고 있었다. 자연히 다른 로마의 자유민들이 소유하는 땅은 부족했다. 결국 그들은 정든 농토를 떠나 도시로 갔지만, 굶기는 마찬가지였다. 대도시의 교외에는 수천 명의 이농민이 더러운 오두막에서 쭈그리듯 살고 있었다. 전염병이 돌면 수없이 죽어 나갔다. 가난과 불행과 죽음이 나라를 위해 싸운 대가였다. 그들은 사무치는 불만을 품고 불행 속에서 이를 갈았다. 국가의 초석이었던 그들이 이제 국가의 안위를 위협하는 존재가 되어갔다. 그러나 신흥 부자 계급은 군대와 경찰이 이들을 막아 주리라고 믿고 있었다. 담이 높은 쾌적한 별장 속에서 그리스 노예들이 번역해 준 호메로스의 시를 읽고 기름진 음식과 맛있는 포도주로 하루하루를 먹고 마셨다.

호민관으로 선출된 티베리우스 그라쿠스Tiberius Sempronius Gracchus, B.C. 162~B.C. 133는 한 사람이 너무 많은 토지를 소유하는 것을 금하는 두 개의 옛 법률을 부활시켰다. 이것은 대토지 소유자의 토지 확장과 중소 토지 소유자의 몰락을 막고 자작농의 창설을 기도하기 위한 것이었다. 그러나 전쟁을 통하여 부자가 된 신흥 귀족들은 그를 국가의 적이며 강도로 몰아붙였다. 그들은 대중의 지지를 받는 인기 있는 호민관을 죽이기 위해 암살단을 조직하였다. 티베리우스는 의사당 입구에서 타살되었다. 10년 후, 형의 유지를 이어 받은 동생 가이우스 그라쿠스Gaius Sempronius Gracchus, B.C. 153~B.C. 121는 가난한 농민을 도울 생각으로 빈민법을 통과시켰다. 싼 값으로 곡물을 공급하는 곡물 법안, 로마 시민의 식민시를 건설할 토지 법안 등이 주된 내용이었지만 효력을 보지 못했다. 가이우스 역시 원로원의 세력을 누르는 데 실패하였다. 그리고 기득권층에 의해 살해되었다.

그라쿠스 형제는 신사들이었지만 그 뒤를 이어 새롭게 등장한 사람들은 성분이 달랐다. 그들은 직업 군인인 마리우스와 술

로마의 자유민들에게 개혁은 필요하며, 올바른 방향이었다. 그러나 그라쿠스 형제의 개혁은 실패하여 로마사史를 공화정 말기의 혼란으로 몰고 갔고 결국 독재자의 손에 어머니 로마를 넘겨주게 된다. 이것이 역사 속에서 인간들이 한 일이다.

라였다. 집정관 술라가 소아시아로 원정을 떠나 있는 동안 아프리카로 피신해 있었던 마리우스는 전문적 강도들과 함께 도시로 입성해 원로원 내의 적들을 도살하였다. 그리고 스스로 집정관이 되었지만 2주째 되던 날 흥분에 겨운 나머지 급사하고 말았다. 4년간 무질서가 계속되었다. 원정에서 돌아온 술라가 적들의 패거리를 다시 처형하고 4년간 권력을 장악하였지만 로마의 공화정은 이제 걷잡을 수 없는 파당의 도살과 내란으로 치닫게 되었다.

반란과 원정의 공화정 말기를 지내는 동안 젊은 세대 중에서 가장 뛰어난 사람들은 속속 죽어 나갔고, 자유 농민층은 철저히 파괴되어 버렸다. 결국 노예 노동이 도입되었고 대량으로 도입된 노예 노동과 경쟁할 수 있는 자유민은 없어지게 되었다. 도시는 가난하고 병든 이농민으로 들끓었고, 저임금에 허덕이던 하급관리들은 먹고 살기 위해 독직과 부패의 거대한 관료주의를 만연시켰다. 거듭되는 반란과 전쟁은 사람들을 폭력과 유혈 사태에 둔감하게 만들었고, 다른 사람의 고통과 괴로움에 대해 야만적 쾌감을 만들어 갔다.

로마의 자유민들에게 개혁은 필요하며, 올바른 방향이었다. 그러나 그라쿠스 형제는 공익을 위해 헌신하려 했지만, 맞아 죽었다. 그라쿠스 형제의 개혁 실패는 로마사史를 공화정 말기의 혼란으로 몰고 갔고 결국 독재자의 손에 어머니 로마를 넘겨주게 된다. 이것이 역사 속에서 인간들이 한 일이다.

남명 조식 선생의 시에 〈우연히 읊조림〉이라는 시가 있다.

누구나 옳은 사람 사랑하기를
호랑이 가죽을 좋아함과 같네.
살았을 땐 죽이려고 애태우고,
죽은 뒤엔 입을 모아 칭찬한다네.

가진 자들은 그라쿠스 형제를 죽였다. 그리고 후에 그들을 아름다운 사람들이라고 불렀다. 많은 것을 가진 자들은 가진 것을 잃지 않기 위해서 죄를 짓는다. 『성경』에서는 그러므로 부자가 하늘나라에 들어가기란 낙타가 바늘구멍으로 들어가는 것보다 어렵다고 했다. 그러나 우리는 가진 것도 없이 일상에 매인다.

물과 불의 싸움 : 불의 승리

1649년 1월 30일, 흐리고 추운 날씨였다. 영국의 찰스 1세는 평소보다 일찍 잠에서 깨어났다. 밖은 칠흑같이 어두운 새벽 2시경이었다. 그는 몇 시간 후면 단두대에 오를 것이다. 어제 그는 마지막으로 열세 살 난 엘리자베스와 열 살인 헨리를 만날 수 있었다. 찰스는 흐느껴 우는 아이들을 무릎에 앉히고 조용히 타일렀다.

"얘들아, 이제 얼마 후면 내 머리를 자른다는구나. 그러나 울지 마라. 아버지의 목숨은 조국의 법률과 자유 그리고 진정한 종교를 지키기 위해 희생되는 것이란다. 이것은 명예로운 죽음이다. 그러니 울지 마라."

그는 아이들과의 이별을 떠올리며, 평소보다 옷을 두껍게 입었다. 추위에 떨고 있으면 두려워서 떠는 것처럼 보일지도 모르기 때문이다. 그리고 마지막 아침이 밝아오기를 기다렸다. 사형장에서 커다란 도끼가 그의 목을 끊었다. 사형집행인은 잘린 찰스의 머리를 높이 들고 외쳤다. "배신자의 머리를 보라!" 이상은 일본 대월서점大月書店에서 출간한 『세계와 일본의 역사』 중에 나오는 한 장면이다.

찰스 1세는 혹독한 정치를 한 사람은 아니다. 세금을 마음대로 걷지도 않았고, 반대자라고 마음대로 감옥에 처넣지도 않았다. 더욱이 사치스러운 생활을 즐긴 사람도 아니다. 그의 정책은 아버지 제임스 1세의 정책을 계승한 것에 불과했다. 그러나 그가 국왕으로서의 의무를 열심히 지킬수록 국민의 반감과 저항은 더욱 커져 갔다.

세상이 밑바닥에서부터 변해 가고 있었다. 그는 애써 변화를 외면했지만, 버티면 버틸수록 국민과의 갈등은 심화되었다.

1793년 1월 21일 프랑스의 루이 16세는 39세의 나이로 파리 시내 중심에 있는 콩코드 광장에서 처형되었다. 4년 전 여름, 파리 시민에 의해 바스티유 감옥이 함락되던 날, 소식을 전해들은 그는 "또 폭동이 시작되었느냐"고 대수롭지 않게 여겼다고 한다. 옆에 있던 귀족 하나가 "폐하, 이것은 폭동이 아니라 혁명입니다"라고 고쳐 주었다.

부르봉 왕가 특유의 흐리멍덩한 눈을 가진 루이 16세는 사냥을 좋아하고, 자물쇠를 수선하는 기술이 탁월한 그저 우유부단한 왕이었다. 찰스 1세와 마찬가지로 그 역시 개인적으로 목이 잘려 나갈 만큼 나쁜 사람은 아니다. 그러나 분명한 것은 1789년 7월 14일 바스티유가 함락되면서 시작된 프랑스 혁명을 그저 많고 많은 굶주린 농민과 파리 시민들의 폭동 중의 하나라고 생각했듯이, 그는 자신의 머리를 단두대에 집어넣는 순간까지 자신이 왜 죽어야 하는지 몰랐을 것이다. 그는 자신이 최선을 다해 사랑한 국민으로부터 매우 부당한 대우를 받은 희생자라고 느꼈을 것이다. 변화가 휩쓸고 지나간 자리에 서서도 무엇이 바뀌었는지 모르는 사람들이 있게 마련이다.

당시 프랑스의 농민은 총수입의 80% 정도를 수탈당했다. 우선 영주에게 3분의 1 내지 2분의 1의 수입을 지대로 바쳤다. 나머지를 가지고 세금을 내었다. 인두세는 농민과 토지에 부과되었다. 또 가족 한 사람당 1년에 소금 3킬로그램씩을 강제로 비싼 값에 사야 하는 염세를 바쳤다. 그 밖에 그들은 물품에 붙는 각종 소비세를 내야 했다. 교회에는 십일조를 내야 했다. 강제 노역에 동원되어 도로나 다리를 고쳐야 했다. 또한 밀가루를 빻고, 빵을 굽고, 포도주를 담글 때마다 영주가 가지고 있는 기구나 장소를 사용한 대가를 지불해야만 했다.

프랑스의 절대 왕정은, 그럼에도 불구하고, 귀족과 성직자에게는 한 푼의 세금도 거둬들이지 못했다. 그저 굶주린 농민의 피와 땀을 쥐어짰을 따름이다. 프랑스의 역사가 텐Hippolyte-Adolphe Taine는 이런 상황을 다음과 같이 묘사했다.

> 농민들은 입까지 물에 잠긴 채 연못 속을 걷고 있는 사람들과 같았다. 밑바닥이 조금 더 깊게 파여 있거나, 물살이 살짝 일기만 해도 이내 빠져 죽고 말 것이다.

그들은 평상시에도 굶주려 있었지만, 기근이 발생하면 굶어 죽을 수밖에 없었다. 만일 루이 16세가 이들의 어려움을 다른 각도에서 볼 수 있었다면, 입헌 군주로 남았을지도 모른다. 그러나 왕은 혼자만의 존재가 아니었다. 적어도 그는 '오스트리아의 마리아 테레지아Maria Theresia의 딸이며, 가장 전제적이고 중세적인 왕실에서 자란 소녀로서의 온갖 미덕과 악덕을 한 몸에 지닌 아름다운 마리 앙투아네트Marie Antoinette의 남편'이었다. 그는 1791년 6월 21일 튈르리 궁을 빠져나와 몰래 오스트리아로 도망가다가 붙잡혀 오게 되었고, 이때부터 프랑스를 외국에 내주려 한 배반자가 되었다.

찰스 1세와 루이 16세는 공교롭게 모두 1월에 목이 달아났다. 혁명의 한 해를 시작하기 위해서는 하얀 눈 위에 반역자의 피를 뿌려 고수레를 해야 하는 것일까? 분명한 것은 피가 없는 혁명은 없다는 것이다. 희생이 없는 개혁 또한 없다. 그라쿠스 형제가 실패한 개혁가-세속적 의미의 실패를 말한다-로서 피를 흘렸다면, 찰스와 루이는 성공한 혁명의 희생자로서 피를 흘렸다. 찰스는 귀족들에게 권리를 내주고, 루이는 부르주아지에게 권리를 내주었다.

누구의 피였는가는 다르지만 개혁과 혁명에는 항상 피의 냄새가 난다. 미국의 독립혁명은 영국과의 싸움이었고 전쟁이었다. 러시아의 혁명 역시 피 냄새가 진동을 한다. 개혁과 혁명처럼 마음 뛰는 것이 없는가 하면 또 그것처럼 무섭고 몸서리쳐지는 것도 없다. 희망이며 또한 절망이다. 파괴이며 또한 창조이다. 아이는 어머니의 고통 속에서 태어난다. 그것은 핏속에서 자라고 피와 함께 세상에 쏟아져 나온다. 그리고 꿈이 되고 희망이 된다.

"스승은 나를 구하고
나는 스승을 구하리다"

요즈음 들어 간악한 도당들이 남의 토지를 겸병함이 너무 심하다. 그 규모가 한 주州보다 크기도 하고, 산천으로 경계를 삼는다. 남의 땅을 조상으로부터 물려받은 땅이라고 우기면서 주인을 내쫓고 땅을 빼앗았다. 그래서 한 땅의 주인이 대여섯 명이 넘기도 한다. 전호들은 소출의 8, 9할을 내놓아야 한다.

이것은 고려 말기 백성들의 고충을 서술한 『고려사』의 한 구절이다. '간악한 도당'이라 함은 고려 말의 농장 주인이며 부재지주인 권문세족을 말한다. 사전私田 혁파를 주도했던 조준의 회상에 따르면, 권문세족의 수는 50명을 넘지 않았던 것으로 추산된다. 한 사람이 소유한 농장의 크기가 산천을 경계로 삼는다는 말이 실감난다.

『고려사』는 조선의 시각으로 편성된 것이다. 그러므로 과장될 수 있고 객관성이 모자랄 수 있다. 그러나 신흥 사대부이며, 고려의 존속 속에서 개혁을 꿈꾸던 온건한 개혁파였던 목은 이색이 본 고려 말의 상황도 크게 다르지 않다.

백성이 하늘처럼 여기는 것은 오직 밭에 있다. 몇 무 되는 밭을 1년 내내 갈아 보아도 부모처자를 먹여 살릴 수 없다. 그런데도 소작료를 걷으러 다니는 자들은 벌써 와서 기다린다. 밭 주인이 한 사람이면 그나마 다행이다. 혹은 서너 집이고, 예닐곱이 될 때도 있다. 아무리 어찌해 보려 해도 소가 울며 서로 맞붙듯이 적대할 뿐이다. 누가 기꺼이 소작료를 가져다 바치겠는가.

소출의 8, 9할을 전조田租로 바치는 것만으로는 부족하다. 인마人馬의 접대비를 치러야 했고, 노자를 내놓아야 했다. 조운漕運에 따르는 비용조차 모두 농민이 물어야 했다. 나라에는 공납과 부역을 바쳐야 했다. 고달픈 농민은 자유민임을 포기하고 차라리 권문세족의 노비가 되어 공납과 부역을 모면하려 하였다. 농민의 붕괴는 그들을 바탕으로 한 조세와 국방체계의 와해를 의미한다. 그리고 고려의 멸망을 의미하기도 했다.

공민왕은 원나라 왕실의 노국공주와의 사랑으로 유명한 사람이다. 그러나 그는 또한 고려의 기둥을 두려 뽑는 권문세족과의 싸움으로 역시 유명하다. 그는 충혜왕의 아우이며, 이름은 전顓이다. 열두 살 때인 1341년부터 원나라의 연경에서 줄곧 생활하였다. 1351년 10월, 스물두 살의 나이로 원 순제에 의해 고려 31대 왕에 봉해져, 그 해 12월 개경에 도착하였다. 그는 넘어지는 고려를 붙잡아 세우기 위한 마지막 개혁을 시작하였다. 개혁의 서두는 이듬해 2월 초하루, 무신정권 이후 관리의 인사행정을 맡아 오던 정방을 폐지하는 것으로부터 시작되었다. 그리고 8월에 그는 다음과 같은 교서를 내렸다.

옛날에 임금들은 일심전력하여 나라를 다스릴 때 반드시 친히 국무를 돌보았다. 그렇게 하여 견문을 넓히고 하부의 실정도 알게 되었다. 지금이 그렇게 할 때이다. 첨의사, 감찰사, 전법사, 개성부, 선군도관은 모두 판결 송사에 대하여 5일에 한 번씩 계를 올리도록 하라.

― 박영규, 『고려왕조실록』 중에서 재인용

이것은 무신정권 이후 허수아비에 지나지 않았던 왕으로서 친정체제의 구축을 위한 획기적인 조치였다. 그러나 왕은 즉각 반대에 부딪혔다. 대표적인 예가 바로 조일신의 반란이다. 조일신은 왕이 연경에 있는 동안 측근으로 있던 자로 그 공로를 인정받아 왕과 함께 귀국하여 전횡을 일삼고 있었다. 정방이 철폐되자, 친원세력의 청탁을 받아 자의적으로 관직을 주기 어렵게 된 그는 정방의 부활을 공민왕에게 강력히 요구했다. 공민왕이 거절하자 그 해 9월 조일신은 임진정변을 일으키고, 왕을 협박하여 자신을 우정승에 임명케 하고 측근을 요직에 앉혔다. 왕은 10월 반격을 시도했다. 강직한 이인복의 도움을 받아 김첨수로 하여금 조일신을 체포해 오도록 하여 주살하고 그 도당 28명을 제거하였다. 그리고 이제현을 우정승으로 임명하여 친정체제를 구축하였다. 조일신의 제거를 통해 공민왕은 개혁과 배원정책을 가속화시킬 수 있었다. 즉위한 지 1년 만에 첫 번째 개혁의 반대세력을 제거하고, 고려 풍속을 회복하기 위해 변발과 호복을 금지시켰다. 즉위 5년 후인 1356년, 원의 연호를 폐지하고 관제를 문종 때의 제도로 복원하였다.

그러나 저항은 계속되었다. 배원정책으로 입지가 좁아든 기철 일파는 쌍성총관부 소속 군사를 동원하여 공민왕을 제거하려 했다. 기철은 원 순제의 제2황후로 있던 기황후의 오라비였다. 여동생의 힘을 믿고 거만하고 방자하였다. 1356년 5월, 공민왕은 쌍성총관부 천호이며 이성계의 아버지인 이자춘의 도움을 받아 홍언박으로 하여금 기철 일파를 체포하여 처단해 버린다. 이 사건 이후 공민왕은 100년간 존속해 오던 쌍성총관부를 폐지하고 무력으로 서북면과 동북면 일대의 옛 영토를 수복할 수 있게 되었다.

그러나 공민왕은 개혁에 몰두할 수 없었다. 원의 반격에 밀려 고려로 방향을 돌린 홍건적들이 계속 국경을 침범해 오고 있었기 때문이다. 1359년 모거경이 이끄는 4만 병력의 홍건적이 압록강을 넘어 밀려왔고 서경이 함락되었다. 이듬해 2월 이들을 격퇴하였다. 그러나 2년 후 1361년 10월 홍건적들은 다시 10만의 대병으로 쳐들어 왔다. 개경이 함락되고 왕은 몽진에 나섰다. 이듬해인 1362년 1월 적장 관선생과 사유 등을 죽이고 개경을 수복하였지만 궁성은 전소하고 문화재는 불타 막대한 손실을 입었다. 거의 매년 전쟁이 일어났고, 그 피해 속에서 정상적인 국정이 이루어지기 어려웠다.

홍건적이 침입해 오는 동안 공민왕은 원과의 연합을 필요로 했다. 1361년 정동행성은 복원되었고, 이듬해 관제도 개혁 이전으로 되돌아갔다. 외환으로 문신 중용정책은 퇴조하고 무장들이 힘을 갖게 되었다. 개혁은 뒷걸음치고 있었고 잊혀져 가고 있었다. 1363년 김용이 반란을 일으켜 공민왕은 흥왕사에서 겨우 피살을 모면하였다. 다음해인 1364년 이번에는 기황후의 사주를 받은 최유가 덕흥군 왕혜를 받들고 1만의 군사로 압록강을 넘어 의주를 포위했다. 최영과 이성계가 이를 물리쳤다. 한편 남쪽으로는 왜구가 창궐하여 고려 사회는 극도로 불안하고 어지러웠다. 공민왕은 여기에 다시 개인적인 시련을 겪게 된다. 1365년 2월 만삭이던 노국대장공주 인덕왕후가 산고로 죽었다. 왕은 3년 동안 육류를 끊고 슬퍼하였다고 한다. 그러나 그는 내우외환과 아내를 잃은 슬픔 속에서도 신돈을 등용하여 개혁을 계속한다.

 공민왕 초기의 개혁을 주도한 사람이 익재 이제현이라면, 그 후기의 개혁은 신돈에 의해 이루어졌다. 신돈은 그 동안 개혁가라기보다는 요승과 간신으로 인식되어 왔다. 이것은 조선왕조의 개국을 합리화하려는 조선의 시각에서 해석되고 왜곡되어진 것으로 생각된다. 『조선왕조실록』의 원형이 되었던 『고려왕조실록』은 임진왜란 전까지 춘추관에 보관되어 있다가 임진왜란 때 불타 없어진 것으로 추측된다. 고려의 역사는 대체로 조선 세종 때 시작하여 문종 때 완성된 『고려사』나 거의 같은 시대에 쓰인 『고려사절요』(문종 2년, 1452년) 등에 의존하는 바가 크다. 고려는 한국의 역사를 통해 가장 주체적이고 민족의식이 강한 시대였다. 어느 시대도 마찬가지이지만 고려 역시 고려인의 시각으로 바라볼 수 있어야 한다.

 신돈은 계성현 옥천사 여종의 아들이었다고 전해진다. 그를 공민왕에게 소개한 사람은 왕의 측근인 김원명이었다고 한다. 왕은 곧 신돈의 총명함에 매료되었고 곧잘 그를 찾았다. 이를 시기한 권문세족들은 앞으로 나라를 어지럽히는 놈은 반드시 중놈일 것이다,라고 비난했다. 이덕일이 쓴 『사화로 보는 조선 역사』의 앞부분에 다음과 같은 인용이 보인다.

"소승은 세상을 복되고 이롭게 할 뜻이 있습니다. 비록 권문세족의 참언이나 방해가 있더라도 저를 믿어주셔야 합니다." 신돈이 공민왕에게 한 말이다. "스승은 나를 구하고, 나는 스승을 구하리다." 이것은 공민왕이 국사 신돈에게 한 말이다.

공민왕의 강력한 후원을 약속받은 신돈은 개혁의 초점을 노비와 토지에 맞추었다. 그것은 권문세족의 경제적 기반을 와해시키고 국가의 경제를 활성화시킬 수 있는 유일하고 올바른 처방이었다. 1366년 5월, 그는 전민변정도감을 설치하였다. 권문세족들에게 부당하게 겸병한 토지와 노비를 원상으로 돌려놓도록 강요했다. 그는 행보를 빨리하였다. 서울은 15일, 지방은 40일 안에 원주인에게 돌려주면 불문에 부칠 것이나 그 기한을 넘기면 엄중하게 처벌할 것을 경고하였다. 노비에서 해방된 사람들은 "성인이 나타났다"며 좋아했다. 그러나 토지와 노비를 잃은 사람들은 결국 중놈이 나라를 망치게 되었다며 원한을 품었다. 권문세족들은 원한을 행동으로 옮겼다. 1367년 10월, 오인택 등이 신돈을 제거하기 위해 모의를 하다 적발되어 유배되었다. 1368년 10월, 꼭 1년 후에는 김정, 김흥조 등이 신돈을 살해하려다가 누설되어 체포되었다. 그들은 유배를 떠나던 중에 살해되었다.

많은 노비 등이 양민으로 환원되었다. 권문세족들에게 강제로 귀속되었던 토지들이 원주인에게 되돌려졌거나 국가에 환속되었다. 새롭게 일어나고 있는 신흥 사대부와의 결속을 위해 신돈은 또한 성균관을 중건하고 공자를 '천하만세의 스승'이라 일컬었다. 권문세족의 경제적 기반을 와해시킴으로써 왕권을 강화하고 민생의 안정을 꾀할 수 있는 기반을 만들어 갔다.

개혁 주체 세력의 핵심에 있는 신돈의 힘은 강해졌다. 1370년 명明나라를 세운 주원장의 친서에 공민왕을 고려 국왕이라고 칭하고 신돈을 상국이라고 높여 불렀다. 그의 힘은 왕의 힘만큼 강력해졌다. 권문세족의 집요한 저항은 이때를 기해 보다 긴교해진다. 신돈의 세력이 강해지는 것에 대하여 공민왕이 부담스러워하는 것을 눈치채게 되었던 것이다. 그들은 왕과 신돈의 사이를 버성기도록 모략을 꾸미기 시작했다. 신돈이 많은 처첩을 거느리고 주색에 빠져 있으며, 타락한 생활을 하고 있다고 모함하였다. 1371년 7월 선부의랑 이인이 익명으로 신돈의 역모를 고변하자, 공민왕은 신돈을 수원에 유배시켰다가 결국 죽이고 만다. 그러나 공민왕 역시 신돈이 죽은 다음 개혁 의지를 잃어버렸고 정상적인 생활조차 할 수 없었다. 1374년 9월, 술에 만

취하여 자던 중 최민생, 홍륜 등에 의해 살해되었다. 즉위 23년 만인 45세의 나이였다. 그의 능은 경기도 개풍군 송악산 기슭에 있다. 고려 태조 왕건의 능인 현릉에서 서쪽으로 3킬로미터쯤 떨어진 곳이다. 나라를 세운 시조와 넘어가는 나라를 붙들려고 마지막으로 발버둥친 후손은 불과 10리도 떨어지지 않은 곳에 함께 잠들었다.

공민왕은 결국 서로를 구해 주겠다던 신돈과의 약속을 지키지 못했다. 저항세력은 집요하게 노회한 반격을 가해 옴으로써 개혁세력을 분열시켰다. 결국 고려는 공민왕과 신돈의 개혁을 마지막으로 자체적인 개혁에 성공하지 못함으로써 멸망하게 되었다. 권문세족 역시 가진 자의 희생과 양보를 거부함으로써 고려의 멸망과 함께 가지고 있던 모든 것을 잃고 말았다. 위화도에서 회군하여 정권을 장악한 이성계와 급진 개혁파인 신흥 사대부들은 1391년 9월 전격적인 토지개혁을 단행하였다. 『고려사』에 다음과 같이 적혀 있다.

기존의 공사전적公私田籍을 개경 한복판에 쌓아 불을 질렀다. 그 불이 여러 날 동안 탔다.

조선조의 건국과 함께 기득권층이었던 고려의 권문세족들은 가지고 있던 모든 것을 잃었다. 목숨 역시 잃고 말았다. 그들은 그렇다면 무엇을 위해 개혁에 반대했던가? 특권을 가지고 있는 사람들은 사회에 대한 의무 역시 가지고 있다. 그들은 자신들이 밟고 서 있는 사람들의 삶을 돌보지 않았다. 그들이 죽어가고 있는 것을 외면했다. 그들이 죽으면 자신들도 죽는다는 사실을 알지 못했다. 기득권자들은 언제나 그렇다. 불리한 개혁에 찬성하지 않는다. 아직 견딜 수 있으리라 생각한다. 그리하여 버틸 수 있을 때까지 개혁에 저항한다. 그들이 포기할 때는 이미 늦는다. 모든 것을 다 잃은 다음이기 때문이다.

노블레스 오블리주 Noblesse Oblige

1928년, 미국의 대통령에 당선된 허버트 클라크 후버Herbert Clark Hoover, 1874~1964는 당시 어려워지기 시작하는 미국 경제에 대하여 낙관적인 견해를 피력하였다. 비록 미국 경제가 어렵지만, '펀더멘틀 비즈니스Fundamental Business'가 괜찮기 때문에 곧 좋아지리라고 말했다. 그러나 다음 해 월가로부터 시작된 공황은 세계로 퍼져 나갔다. 1997년 초, 한국 정부는 몇 가지 경제지표가 나쁘긴 하지만 한국 경제의 '펀더멘틀'이 괜찮기 때문에 곧 회복되리라고 말했다. 그러나 그 해 12월 IMF에 구제금융을 신청하였다. 이 두 정부 모두 정치력의 '펀더멘틀'이 문제되는 가장 무능한 정부로 기억될 것이다.

"연설이 있을 경우 저는 보통 1주일 정도는 준비를 합니다. 그러나 요 몇 주 동안 나는 시간을 전혀 낼 수 없었습니다. 저는 지금 무슨 말을 해야 할지를 찾고 있습니다. (……) 저는 이 전쟁에 이름을 붙였으면 합니다. 무언가 이 전쟁에 적합한 단어가 있으리라 생각합니다. 그 단어는 바로 '생존'입니다. 바로 생존 전쟁인 것입니다."

이 말은 세계공황 중인 1932년, 미국의 프랭클린 루스벨트Franklin D. Roosevelt, 1882~1945 대통령이 미국을 대표하는 사람들의 모임인 '범미연맹위원회PAU'에서 행한 연설의 일부이다. 그는 자신이 당면하고 있는 현실이 무엇인지 정확하게 알고 있었다. 그는 후버처럼 어리석은 낙관으로 상황을 미화하지 않았다. '생존을 위한' 싸움이라는 긴박감을 미국 사회에 던져주고, 부유한 기득권층에게 희생과 책임을 강요했다. 그 역시 부유한 가문의 출신이었다. 뉴욕 하이드 파크의 대저택에서 살았으며, 하버드 대학을 졸업하고 컬럼비아 대학에서 법률을 공부하였다. 그러나 운이 좋았던 것만은 아니다. 1921년 39세의 나이에 돌연 이 유복하고 잘생긴 사내는 소아마비에 걸렸다. 1932년 대통령 후보로서 당선되자 지명 수락 연설에서 '새로운 분배New Deal'를 선언하였다. 그리고 후버를 누르고 새 대통령으로 당선되었고, 그는 개혁에 대한 국민과의 약속을 지켰다. 그 대가로 1945년 뇌일혈로 사망할 때까지 네 차례에 걸쳐 미국 대통령에 당선되었다.

1929년 월가의 증시 폭락으로부터 시작한 공황은 미국을 비참한 상황으로 몰고 갔다. 4명 중 한명은 실업자였고, 봉급은 공황 전에 비해 40% 이상 떨어져 있었다. 이때를 배경으로 한 존 스타인벡John E. Steinbeck, 1902~1968의 소설 『분노의 포도』속에는 농장의 헛간에서 엿새 동안 아무것도 먹지 못한 채 병과 기아로 죽어가는 늙은 남자를 위해 역시 굶주림 때문에 아이를 사산한 여자가 가슴을 풀어 젖을 먹여주는 장면이 나온다. 소설은 허구를 통해 감동적으로 진실에 접근한다.

　　루스벨트는 이러한 상황에서 공황의 책임을 철저하게 사회의 기득권층에게 물었다. 대기업에게 양보와 책임을 요구했다. 그는 자신을 도와줄 강력한 내각을 구성하였다. 그리고 약속한 뉴딜을 추진하였다. 통화금융제도를 재건했고, 상공업을 통제했다. 공공사업을 촉진하였고, 당장 굶는 사람을 위해 구호정책을 마련하고 사회보장을 확충했다. 그 역시 '가진 자'였지만, 사실을 직시했고 그 시대를 극복할 수 있는 유일한 대안인 '가진 자의 자체적 개혁'을 포기하지 않았다. 기득권층의 희생과 양보 그리고 특권에 대한 사회적 책임 없이는 갖지 못한 자에게 희망과 꿈을 돌려줄 수 없다는 것을 알고 있었다. 그 외에는 미국을 살릴 수 있는 묘약이 없었다.

　　노블레스 오블리주Noblesse Oblige는 그가 믿고 있는 믿음이었다.

꿈을 잃은 마음은 모든 것을 파괴한다.
존중하고 지켜야 할 기품과 아름다움이 없을 때 파괴는 파괴를 뜻할 뿐이다.

특권을 가지고 있는 계층에게는 사회에 대한 책임과 의무가 동시에 주어진다. 루스벨트는 어려운 시절에 바로 특권층에게 사회에 대한 책임과 의무를 요구했던 것이다. 가진 자들은 저항했다. 존 체임벌린 같은 사람은 '상공회의소를 앞세운 파시즘'이라고 매도했다. 루스벨트는 자유주의자였지만 그런 비난을 일축할 만큼 독단적이기도 했다. 온화했지만 단호했다. 그는 말한다.

그들이 알고 있는 것은 이기주의 시대의 법칙뿐이다. 우리가 추구하는 것은 이미 가진 자들에게 더 얹어주려는 것이 아니다. 아무것도 가지지 못한 사람들에게 무엇을 줄 수 있는지 알아보기 위한 정책이다.

그는 성공했고 그래서 자신이 존중하는 체제를 지킬 수 있었다. 미국은 다시 살아났고, 팍스 아메리카나Pax Americana의 시대를 맞게 되었다. 가진 자들은 나누려 하지 않았고, 희생하려 하지 않았고, 공황의 책임을 지려 하지 않았지만 그는 완강했다. 어려운 시절에 자신에게 요구되는 책임이 무엇이며, 지금 무엇을 바꾸고 개혁해야 되는지를 분명히 알고 있는 사람이었다. 그의 성공은 기득권자들이 양보와 보상을 통해 오히려 자기가 가지고 있는 것을 모두 잃지 않도록 도와주었다.

가지지 못한 사람들 없이는 가진 자들 역시 살아남을 수 없다. 그들의 삶과 꿈을 되찾아주지 못하고는 가진 자들의 기반 역시 사라지고 말기 때문이다. 평화는 경찰과 군대에 의해 지켜지는 것이 아니다. 싸움과 파괴를 원하지 않는 사람들의 마음에 의해 유지되는 것이다. 꿈을 잃은 마음은 모든 것을 파괴한다. 존중하고 지켜야 할 기품과 아름다움이 없을 때 파괴는 파괴를 뜻할 뿐이다. 새로운 생성을 위한 절제된 꿈의 실현과정이 아니다. 왜냐하면 이미 보존되어야 할 꿈은 죽어버렸기 때문이다. 미국의 가장 정직한 대통령 중의 한 사람으로 기억되는 루스벨트는 개혁은 저항과의 싸움이라는 사실을 알고 있었다. 더 현명한 것은 그가 저항과 싸우는 법을 알고 있었다는 점이다.

역사로부터 배운 교훈

　찰스 1세가 청교도 혁명을 이끈 올리버 크롬웰Oliver Cromwell보다 더 악한 사람은 아니다. 루이 16세가 길로틴으로 상징되는 자코뱅당보다 더 많은 피를 흘리게 한 사람도 아니다. 그러나 그들은 자신이 국왕으로서의 품위를 지키려고 할 때 더욱 더 극복해야 할 벽과 저항으로 변해 갔다. 그들이 존재함으로써 존재할 수 없는 사람들의 수가 늘어 갔다. 영국의 귀족과 프랑스의 부르주아지는 국왕이 존재함으로써 권리와 미래를 잊을 수밖에 없는 사람들이었다. 찰스 1세와 루이 16세는 모두 자신의 시대가 요구하는 새로운 균형에 대한 감을 상실한 사람들이었다. 그리고 가장 중요한 변환의 시점에서 과거의 전통을 답습하려는 사람들이었다. 아버지의 전통은 그들의 시대에는 적용되지 않았다. 그들은 목숨을 잃었다. 모든 것을 잃었다.

고려 말의 권문세족은 개혁에 저항했고, 공민왕과 신돈은 고려의 마지막 개혁에서 실패했다. 그러나 권문세족의 일시적 성공은 보다 참혹한 패배로 가기 위한 잘못된 선택에 지나지 않았다. 그들 역시 모든 것을 잃고 말았다. 반대로 저항을 이기고 개혁에 성공한 루스벨트 정부는 오히려 미국을 살려냄으로써 기득권의 생존을 가능하게 했다. 이것은 가진 자들에 의한 '선의의 개혁'의 가능성을 입증한 매우 좋은 예라고 할 수 있다.

개혁이 필요한 사회가 가진 자들에 의해 그 개혁을 지연시킬 때 가장 위험한 사람들이 오히려 기득권자일 수 있다. 이러한 사례는 성공한 혁명의 역사 속에서 쉽게 찾을 수 있다. 혁명의 가장 중요한 원천은 실패한 개혁이다. 이때 혁명은 가진 자에게 모든 것을 요구한다.

그라쿠스 형제의 개혁이 실패로 돌아간 후, 로마의 공화정은 무질서와 무정부 상태에서 마지막 숨을 몰아쉬고 있었다. 공화정은 서서히 독재 권력을 가진 자들의 손으로 넘어가고 있었다. 로마는 어느덧 제국으로 변해 가고 있었지만 보통 사람들은 그 사실을 거의 의식하지 못했다. 그들은 무질서와 무정부 상태에 진절머리를 내고 있었다. 가두 폭동의 소음과 도살이 사라지고 조용히 살 수만 있다면 누가 통치하든 별로 상관하지 않게 되었던 것이다.

서기 1세기의 로마 제국은 알렉산더가 이룩해 놓은 거대한 제국을 그 속령으로 거느릴 만큼 엄청난 정치적 구조물이었다. 그러나 그 영광의 밑바닥에는 가난하고 지친 무수한 사람들이 무거운 돌 밑에서 개미처럼 피땀을 흘리고 있었다. 그들은 다른 사람을 위해 일했다. 그러나 대가는 말들이 먹는 음식이었고 말처럼 마구간에서 잤다. 그들은 아무런 희망이 없는 삶을 살다가 그렇게 죽어갔다.

고려 말의 자유농민은 피폐할 대로 피폐해 있었다. 홍건적과 왜구의 침략과 노략질은 백성을 괴롭혔다. 그들은 권문세족의 수탈에 피골이 상접해 있었고, 국가에 대한 납세와 부역을 피해 자유를 팔고 스스로 권문세족의 노비가 되어갔다. 자유로운 농민을 근본으로 하는 고려는 자기 속에서 가장 큰 혜택을 얻고 있는 기득권자들에 의해 그렇게 죽어가고 있었다. 그들은 고려를 죽임으로써 스스로를 죽이는 일에 몰두해 있었다. 기존의 권리는 눈을 멀게 한다. 가진 것을 잃지 않으려는 두려움은 더 많이 가지려는 탐욕보다 더 절박하다. 그러나 상실의 두려움과 다른 사람의 권리를 침해하는 탐욕은 개혁이 필요한 시대에는 스스로를 죽이는 독약과 같다.

일상 속에 개인적 꿈을 심어주지 못하는 사회는 어떠한 모습의 외형을 가지고 있든 훌륭한 사회가 아니다. 그리고 그러한 사회를 만들어 가려는 개혁의 능력을 상실한 사회는 꿈을 그 구성원들과 나누어 가질 수 없다. 아름다운 꿈을 가지지 못하는 개인은 사회의 짐이 되거나 가장 잔인하고 무차별적인 복수심만을 되돌려줄 뿐이다.

보수주의가 개혁주의보다 나쁜 것은 아니다. 또 그 반대도 아니다. 보수와 개혁은 그 자체로 옳고 그름이 있는 것이 아니다. 그것은 가치 중립적이다. 필요에 따라 선택될 뿐이다.

사회는 안정을 요구할 때가 있고, 대다수의 사람들은 그 속에서 일상적 평안에 안주하고 행복한 나태를 즐김으로써 삶을 살아가는 좋은 시절이 있다. 동양적 의미의 태평성대이다. 그러나 그 반대로 사회는 때때로 물질적으로 풍요한 사람들과 그렇지 못한 사람들로 양극화되어 새로운 균형이 필요한 때도 있게 마련이다. 이때 대다수의 사람은 고통스럽다. 꿈과 희망을 잃고 미래를 잊은 채, 하루하루 사는 것이 힘겨울 때가 있다. 이때는 개혁과 혁명을 필요로 한다.

개인적으로 나는 보수주의자도 개혁주의자도 아니다. 보수와 개혁 역시 양극단 사이의 어디엔가에서 적절한 균형을 잡아가

미래를 믿지 않는 사회에는 어떠한 기다림과 자제도 없다.
참고 기다림 없이 어려움을 견딜 수 있는 사회란 어디에도 없다.

는 끊임없는 과정으로 파악되어야 한다. 불필요한 것을 포기하지 못하는 것은 인간밖에는 없다. 결국 그들은 빼앗긴다. 그들은 가지고 있는 것을 빼앗길 뿐 아니라 목숨까지도 잃는다. 그들은 그토록 삶을 내리누르는 물질적인 부담에서 벗어나지 못하고 결국 삶조차 빼앗기고 만다. 죽음은 만인에게 평등하다.

우리 사회는 지금 너무 한쪽으로 치우친 곳에 놓여 있다. 균형을 잃고 중풍 맞은 사람처럼 기괴한 모습으로 쓰러질 듯 간신히 그렇게 서 있다. 부패가 오장육부와 골수까지 침투해 있다. 중산층은 궤멸되어 가고 부는 양극으로 나뉘어 가는 빈곤한 나라의 전형적인 현상인 '부익부 빈익빈'의 모습으로 접근하고 있다. 한쪽에서는 '이대로'이고 다른 한쪽에서는 당장 먹을 것이 없다. 관료와 공무원의 무사안일과 복지부동은 정부 주도의 어떤 개혁도 실현될 것 같지 않은 어두운 그림자를 던지고 있다. 한국의 정부, 기업, 금융기관에서 만들어 낸 통계와 정보는 국제사회에서 사실로 받아들여지지 않고 있다. 거짓은 남을 속이고 또 스스로를 속이게 되어 이제 우리가 가지고 있는 통계와 자료로는 올바른 의사 결정을 하기 어렵게 되었다. 한국 사회의 특징이었던 활력과 에너지는 방향을 잃고 급격히 감소되었다. 지금 우리는 사회의 모든 분야에서 미래를 위한 조율이 필요한 때이다.

그렇다면 우리에게 던져진 21세기의 화두는 무엇일까? 자유로운 시장경제에 모든 것을 맡겨두는 것인가?『극단의 시대』(1997)의 저자이며 역사학자인 에릭 홉스봄Eric Hobsbawm은 '극단 사이의 균형'이 21세기 인류의 과제라고 말하고 있다. 경제적 측면에서 이 균형은 정부 주도적인 통제경제와 극단적 자유시장체제 사이의 새로운 균형이라는 모습으로 다가온다. 실제로 엄격한 통제경제사회에서도 시장의 요소는 존재해 왔으며, 미국같이 시장 만능식의 사회에서도 규제의 요소는 존재한다. 문제는 언제, 어떤 조건하에서 이 두 가지 요소의 균형을 다시 맞추어 갈 것인지가 중요하다. 이것은 특정 국가 내에서도 마찬가지지만 국제적 관점에서도 매우 중요하다.

자유주의 시장경제만을 가지고 경제적 문제를 해결할 수 있으리라는 기대는 망상이다. 정치적 측면에서도 새로운 균형이 필요하다. 국민의 참여와 무관심 사이에서 국민의 의사가 존중된 결정을 어떻게 내릴 것이냐의 과제가 남아 있다. 사회적 측면에서는 정부와 기업으로 대별되는 조직과 개인의 역할상의 균형을 어떻게 잡아주어야 하는가가 중요하다. 새로운 상황하에서 새로운 균형이 모든 분야에서 요구되고 있는 것이다. 지식사회라는 본질을 가지고 이미 우리에게 현실로 다가와 있는 미래는 과거와 다른 새로운 원칙을 요구하고 있기 때문이다.

그러나 제도와 체제의 변화만으로는 문제를 해결하지 못한다. 예를 들어 대통령제와 내각제 사이의 우열은 없다. 장단점을 가지고 있을 뿐이다. 안고 있는 문제를 해결하기 위해 유리한 제도를 선택하면 되는 것이다. 완벽한 제도란 세상 어디에도 존재하지 않는 허상에 지나지 않는다. 중요한 것은 제도와 체제 속에 숨어 이를 움직이는 정신이다. 어떤 제도든 정신이 죽으면 껍데기만 남게 된다. 그리고 그 제도는 장점으로 기대된 역할을 수행하지 못하고, 단점만 부각되고 확대되어 무력한 시스템으로 남게 된다.

새로운 균형을 위해 지금은 모든 분야에서 개인혁명이 필요한 때이다. 정부가 나서서 모든 것을 해결해야 한다고 목청이 터져라고 외치는 것만으로는 충분하지 못하다. 정부 역시 정치가라는 이기적 목적에 묶여 사는 개인들의 집단에 의해 지배되고 있다. '국가와 민족'을 위해 자신을 소거해 버릴 만큼 위대한 영혼으로 가득 차 있지 못하다. 위기의 순간에도 하나가 되지 못하고, 산적한 국가적 현안보다 당의 이해가 우선인 그들 역시 정치가로서 자기 혁명이 누구보다도 절실한 사람들이다. 논리적으로도 정부가 할 수 있는 일은 제한적 수준에서 머물러야 한다. 만일 우리가 정부가 모든 것을 해결해 주어야 한다고 믿고 있다면, 정부는 반대로 우리로부터 모든 개인적인 것들도 빼앗아 갈 수 있다는 것도 인정해야 한다. 현명하고 좋은 정부를 가지기를 원하지만, 모든 권력을 가진 독재 정부를 바라지 않는 소이가 여기에 있다. 정부는 모든 것을 해줄 수도 없고 해서도 안 된다. 하나의 조직으로서 시민이 해야 할 일이 있고, 또 개인으로서 책임을 져야 하는 것이 있기 때문이다. 조직과 개인 사이의 새로운 균형이 또한 요구된다는 뜻이다.

나는 개인의 힘을 믿고 있다. 한국은 과거 독재 정권 아래서 개인이 얼마나 무력하고 하찮은 것이었는가를 체험했다. 그러나 그때 개인은 또 '우리'가 되어 정치적으로 보다 자유로운 사회를 만들 수 있었다. 깨어 있는 사회는 깨어 있는 개인이 없이는 불가능한 것이다. 법정 스님의 글은 조용하지만 힘이 있다. 그분보다 글을 잘 쓰는 사람은 많다. 그러나 감동은 글 속에서가 아니라 삶 속에서 오는 것이다. 혼자 있는 시간을 잘 보낸다는 것은 수행을 업으로 하는 스님들에게도 어려운 것이다. 혼자 있을 때 사람은 무너지기 쉽다. 법정 스님은 혼자 있을 때를 경계하여 대나무 가지를 다듬을 때가 있다고 한다. 깨어 있고 싶어서이다. 어떤 분야에 깨어 있는 사람 하나를 만나게 되면, 나는 많은 위로를 받는다. 정신이 죽으면 인간은 참으로 아무것도 아니라는 것을 깨닫게 된다.

훌륭한 보수주의자도 있고, 훌륭한 개혁가도 있다. 그들은 사회의 발전을 위해 서로 보완적이다. 개혁은 훌륭한 보수주의자에 의해 생활 속에 뿌리 내린다. 좋은 보수주의자들의 도움이 없다면 혁명과 개혁의 이념은 한 사회를 지탱하는 새로운 패러다임으로 일상 속에 자리 잡지 못한다. 그러나 또한 오랜 세월이 흘러 사회 속에서 생겨나는 여러 분야에서의 변화들을 기존의 패러다임이 견디지 못하게 될 때가 온다. 그때는 다시 개혁과 혁명이 요구되는 시기이다.

훌륭한 사회는 그러한 시기를 감지하는 개인을 많이 가지고 있다. 자기 안에 자기를 움직이는 원칙이 무엇인지 알고 있는 개인을 많이 가지고 있는 사회는 훌륭한 사회이다. 지켜야 할 때와 바꿔야 할 때를 알고 있는 사회는 현명한 사회이다. 현명하다는 것은 실천적 개념이다. 실천의 어려움은 가지고 있는 기득권의 일부를 포기해야 한다는 점이다. 포기된 기득권은 사회의 활력을 되찾아주기 위한 투자로 활용될 것이다. 돈은 한번 잃어버리면 영원히 없어지는 것이 아니다. 그것은 물과 같다. 위에서 한번 쏟아버렸다면 밑에서 다시 퍼 올리면 되는 것이다. 그러나 이미 죽어버린 사회에는 사업 역시 죽는다. 꿈이 없는 사회의 일상은 춥고 어둡다. 미래를 믿지 않는 사회에는 어떠한 기다림과 자제도 없다. 참고 기다림 없이 어려움을 견딜 수 있는 사회란 어디에도 없다.

3 상식과 일상으로부터의 일탈
—몇 가지 이야기

세상은 많은 색깔로 칠해져 있다. 너무 많은 색깔로 되어 있어 아무리 많은 크레파스로도 다 칠할 수 없다. 그런데 우리는 언제나 세상을 두 가지 색으로 본다. 흑과 백, 우리는 색맹인 것이다.

보고 싶은 것과 보기 싫은 것, 좋은 것과 나쁜 것, 선과 악, 우리 편 아니면 적, 하고 싶은 것과 할 수밖에 없는 것, 아름다운 것과 추한 것, 자유와 통제, 자본주의와 공산주의 혹은 사회주의, 지배와 피지배, 부자와 가난한 자. 우리의 뷰 파인더(view finder)는 흑백이다. 간혹 회색이기도 하다. 그것도 대부분 잘 용납되지 않는다. 미온적 기회주의자, 아직 적도 동지도 아닌 회색분자, 주관이 없는 멍청이 아니면 믿을 수 없는 사람, 이것이 바로 회색에게 주어진 호칭이다.

식물은 눈이 없어도
더 잘 볼 수 있다

'백스터 효과'라는 것이 있다. 이것은 클리브 백스터Cleve Backster라는 사람이 식물도 생각을 한다는 것을 증명해 보임으로써 밝혀진 사실이다. 1966년부터 시작한 실험에서, 그는 실험 대상 식물에게 위협을 가하면, 예를 들어 잎사귀를 하나 태우겠다고 마음먹은 순간, 이 식물에 연결된 전류계의 그래프는 급격히 상승한다는 것을 알게 되었다. 식물이 인간의 마음을 알아낸다는 것은 '초감각적 인지Extrasensory Perception, ESP'에 대한 지평을 넓히게 되었다.

초감각적 인지란 인간의 오감, 즉 시각, 청각, 미각, 후각, 촉각 등을 초월한 어떤 감각을 의미한다. 백스터는 그의 연구를 통해 식물이 바로 이러한 초감각적 인지력을 가지고 있다고 가정하게 되었다. 그는 식물이 눈이 없어도 더 잘 볼 수 있는지 모른다고 믿었다. 어떻게 보면 인간의 오감은 바로 그것 때문에 '근본적인 무엇인가를 파악하는 능력'을 오히려 제한받고 있다고 생각하게 되었던 것이다.

실제로 본질적인 것은 우리의 눈으로 볼 수 없는 경우가 많다. 『어린 왕자』속에 "중요한 것은 눈으로 볼 수 없다"는 말이 나온다. 그것은 마음으로 느껴지는 것이다. 그래서 많은 철학자와 시인들은 '마음의 눈'으로 사물을 볼 것을 그렇게 애써서 설득하려 하고 있는지도 모른다.

인간의 마음에서 나오는 정신적 에너지를 식물이 인식할 것이라는 믿음은 고대로부터 있어 왔다. 피터 톰킨스Peter Tompkins와 크리스토퍼 버드Christopher Bird가 함께 지은 『식물의 신비로운 생활The Secret Life of Plants』속에는 오르곤orgon에 관한 재미있는 예화가 나온다. 오르곤은 성적 에너지이다. 고대인의 경우 씨를 뿌린 후 풍요제를 벌였다고 한다. 그리고 그 자리에서 성교를 함으로써 씨앗들에게 성적 에너지를 전했다는 것이다. 이것은 그저 상징적인 행위라기보다는 실제로 식물에게 자극을 주어 발육을 고취시켰는지도 모른다. 이것은 마치 유대인들이 희생양을 바칠 때 제물이 될 짐승에게 행하는 의식과 크게 다르지 않다. 의식을 맡은 제사장들은 희생이 될 동물과 어떤 교감을 나눔으로써 편안한 죽음을 맞이하도록 해준다. 이런 행위는 정신적인 것이기도 하지만 실용적이기도 하다. 동물들을 위로함으로써 죽음의 공포가 동물의 고기에 인간에게 해로운 '화학적 성분'을 만들어 내는 과정을 방지할 수 있다고 알려져 있다.

자연의 모든 것에는 생명이 숨쉬고 있다. 인간이 만일 자연과 교감할 수 있는 방법을 배운다면 자연은 우리에게 참으로 많은 이야기를 나누어 줄 것이다. 우리는 어린아이에게 자연을 의인화하여 가르쳐 왔다. 그리고 우리가 어렸을 때, 우리는 그것을 사실이라고 믿었다. 자라면서 우리는 그것이 그저 지어낸 이야기라고 발뺌을 한다. 우리가 동화라고 부정한 것 속에 자연의 참모습이 있는 것은 아닐까? 우리는 자연의 한 식구로 태어나 자연의 언어를 알고 있다가 교육을 통해 스스로를 자연으로부터 격리시켜 가고 있는 것은 아닐까? 자연을 버림으로써 우리는 죽어가고 있는 것은 아닐까?

인디언들은 자신이 힘들고 피곤해지면 숲으로 들어가 자신의 친구인 커다란 나무에 등을 기대선다고 한다. 그리고 그 웅장한 나무로부터 원기를 되돌려 받는다고 한다. 그들은 어리석지 않다. 산에 가면 나는 힘이 난다. 산의 정기를 느낀다. 산이 살아 있고 나무들 또한 살아 있다는 것을 느낀다. 그리고 우리가 자

자연의 모든 것에는 생명이 숨쉬고 있다. 인간이 만일 자연과 교감할 수 있는 방법을 배운다면 자연은 우리에게 참으로 많은 이야기를 나누어 줄 것이다.

연이라고 불리는 속에 함께 있다는 것을 알게 된다.

작은 도토리 속에는 커다란 참나무의 그림이 들어 있다. 그것을 심으면 오랜 시간이 지난 후, 커다란 참나무가 한 그루 서 있게 되리라는 것을 우리는 의심하지 않는다. 왜냐하면 자연을 믿고 있기 때문이다. 커다란 참나무는 작은 도토리의 꿈이다. 우리는 그것을 희망이라고 부른다. 삶은 그저 '현실'을 의미하지 않는다. 현실밖에 없는 사람은 죽은 사람이다. 일상은 현실과 허구가 시처럼 얽혀 있는 삶의 현장인 것이다.

당신의 이름을 가만히 불러 보고, 그 이름이 의미하는 것이 무엇인지 자문해 보라. 당신은 스스로를 좋아하는가?

아니라면 지금 당장 마음속 깊은 곳에 숨어 있는 욕망을 찾아 떠나라. 당신의 미래가 복제된 작은 도토리를 심어라. 그리고 하루에 두 시간은 이 꿈을 키우기 위해 써라. 밥 한 그릇과 옷 몇 벌을 사기 위해 자신이 가지고 있는 모든 시간을 파는 것은 노예이다. 결국 다른 사람이 만들어 준 삶을 살며, 언제나 상황의 희생자일 뿐이다. 세상은 '하고 싶은 일'을 하며 사는 것이다. 하고 싶은 일을 하고 있을 때, 우리는 행복하다. 욕망에 솔직해져야 한다. 그리고 오직 하나의 욕망에 평생을 걸어야 한다. 선택은 다른 것을 버린다는 것이다. 선택된 욕망에 모든 것을 내주어라. 사랑해 줘라. 그때 비로소 자신의 삶을 규정할 수 있다. 자연스러움에 마음을 내주어라. 그것이 자연으로 되돌아가는 것이다.

중요한 것을 미루는 것은 불행한 사람들의 공통점이다. 바쁘다는 것 속에 모든 것을 묻어두는 사람은 어리석은 사람이다. '지금' 마음의 밭을 파헤쳐 잊고 있었던 욕망이라는 작은 도토리를 찾아내라. 주눅들고, 삶에 지쳐 피곤한 당신의 무관심 속에서 빼빼 말라 시든 꿈의 원형을 찾아내라. 아직 살아 있을 것이다. 심어라. 그리고 농부처럼 키워라. 언젠가 또한 스스로 농부가 키운 훌륭한 한 그루의 나무가 될 수 있을 것이다.

식물은 1년에 한 번
죽는 연습을 한다

    식물은 1년에 한 번 죽는 연습을 한다. 어떻게 어려운 시절을 견뎌야 하는지 알고 있다. 견딘다는 말은 적당하지 않다. 그들은 어려운 시절에 어떻게 대처하고, 준비하는지 항상 수련한다. 그리고 그 수련은 언제나 실제상황이다. 목숨을 건다.

    가을에 잎을 떨어뜨린다. 겨울이 어떤 것인지 알기 때문이다. 그들은 가장 단출한 모습으로 서 있다. 스스로 이미 죽을 각오가 되어 있다. 그렇기 때문에 이미 많은 열매를 맺어 놓았고, 달콤한 과육 속에 자신의 모습인 씨앗을 담아 놓았다. 새도 가져가고, 바람도 가져가고 다람쥐도 가져간다. 또한 인간도 가져간다. 심지어 발 밑을 흐르는 시냇물 위에도 몇 개 띄워 보낸다.

가지고 키워 낸 것은 모두 이렇게 나누어주고 기다린다. 더 가지고 있다는 것이 어리석음임을 잘 알고 있기 때문이다. 벌꿀은 제가 쓸 수 있는 것보다 더 많이 가지고 있다. 그래서 곰과 너구리에게 빼앗긴다. 물론 사람에게도 털린다. 자기의 몫 이상으로 가지고 있는 사람도 마찬가지다. 전쟁으로, 명분으로, 간교한 사기로 자신이 더 많이 가질 권리가 있다고 허튼소리를 하지만 결국은 빼앗기게 마련이다. 그들도 결국 목숨을 잃게 된다. 자연의 이치가 그렇다.

나무들은 매우 교묘하게 자신의 욕망과 의도를 포장한다. 아름다운 빛깔과 향기 그리고 달콤한 맛으로 정성스럽게 치장한다. 그리고 그 속 한 가운데에 자신의 모습을 담아 놓는다. 씨앗이라는 이름으로. 이내 바람이 차가워지고 눈이 내린다. 밤이 되어 산에 몰아치는 바람과 어둠은 참으로 고통스럽다. 그곳에 알몸으로 서 있다.

가진 게 없으니 단출하다. 이 세상에 자신의 모습을 모두 남겨 놓았으니 여한도 없다. 그리고 무엇보다 겨울은 끝날 것이라는 믿음을 가지고 있다. 고통이 절망이 되지 않는 이유는 미래를 믿고 있기 때문이다. 그들의 믿음은 그저 참고 견디는 소극적인 것이 아니다. 좋은 시절이 올 때 그것을 즐길 수 있는 차비를 차린다. 어둠과 추위 속에서 봄을 준비한다. 가지 끝에 잎의 눈을 키우고 그 속에 잎이라는 원형적 생명을 키워낸다. 산수유는 약재로 쓰인다. 가을에 열매를 맺는다. 반쯤 투명한 붉은 과육 속에는 커다란 씨앗이 들어 있다. 처녀들은 그 산수유를 입속에 넣어 씨를 끄집어낸다. 산수유 말린 것 중에서도 이렇게 처녀들이 입으로 깐 것을 최상의 것으로 친다. 열매가 떨어진 곳에 이미 산수유나무는 가을부터 꽃눈을 키우기 시작한다. 그리고 봄이 되면 아주 일찍 노란색 꽃망울을 터트린다. 다시 살아나는 것이다. 그들은 1년마다 새롭게 태어난다.

칼 폰 린네Carl von Linne는 식물분류학의 원조이다. 지금도 사용되고 있는 이명법二名法이라는 분류법은 매 식물마다 속屬과 종種에 라틴어 이름을 붙이고 거기에 최초의 명명자 이름을 덧붙인다. 완두콩을 이 방식으로 표기하면 피시움 사티붐 린네움Pisium Sativum Linnaeum이 된다.

진정으로 식물을 사랑했던 라울 프랑세는 린네의 노력을 다음과 같이 표현했다.

> 그가 나타나면 시냇물도 죽어 버리고, 화사한 꽃들도 죽어 버린다. 목초지에서 느끼던 우아함과 즐거움도 거기에 수천 가지의 이름을 붙임으로써 빛이 바랜다. 이러한 분류작업이 끝나면 우리는 그제야 미망에서 깨어나 자연으로부터 멀어져 있

는 자신을 발견하게 된다.

우리는 식물에게 생명과 사랑, 성을 돌려주기 위해 위대한 시인 괴테를 기다려야 했다. 젊은 여인들과의 히히덕거림에 지친 괴테는 이탈리아로 여행을 떠났다. 파두아Padua의 거대한 식물원에서 그는 식물들과의 대화에 몰두한다. 그리고 시인의 직관과 영감과 상상력을 통해, 과학자들이 죽여 놓은 식물표본 속에 생명을 불어넣기 시작한다.

괴테는 자연을 사랑하지 않고는 자연의 보고를 발견할 수 없다고 말한다. 그는 파두아의 식물원에서 나무들의 생장과정을 지켜보았다. 그리고 깨달음을 얻었다. 깨달음이란 하나씩 쌓여 있던 생각들이 한순간에 하나의 체계로 인식되는 것을 말한다. 그리고 〈식물의 변태에 대해서〉라는 소논문을 쓰게 되었다. 그러나 사람들은 시인이 과학자가 되는 것을 용납하지 않았다. 그들은 과학이 시에서부터 출발하였다는 것을 잊은 것이다. 출판사는 그의 책을 출판하기를 거절했고, 그의 친구들은 그의 생각을 받아들일 수 없었다. 그가 경이로움 속에서 과학자들에 의해 받아들여지기까지는 30년의 세월이 흘렀다.

식물이 생장하면서 번식과 증식을 통해 보여주는 여러 형태는 잎이라고 하는 원형적 기관의 변태인 것이다. 찰스 다윈

Charles Darwin은 외적인 영향이 유기체의 본질에 작용하여 그것을 변화시킨다고 보았다. 그러나 괴테는 그 자체로 다양한 형태를 취할 수 있는 능력을 가진 원형적 유기체가 어떤 시점에서 외부 환경에 가장 적절한 형태를 취하고 있다고 본 것이다. 식물은 그러므로 외관상 여러 형태로 변모해 가지만, 내적으로는 동일성을 가지고 있다. 바로 그렇기 때문에 우리는 그것을 보는 순간 아무리 다른 모습을 하고 있어도 식물이라고 인식할 수 있는 것이다. 괴테는 환희에 차서 외쳤다. 자신은 아직 세상에 존재하지 않는 어떤 식물도 만들어 낼 수 있다고 깨달았기 때문이다. 모든 식물 속에 내재하는 이 본질적인 원형식물은 모든 형태의 식물을 만들어 낼 수 있는 것이다.

식물은 그 변태 과정에서 세 번의 확장과 세 번의 수축 과정을 거친다. 씨앗에서 잎으로 확장한다. 잎은 꽃받침으로 축소한다. 그리고 꽃잎이 커진다. 그러다가 암술과 수술로 축소된다. 다시 열매로 확장하고 그 열매 속의 씨앗으로 축소하게 된다. 에른스트 레어스Ernst Lehrs는 이 원리를 '자제의 원리'라고 불렀다. 그는 『인간인가 물질인가』라는 저서를 통해 이것을 감동적으로 설명한다.

잎이 꽃으로 변할 때 이 원리는 절정에 달한다. 잎에 비하면 꽃은 죽어가는 기관이다. 그러나 이 죽어감은 존재를 위한 죽어간이다. 단지 형태의 변화만을 보이던 생명력이 이 단계에서는 영혼이라는 높은 수준의 징후를 보이기 시작한다. 이것은 곤충의 세계에서도 적용된다. 애벌레의 왕성한 활동력이 나비라는 아름답지만 덧없이 짧은 삶으로 변화한다.

식물이 스스로의 힘으로 환경에 적응하고 대처해 갈 수 있는 힘과 지각능력을 가지고 있다는 것을 실제적으로 가장 잘 증명해 준 사람은 루터 버뱅크Luther Burbank이다. 그는 위대한 육종가였다. 그래서 웹스터 사전에 "Burbank : 선택적 육종을 통해 식물이나 동물을 개량하다. 비유적 의미로 좋은 형질을 택하고 나쁜 형질을 제거하여 무엇이든, 예컨대 방법이나 제도 따위를 개선하다"는 말을 만들어 내었다. 그는 일생 동안 천여 종의 신품종을 개발했다. 3주일에 하나씩 개발한 셈이다.

1849년 매사추세츠에서 태어난 그는 육종에 대하여 다음과 같이 말한다.

식물들을 독특하게 기르고자 할 때, 나는 무릎을 꿇고 식물에게 말을 건넵니다. 식물에게는 스무 가지도 넘는 지각 능력이 있습니다. 인간의 지각능력과는 형태가 다르기 때문에 인간이 그것을 잘 알지 못할 뿐입니다. 예를 들어 가시 없는 선인장을 만들 때 나는 선인장에게 다음과 같이 말합니다. '아무것도

자연은 자신을 내세우지 않고 조용히 받아들이는 사람에게만 자신의 진리를 보여준다.

두려울 게 없단다. 그러니 너는 이제 가시 같은 것은 필요 없어. 내가 너를 잘 보살펴 줄 테니까'라고 말입니다.

그는 실험을 해 나가는 동안 식물과의 신뢰를 쌓고, 식물에게 도움을 청하였다. 자신이 그들에게 깊은 애정과 존경심을 품고 있음을 알려줌으로써 그들을 안심시켰다.

그는 또한 이러한 육종의 개념을 사람에게도 적용하였다.

어린아이들에게 책에 실린 지식을 강요하는 것보다 건강한 정신을 갖게 하는 것이 중요합니다. 지식 습득을 강요하는 것은 어린이들의 자발적인 행위, 즉 노는 것을 잃게 합니다. 아이들은 고통을 통해서가 아니라, 기쁨을 통해서 배워야 합니다. 어린이들이 후일 살아가는 데 있어 진정으로 필요한 것은 놀이라든가 자연과의 유대를 통해 얻어지는 것입니다. 나는 77세나 되었습니다. 그러나 아직도 대문을 뛰어넘고, 달리기 시합을 하고, 샹들리에를 걷어차기도 한답니다. 그것은 아직도 청춘인 내 마음과 마찬가지로 육체도 늙지 않았기 때문입니다. 나는 어른이 된 적이 한 번도 없고, 앞으로도 영원히 그랬으면 합니다.

미국 식물학의 대부로 알려진 리버티 하이드 베일리 Liverty Hyde

Baily 교수는 루터 버뱅크를 식물 재배에 있어 금세기 최고의 독보적 존재라고 말하고 있다. 그는 식물의 가치와 능력을 예리하게 판단할 수 있는 능력을 갖고 있었다. 나는 이 흑인을 연상할 때 언제나 흙 묻은 거친 옷을 입고 대지 위에 엎드려 속삭이는 한 소년을 떠올린다.

지난날의 식물학자들의 주요 업적이란, 이미 영혼이 날아가서 말라비틀어진 식물의 미라를 연구하고 분류하는 것이었다. (……) 편견을 버려라. 자연은 자신을 내세우지 않고 조용히 받아들이는 사람에게만 자신의 진리를 보여준다. 이것을 그대로 받아들일 때 인간은 비로소 우주와 조화를 이루게 된다.

시간과 그 뒤편에 감추어진 이야기

　미국 위스콘신 출신의 변호사인 레이몬드 시어러는 1960년대 말 메디슨에서 밤늦게까지 회의를 하다가 집으로 돌아가는 도중, '외계인'들과 충격적인 만남을 가졌다고 주장했다. 이 만남 이후에 그는 기억상실증에 시달렸고, 온화했던 성격은 신경질적으로 변했고, 알 수 없는 불안감에 시달렸다고 한다. 정신과 의사들은 그에게 최면 요법을 사용하여 그의 기억의 장벽을 제거하여 기이한 변화에 대한 원인에 접근하였다.

　최면 치료에서 나온 테이프 자료에는 다음과 같은 대화 내용이 수록되어 있다고 한다.

최면의사 (UFO의) 사령관이 당신에게 시간을 물었습니다. 대답을 하셨나요?

시어러 저는 UFO에서 나오는 불빛 쪽으로 시계를 가져다 대었습니다. 1시 47분이었습니다. 그는 우리가 '어떤 종류의 시간'을 사용하는지 물었습니다. 매우 우스운 질문이라고 여겼지만 그가 우리의 시간 측정의 방법을 알고 싶어한다고 생각했습니다. 그래서 하루, 한 달, 1년에 대해서 가르쳐 주었습니다. 그랬더니 그는 우리가 시간을 더 정확하게 다루는 법을 배워야 한다고 말하더군요.

최면의사 무슨 뜻인가요?

시어러 그는 우리가 생각하고 있는 그런 개념의 시간은 존재하지 않는다고 말했습니다. 그들은 시간을 조절할 수 있는 능력, 즉 시간을 빨리 가게 할 수도 있고 반대로 늦게 가게 할 수도 있으며, 심지어 시간을 멈출 수도 있다고 말했습니다. 우리도 그렇게 할 수 있으려면, 시간이란 단지 우리의 생각 속에서만 존재한다는 것을 인식해야 한다고 했습니다. 예를 들어 시간 개념이 존재하지 않는 어린아이의 경우에는 1분이 한 시간일 수도 있고 하루가 영원처럼 여겨질 수도 있습니다. 나이가 들면서 우리는 잘못된 시간 개념을 정립시켜 갔던 것입니다.

이상의 이야기는 언스트 메켈버그Ernst Meckelburg가 지은 『타임 터널Time Tunnel』 속의 한 장면을 인용한 것이다. 시간을 통제한다는 생각은 외계인들이 매우 빠른 속도로 움직일 수 있다는 것을 의미한다.

레이몬드 시어러의 말이 그가 주장하는 것처럼 사실일 수 있을까? 시간은 고무줄처럼 유동적인 것이며, 시계 속의 시간은 잘못된 개념이며, 우리와 다른 시간 단위 속에서 살고 있는 '우주의 저편'은 존재하는 것일까? 그리고 가끔 일어나는 일처럼 우연히 어떤 구멍에 빠져들 듯 순식간에 이곳에서 '우주의 저편'에 속하는 곳으로 빨려들어갈 수 있는 것일까?

아인슈타인의 특수 상대성 이론에 따르면, 우주선이나 비행기 속에 설치된 움직이는 시계는 지구 위의 고정된 장소에 있는 시계보다 더 늦게 간다. 만일 우주선의 속도가 충분히 빨라져 광속에 가까워지면 시간의 확장 현상이 뚜렷해진다. 이때 우리는 아인슈타인의 상대성 이론의 우주에 도달하게 된다. 이 우주에서는 관찰자의 위치에 따라 시간이 빨라지기도 하고 늦어지기도 한다.

만일 우리가 빛보다 더 빠르게 움직일 수 있다면 시간의 연속선상에서 과거로의 여행이 가능하게 된다. 초광속은 우리가 빛의 한계를 뛰어넘는 것이다. 이것은 아이슈타인이 설명하고 있는 시간과 공간으로부터 자유로운 구조, 즉 '초공간hyperspace'을 움직일 때 가능한 것이다. 그러나 아이슈타인은 우리가 '빛의 벽'을 넘을 수 없을 것이라고 말한다. 왜냐하면 광속에 가깝게 움직이는 보통의 입자는 무한히 큰 질량을 얻게 될 것이기 때문이다.

그러나 1967년 컬럼비아 대학의 물리학 교수인 제럴드 파인버그는 〈초광속 입자의 가능성〉이라는 논문을 통하여 광속보다 빠른 가정상의 입자, 즉 '타키온Tachyon'의 존재를 선언했다. 이것은 우리가 속해 있는 우주와는 다른 우주의 존재를 가정한 것이다. 미래에서부터 와서 과거로 흐르는 이런 입자의 존재가 의미하는 것은 시간이 현재로부터 미래로 흐르고 있다는 가정을 심하게 흔들기 시작했다. 마치 우리의 우주와 거울을 마주하여 반사되는 또 다른 우주, 반反우주는 존재하는 것일까?

미국의 패서디나에 있는 캘리포니아 공과대학의 물리학자들은 이러한 반우주의 개념을 가정할 수 있는 여러 가지 발견을 해왔다. 우선 1932년에 칼 데이비드 앤더슨Carl David Anderson은 우주의 광선 속에서 이상한 입자를 발견하게 되었다. 이것은 전자와는 반대로 양전기를 띠고 있었기 때문에 포지트론positron, 즉 양전자陽電子라고 불렀다. 전자電子의 쌍둥이 격인 양전자는 전자와는 반대의 입자로서 수명이 매우 짧다. 그러나 이 둘이 만나게 되면 그 덩어리가 순식간에 두 개의 광자로 변해 빛으로 사라져 버린다. 물질과 반물질이 만들어 내는 이러한 강력한 파괴 과정을 통해 발생하는 에너지는 가공할 만하다. 태양의 내부에서 일어나고 있는 핵융합 에너지의 무려 100배에 달하는 에너지가 방출된다고 한다. 더욱이 이 파괴 과정은 '차가운' 상태에서 질량이 에너지로 상호 변환되는 아인슈타인의 관계식, $E=MC^2$에 따라 이루어진다. 양전자가 발견된 후, 얼마 지나지 않아 같은 연구소의 리처드 파인만은 '양전자가 특정한 조건하에서 시간을 거슬러 움직인다는 것'을 발견하였다. 이러한 개가를 통해 물리학자들은 물질과 반대되는 다른 입자, 즉 반물질의 발견을 위해 전세계적인 시도를 끊임없이 전개하였다.

반입자들이 우주 속에 존재한다는 것은 그런 입자들로만 구성되어진 우주, 즉 반우주에 대한 존재를 추론하게 만들었다. 오늘날 물리학자들은 우리의 세계와는 다른 세계 – 반대의 전기를 띠고 있고 시간 방향이 반대인 세계 – 를 믿고 있다. 어떤 사람들은 그것이 우리 우주의 바깥쪽 머나먼 곳에 있다고 믿고 있는가 하면 어떤 이들은 우리 주위 가까운 곳에 있다고 생각하고 있다.

물리학자들의 과학적 추론보다 훨씬 자유로운 상상력을 가진 플라톤은 이미 『폴리티코스Politikos』라는 작품에서 우리의 발전이 한 사이클을 지나고 나면 그 다음에는 반대 방향으로 진행된다고 추측하고 있다. 거꾸로 시간이 흐르는 우주에서는 시간이 지남에 따라 죽은 이들은 부활하고 점점 더 젊어지게 된다. 성장 과정을 거슬러 점점 어려지다가 자궁 속으로 사라지게 된다. 이 세계에서는 탄생이 곧 죽음이고 죽음이 곧 부활이 된다. 이러한 추론은 우리의 의식이 비물질적 특성을 가지고 있다는 것에 기인한다.

우리의 의식은 시간으로부터 자유롭다. 의식은 그러므로 쉽게 '빛의 장벽'을 넘어 우리의 세계와 거울처럼 반대되는 반우주에 쉽게 도착할 수 있다. 그곳에서 우리의 의식이 미래의 정보를 가지고 거꾸로 흐르고 있는 초광속의 입자인 타키온을 만나게 된다면 우리는 자신의 미래나 다른 사람의 미래에 대한 정보를 알 수 있지 않을까? 타키온과의 만남은 꿈속의 체험이라는 형태로 무의식에 의해 끌려 나올 수 있을 것이다. 그리고 무의식은 점차 의식으로 나타나게 될 것이다. 미래의 사건에 대한 인지나 예언의 가능성은 이런 과정을 거쳐, 물리학적인 법칙과 인과율에 위배되지 않고 이루어질 수 있는 것이 아닐까?

우리는 주말이면 영화 비디오를 하나 빌려다 보기도 한다. 영화가 시작된다. 대체로 우리는 시간의 흐름에 따라 만들어진 장면들을 따라간다. 이 영화의 마지막 부분은 미래에 속한다. 우리는 그 내용을 알 수 없다. 그러나 이 영화의 미지막 부분은 이미 만들어져 있다. 미래는 이미 발생한 것이다. 단지 우리가 볼 수 있도록 스크린에 아직 투사되지 않았을 뿐이다. 또한 우리는 미래에 발생 가능한 수없이 많은 가능성을 설정한다. 그러나 우리의 세계에 현실로 투영되는 것은 수많은 가능성 중에서 오직 하나의 가능성일 뿐이다.

일반적으로 미래는 미지의 것이며, 적어도 아직 형성되어 있지 않은 것으로 생각하고 있다. 정말 그런가? 어떤 근거로 그렇다고 단정할 수 있는가? 단순히 우리가 모르기 때문에 발생하지 않았다고 믿고 있는 것은 아닌가? 적어도 특정한 사건은 지금 시작되고 있는 것은 아닐까?

우리가 매력적인 일에 흠뻑 빠져 있을 때 시간은 우리에게만 빨리 지나간다고 느낀다. 시간은 마치 외부 시간과는 아무 관계도 없이 우리에게만 '줄어든 것'으로 나타난다. 반대로 누군가를 기다리고 있을 때는 시간은 천천히 지루하기 짝이 없이 흐르는 듯하다. 우리가 느끼고 있는 주관적인 시간 의식은 시계가 만들어 준 외부적인 절대적 시간과 일치하지 않는다. 때때로 내부에서 인식되는 시간이 외부의 시간과 일치되는 경우도 있다. 예를 들어 항상 밤 10시쯤 자서 새벽 4시에 일어나는 습관을 가진 사람은 거의 언제나 새벽 4시가 되면 잠에서 깨어나게 된다. 이때 무의식적으로 내부에서 인식되는 주관적 시간과 외부적 시간을 일치시킬 수 있게 된다.

만일 레이먼드 시어러가 만난 우주인처럼 빠른 우주선 안에서 여행함으로써 시간을 통제할 수 있다면 시계 속의 시간이란 아무런 의미가 없을 것이다. 오히려 우리가 인식하고 있는 의식 속의 시간이 더 중요하고 확실한 시간의 개념이 아닐까? 미국의 작가 윌리엄 포크너William Cuthbert Faulkner, 1897~1962의 소설 『음향과 분노The Sound and the Fury』에는 아예 시간의 개념이 존재하지 않는다. 그는 "작고 작은 톱니바퀴에 의해 움직여 가는 시간은 모두 죽은 것이다. 시계가 죽어야 비로소 시간이 산다"라고 말한다.

꿈은, 아주 끝없이 긴 꿈도 단지 몇 초 만에 꾸어진다. 꿈은 시간을 필요로 하는 것인가? 우리가 잘 때 의식은 자기만이 알고 있는 인생을 살고 있는지도 모른다. 자기 혼자 시간도 공간도 없는 어딘가에서 혼자 놀다 오는 것은 아닐까? 그러다가 잠시 들킨 것이 꿈으로 되어 기억되는 것을 아닐까?

어쩌면 우리에게 '유일하고 진정한' 세계로 느껴지는 이 세계는 정말로 존재하지 않을지도 모른다. 지금이 꿈인지도 모른다.

우리는 모두 현재에만 살고 있는가?
의식 속에서는 과거와 현재와 미래는 동일한 공간상에 병존한다.

장자莊子의 유명한 호접몽蝴蝶夢이 생각난다. 『장자』의 〈내편內篇〉 '제물론齊物論'에 다음과 같은 내용이 있다.

옛날에 장주가 꿈에 나비가 된 적이 있었다. 참으로 훨훨 날아다니는 한 마리 나비였다. 그는 스스로 기분 좋게 날아다녔지만 자신이 원래 장주인 줄은 몰랐다. 홀연 꿈에서 깨어 보니 실재하는 것은 장주였다. 그리하여 장주가 꿈속에서 나비가 된 것인지, 아니면 나비가 꿈속에서 장주가 된 것인지 진정 알 수 없었다.

우리는 모두 현재에만 살고 있는가? 의식 속에서는 과거와 현재와 미래는 동일한 공간상에 병존한다. 의식 속에 존재하는 주관적 시간을 허구라고 규정하는 이유는 무엇일까? 우리가 믿고 있는 시계에 의해 측정되는 절대 시간은 존재하는 것일까?

칼텍의 우주 물리학자들은 물질은 원자를 거쳐 원자 이하의 소립자로 녹아내리고, 이것들은 다시 정의할 수 없는 쿼크quark로 변한다고 한다. 쿼크는 다시 녹아내려 결국 에너지 장을 거쳐서 순순한 의식의 덩어리로 사라지게 된다고 한다. 물질의 세계가 결국 비물질적인 의식의 덩어리로 귀착된다면, 지금 우리는 만지고 느끼는 구체적인 이 세상은 실재하는 것일까? 우리는 꿈을 꾸고 있는 것은 아닌가?

공간에서 공간으로

영화 〈콘택트Contact〉에서 주인공 엘리는 어려서 아버지를 심장병으로 잃게 된다. 아버지의 장례식을 도와주던 신부는 "때때로 우리가 이해하기 어려운 일들이 생기지만 그 속에는 신의 섭리가 있다"는 것을 엘리에게 일깨워주어 위로하려 한다. 그러나 그녀는 왜 아버지가 죽었는지 잘 알고 있었다. 그녀가 알고 있는 아버지의 죽음의 이유는 신의 섭리가 아니라 화장실에 심장약을 놓아두지 않았기 때문이었다. 만일 그곳에도 약을 놓아두었더라면 아버지는 화장실에 쓰러져 괴로워하며 죽지 않았을 것이라는 믿음이었다. 어려서 아버지를 잃은 그녀의 마음속에는 신이 자리 잡고 들어갈 공간이 없었다.

그 후 엘리는 과학자가 되었다. 그녀는 멀리 별들로부터 오는 지적 존재들로부터의 신호를 탐지하는 황당한 일에 빠져 있었다. 어느 날 그녀는 '베가$_{Vega}$성'으로부터 강력한 진동과 함께 엄청난 메시지를 받게 된다. 베가는 거문고자리의 α별로서 태양계로부터 26광년의 거리에 있다. 지름은 태양의 세 배이며 북천에서 가장 밝고 청백색으로 빛난다. 스스로 핵융합에 의해 빛을 발하는 항성이다. 베가에서 전송해 온 설계도에 따라 지구인들은 베가로 여행할 수 있는 수송 기구를 만들게 된다. 그러나 베가까지의 첫 번째 여행자로 지목된 것은 엘리가 아니라 그녀의 상사였던 드럼린이었다.

이 영화에서 가장 대조적인 인물들은 엘리 애로웨이와 데이빗 드럼린이다. 드럼린은 현실적인 사람이다. 인류에게 당장 도움이 되지 못하는 과학에는 투자를 할 수 없다고 생각한다. 반대로 엘리는 순수한 믿음을 위해 그녀의 인생을 다 쓸 수 있다고 믿고 있다. 드럼린은 세상이 만들어 주는 대로 살아가는 사람이지만, 엘리는 세상은 우리가 만들어 가는 것이라고 믿고 있다.

그녀의 믿음은 한 남자, 팔머 조스와의 이야기 속에서 농담처럼 확산된다. 4천억 개의 별 중에서 100만 개에 하나 꼴로 행성이 있고, 또 그 중 100만 개에 하나 꼴로 생명체가 존재하고, 또 그 중에서 100만 개에 하나 꼴로 지적$_{知的}$ 존재가 있다 하더라도 그 수는 수백만 개가 될 것이다. 이것은 그녀가 어렸을 때 아버지가 해준 이야기였다. 그리고 이 이야기는 바로 그녀가 외계로부터 보내는 메시지를 찾아 일생을 헤매는 과제를 만들어 주었다.

그녀는 일생을 한군데에 바쳤다. 어쩌면 그녀는 데이빗 드럼린의 말대로 자신이 가진 재능과 인생을 낭비하고 국민의 세금을 이루어지지 않는 꿈에 털어 넣는 이상주의자일는지 모른다. 그러나 그녀는 인류의 꿈을 믿고 있는 사람이었고 자신의 신념에 따라 행동하는 사람이었다. 그리고 결국 자신이 경험한 것을 인류와 함께 나누는 데 성공한다.

베가성에서 아버지의 모습으로 나타난 외계인과의 만남은 그러나 아무런 증거를 댈 수 없는 개인적 체험으로 남게 되었다. 그녀 역시 증거를 댈 수 없는 곳에도 믿음이 존재한다는 것을 깨닫게 되었다. 이곳에서 과학과 종교는 서로 화합할 수 있는 것이 아닐까? 그리고 또 바로 이곳에서 엘리는 자신을 믿는 한 남자 팔머 조스의 손을 잡을 수 있었다. 사랑 역시 증거를 댈 수 없는 곳에 존재하는 것이다. 인간은 어떤 균형 속에서 사는 것 같다. 과학적 증거와 정신적 믿음 사이의 어디엔가에서 균형을 이루어가며 인생을 살아간다.

영화는 엘리가 베가성으로 가는 시간여행을 시청자와 함께할 수 있도록 만들어져 있다. 그녀가 '웜홀Worm-Hole'을 지나는 장면을 극적으로 보여준다. 다이내믹하고 생생하고 긴박감을 느끼게 한다.

언스트 메켈버그는 『타임터널』에서 웜홀의 개념을 '뫼비우스의 띠'로 설명하고 있다. 기다란 종이띠를 한 번 뒤집어 꼬아서 만든 뫼비우스의 띠는 단지 한 면으로만 되어 있다. 엄지와 검지 사이에 이 띠를 쥐고 엄지에서부터 시작하여 연필로 줄을 그어 나가면 검지까지 선으로 연결할 수 있다(내가 하는 말을 잘 이해할 수 없다면 뫼비우스의 띠를 만들어 실험해 보기 바란다. 자동차의 라디에이터를 말로 설명하기는 어렵다. 그림은 이 경우 훨씬 더 강력한 전달매체가 된다. 이 경우에도 언어가 적당한 전달매체가 되지 못하는 것 같다. 뫼비우스의 띠는 신문지 한 장을 너비 2센티미터 정도로 잘라 허리띠처럼 긴 종이띠를 만든 다음, 한 번 뒤집어 꼬아 끝을 풀로 붙이면 만들어진다). 우리가 만약에 평면세계의 존재들이라면 엄지에서 검지까지 가는 길은 매우 멀 것이다. 왜냐하면 우리는 띠의 차원에서만 움직여야 하기 때문이다. 3차원, 즉 종이의 두께는 둘 사이의 방해물로 존재한다. 하지만 원래 엄지와 검지 사이의 거리는 매우 짧다. 아마도 이 거리는, 몇 분의 1밀리미터쯤 될 것이다. 우리 평면세계의 존재들이 만약 종이띠에 구멍을 뚫을 수 있다면, 즉 여기서 두께라는 3차원을 극복할 수

공간적으로 떨어져 있을 때 우리는 다른 시간 속에 있는 것과 같다. '나'는 존재하나 당신이 없거나 당신은 존재하나 '나'는 없다.

있다면 우리는 순식간에 띠의 반대쪽에 있을 것이다. 종이에 구멍을 뚫는 것이 '초공간'이 될 것이고 이 공간은 이웃한 평면세계의 우주로 가는 영시점-이동을 가능하게 할 것이다. 여기서 우리는 우주에 가득한 소위 '웜홀'과 유사한 점을 발견할 수 있다. 적어도 이론상 공간과 시간을 통한 여행을 가능하게 하는 우주의 중력 배출구와 유사한 점을 발견할 수 있다.

나사NASA의 고문이며 물리학 교수이기도 한 데이비드 브린 David Brin은 〈시간의 강 The River of Time〉이라는 재미있는 단편소설을 썼다. 사람들은 갑자기 전염병처럼 '코마슬로'(혼수상태를 나타내는 '코마coma'와 '슬로slow'를 합성한 단어)에 빠져들게 된다. 걷던 사람이 한 다리를 들어 올린 상태에서 굳어져 거리에서 발견되기도 하고, 스푼을 든 채 수프를 먹다가 그대로 굳어지기도 한다. 사무실에서는 초점 잃은 눈으로 서류를 보면서 그대로 굳어지기도 한다. 병동은 만원이 되고 나라는 비상사태에 빠지게 된다. 그러나 그들은 혼수상태에 빠진 것이 아니라는 것이 밝혀진다. 그들을 가만히 놔두면 그들대로 잘 생활하고 있다는 것을 알게 된다. 단지 어쩐 일인지는 모르지만 그들은 시간이 매우 느리게 흐르는 시간 단위 속의 세계로 빠져든 것이다. 다른 시간 단위를 사용하는 세상이 공존하게 된 것이다.

어느 날 또 다른 재앙이 찾아왔다. 이번에는 사람들이 감쪽같이 증발하였다가 갑자기 나타나는 것이다. 순간적으로 공간 이동이 일어난 것처럼 갑자기 책상 위에 개가 나타나서 짖어댔다. 고급 레스토랑에서는 접시 위의 음식들이 모두 사라져 버렸다. 코마슬로, 즉 느린 사람들과 반대로 매우 빠르게 움직이는 고속 인간들이 나타난 것이다. 그들 역시 어떤 이유에서인지는 모르지만 매우 빠르게 지나가는 시간 단위를 사용하는 세계 속으로 빠져들었던 것이다.

이들 각자가 별개의 세계 속에 따로따로 존재했을 때에는 아무런 혼란이 없었다. 우리는 서로 다른 시간 단위를 사용하는 사람들의 존재 자체도 모르고 있었기 때문이다. 그런데 어느 날 갑자기 우리가 살고 있는 세상 속에 다른 시간 단위를 사용하는 세계들이 공존하게 됨에 따라 모든 원칙과 질서가 깨어지게 되었다. 한 가족 속에서도 하나는 느린 시간대에 속한 세계 속에서 천천히 나이를 먹으며 살게 되고 또 다른 하나는 빠른 시간 단위를 사용하는 고속 인간이 되어 빨리 늙어간다.

이러한 이야기가 가능한 것은 우리가 지금 살고 있는 세상과 시간 단위가 다른 세상을 격리시켜 왔던 완강한 막 사이에 수없이 많은 공간적 이동 통로, 즉 웜홀들이 생겨났기 때문이라고 가정할 수 있다. 마치 속도가 다른 고속도로 위에 서 있는 것처럼 사람들은 느린 사람과 빠른 사람, 더 느린 사람과 더 빠른 사람들의 집단으로 분화되어 가고 있었다.

데이비드 브린은 〈시간의 강〉에서 다음과 같이 말한다.

> 사람들은 마치 같은 강줄기의 다른 부분에서 헤엄치는 물고기처럼 흐름을 이리저리 옮겨 다니며 흘러가고 있다. 어떤 사람은 급류에 휘말려 가고, 또 어떤 사람은 강기슭에 가까운 흐름을 따라 천천히 떠다니기도 한다. (……) 우리는 그 동안 얼마나 융통성 없고 독선적이었는가. (……) 이제는 이 거대한 강을 이해하고, 그 안에서 평안을 찾고 싶다.

만일 우리가 같은 시간의 흐름 속에 있지 못하다면 우리는 함께할 수 없다. 아르헨티나의 작가 호르헤 루이스 보르헤스Jorge Luis Borges, 1899~1986는 단편집 『픽션들』에 수록한 단편소설 〈끝없이 두 갈래로 갈라지는 길들이 있는 정원〉에서 한 중국인이 설계한 정원에 살고 있는 유럽인 스티븐 알버트의 입을 빌려 다음과 같이 말한다.

> "우리는 대부분의 시간 동안 함께 존재할 수 없어요. 어떤 시간들에는 당신은 존재하고 나는 존재하지 않아요. 또 다른 시간들에는 나는 존재하나 당신은 존재하지 않아요. 또 다른 경우의 시간에는 우리 두 사람 모두 존재하지 않아요."

공간적으로 떨어져 있을 때 우리는 다른 시간 속에 있는 것과 같다. '나'는 존재하나 당신이 없거나 당신은 존재하나 '나'는 없다. 누군가 제3자의 시간 속에는 또 우리 모두가 없을 수도 있다. 어쩌면 같은 공간에 있으면서 우리는 다른 시간대 속에 있어 서로 만나지 못하는 경우도 있다. 다른 의식을 가지고 있을 때 우리는 서로 이해하지 못한다.

별과 인생

 요하네스 케플러Johannes Kepler는 1630년 노상路上에서 급사하였다. 죽을 때까지 빈곤과 전쟁에 시달렸지만 그는 근대 역학의 선구자가 되었다. 재미있는 것은 1594년 24세의 나이로 그라츠 대학에서 수학과 천문학을 강의하는 도중, 점성력의 편수를 위촉받은 적이 있었는데, 그는 그 해 겨울이 매우 추울 것이며, 전쟁이 발발할 것이라고 예고했다. 그리고 적중되었다. 죽기 2년 전인 1628년, 그는 발렌슈타인 후작의 전속 점성술사가 되었다. 후원자들이 그에게 기대했던 것은 아마 '별을 보고 점을 치는 페르시아의 공주'의 역할이었나 보다. 그러나 그는 위대한 천문학자였다. 스승 튀코 브라헤Tycho Brahe로부터 16년간 모아 온 화성에 대한 자료를 받아 연구하는 도중 1609년 '케플러의 제1법칙'과 '제2법칙'을 발표하였다.

'케플러의 제1법칙'을 쉽게 말하면, 그 동안 원이라고 믿어 왔던 행성의 공전 궤도는 타원형이라는 것을 밝힌 것이다. 행성은 태양계 내에서 타원 궤도를 가지고 태양 주위를 공전하며 태양빛을 반사하여 빛나는 천체를 말한다. 타원에는 두 개의 중심이 있다. 지구를 스쳐 지나가는 행성들은 태양과 다른 우주의 한 점을 중심으로 한다. 그리고 일정한 공전 주기를 가지고 있다. 공전 주기의 크기는 타원의 이심율離心率, eccentricity과 관련이 있다. 이심율이 0에서, 1 쪽으로 갈수록 타원은 점점 더 길쭉해진다. 지구의 이심율은 0.017이다. 행성의 경우 이심율이 작아 그 공전 주기가 2, 3년 되는 것도 있고 유명한 핼리 혜성Halley's Comet처럼 77년 만에 한 번 지구 곁으로 돌아오는 행성도 있다. 태양계 내에 존재하는 성운 모양 또는 긴 꼬리를 가진 모양의 천체를 '혜성'이라고 한다. 혜성이 태양으로부터 멀리 떨어져 있을 때는 태양빛을 반사시키는 핵만이 보이지만 점차 가까워짐에 따라 꼬리가 커진다. 그래서 해가 진 직후 또는 해뜨기 직전 태양의 반대 방향으로 뻗친 꼬리를 볼 수 있다. 혜성의 궤도는 보통 타원, 포물선, 쌍곡선 등 원뿔곡선을 그리는데 그 중 포물선 궤도가 가장 많다. 포물선 궤도를 가지고 있는 혜성들은 한번 나타났다가 영원히 돌아오지 않고 사라진다.

별과 관련하여 가장 아름다운 이야기 중의 하나는 아마 알퐁스 도데의 단편소설〈별〉일 것이다. 목동과 아름다운 스테파네트 아가씨…… 그들은 모두 잠시 이 세상에 인간의 모습으로 머물다 간 사람들이지만 수많은 별들 중 가장 아름답고 밝은 별들일 것이다. 인간이 별이고, 별이 곧 인간인 것은 그리스 신화를 읽어 본 사람은 다 알고 있다.『삼국지』속의 제갈공명 역시 목숨의 연장을 빌어 보지만 오장원의 별이 되어 떨어지고 만다.

사람들은 신화는 신화일 뿐이라고 말한다. 그러나 상상력은 현실만큼이나 중요한 현실이다. 개념이 존재하면 인간은 만들어 낼 수 있다. 그러나 상상할 수 없는 것은 만들어 낼 수 없다. 창조는 상상력의 구현이다. 그리고 자연은 상상력의 원천이다. 그 중에서 별은 밤에 자기를 들여다보는 인간들에게 수많은 이야기를 들려준다. 오직 상상력을 가진 사람만이 들을 수 있는, 명멸하는 그곳 그 소우주에서 일어난 하염없이 많은 이야기들을.

소설가 이순원의 중편소설〈은비령〉은 별에 관하여 역시 아름답고, 안타까운 이야기이다. '바람꽃' 같은 여자인 선혜를 사랑하게 된 주인공은 여자와 자신의 가슴에 가시와 같은 걸림으로 남아 있는 죽은 친구의 기억을 떠나보내기 위해 은비령을 찾는다. 그곳에서 그들은 하쿠다케 혜성을 보기 위해 찾아 온 한 아마추어 천문학자를 만나게 된다.

내 삶을 이대로 놓아 둘 수 없다. 그저 되는 대로 살다
다시 이 어리석음이 행성의 공전처럼 반복되게 할 수는 없는 것이다.

"인간에겐 또 인간의 시간이라는 게 있습니다. 대부분의 행성이 자기가 지나간 자리를 다시 돌아오는 공전 주기를 가지고 있듯 (……) 이 세상의 일이란 일은 모두 2천500만 년을 한 주기로 되풀이해서 일어나게 되어 있습니다. 다시 말해서, 2천500만 년이 될 때마다 다시 원상의 주기로 되돌아가는 것입니다. 그래서 지금부터 2천500만 년이 지나면 그때 우리는 윤회의 윤회를 거듭하다 다시 지금과 똑같이 이렇게 여기에 모여 우리 곁으로 온 별을 쳐다보며 또 이런 이야기를 하게 될 겁니다. 이제까지 살아온 길에서 우리가 만났던 사람들을 다 다시 만나게 되고, 겪었던 일을 다 다시 겪게 되고, 또 여기에서 다시 만나게 되고, 앞으로 겪어야 할 일들을 다시 겪게 되는 거죠."

"정말 그런가요?" 이것은 수설 속이 어지기 별치럼 눈을 반짝이며 반문한 말이다. 여러분도 똑같이 반문해 보았을 것이다. 정말 그런가요? 라고 말이다. 이것은 화성의 위성을 처음 발견한 미국의 천문학자 홀Asaph Hall, 1829~1907이 만들어 낸 유머라고 한다.

그러나 누가 알겠는가? 나는 이 소설을 읽으면서, 2천500만 년 전에 지금의 나의 삶과 동일한 삶을 살다가 지금 이렇게 되돌아오게 되었다고 생각하는 순간, 마음속에 전율을 느꼈다. 미래의 삶 또한 이미 예정되어 있는 것이다. 이미 일어나 있는 것이다. 그것은 무엇일까? 왜 나는 이것을 기억해 내지 못하고 있는 것일까? 지금 이승에서의 삶이 다시 2천500만 년 뒤에 그대로 재생된다면, 지나가 버린 어리석음은 어떻게 하란 말인가? 그리고 남아 있는 미래 역시 지금처럼 그저 견디며 살게 되면 어떻게 하란 말인가?

내 삶을 이대로 놓아 둘 수 없다. 그저 되는 대로 살다 다시 이 어리석음이 행성의 공전처럼 반복되게 할 수는 없는 것이다. 좋아하여 여러 번 읽게 되는 책처럼 2천500만 년이 지난 후 다시 돌아오게 될 반복된 인생을 기다릴 수 있도록 내 인생은 아름다워져야 하는 것이다. 내 삶을 돌려놓아야 한다. 아름답고 다시 기다려지는 삶으로 되돌리지 않으면 안 된다. 세상은 만들어 가는 것이다. 인생 또한 그 세상 속의 하나의 빛깔이 되는 것이다. 익어가며 달라지는 고운 빛이 되어가는 것이다.

정동진, 환선굴과
백마횟집을 다녀오는 데
하루가 걸리지 않는다

함께 기차에 올랐을 때 밤 11시가 거의 되어가고 있었다. 밤차에는 식당칸이 없다는 것을 처음 알았다. 기차에 타는 대로 식당칸에 앉아 맥주를 마시자고 한 계획은 허사가 되었다. 캔맥주 두 개를 사서 침대칸에 마주 앉았다. 꼭 반 평쯤 되는 길쭉한 공간에 커다란 창 하나를 두고 그렇게 앉으니 자기들만의 장소에 숨어 있는 아이들 같은 긴장과 흥분이 가득하다. 어두운 밤이 차창으로 지나간다. 덕소에서 팔당까지 강을 따라 달리면서 화려한 레스토랑과 카페의 불빛을 보았다. 낙엽들이 날리고 강은 길게 누워 있다. 아내는 처음 침대칸을 타보았다. 내가 처음 그랬듯이 그녀 역시 온갖 상상을 하기에 적당할 만큼 마음이 부드러워져 있었다. 비스듬히 누워 차창 밖으로 하늘을 보고 나무를 보고 강과 마을과 불빛을 본다는 것은 투르게네프나 파스테르나크의 시베리아를 달리는 환상을 준다. 인생의 지리한 반복을 박살내는 작은 흥분을 준다. 과거를 떠오르게 하고 인생 속에 다시 꿈을 데려온다. 철로의 이음새를 달리며 내는 그 특유의 덜컹거림이 오늘이 특별한 날임을 실감케 한다. 우리는 지금 밤차를 타고 정동진으로 가고 있다.

차창이 밝아지는 것을 느끼며 잠에서 깨었다. 날이 흐리다. 그러나 이미 떠오른 해는 주위의 구름을 붉게 물들여 놓았다. 기차가 서서히 역에 도착해 가는 동안 바다가 바짝 곁으로 따라 붙는다. 먼저 도착한 사람들이 모래 위에 앉아 있다. 아주 가깝게 서로 붙어 있다. 바다는 파랗다. 바다가 파래서 기분이 좋았다. 파란 바다는 우리를 상쾌하게 해준다. 정동진은 파란 바다 밖에 없다. 그것밖에 가지고 있지 않지만 사람들은 많이도 왔다. 드라마 때문이 아니라 그들은 삶 속으로 자신이 주인공인 드라마를 끌어들이고 싶어서일 것이다. 격렬한 울음이 있고 아픔이 있지만 끌어안고 목놓아 울고 싶은 사랑이 그리워 그들은 그렇게 많이 바다밖에 없는 이곳으로 밤새 달려온 것이다.

우리는 환선굴로 떠나는 버스를 탔다. 삼척에서 30분 정도 떨어진 곳에 있는 이곳은 덕항산 안에 있다. 산은 아름다웠다. 단풍이 아직도 거의 절정에 머무르고 있었다. 단풍이 곱지 않다고 하지만 이곳은 그 말이 무색하다. 조금 걸어 오르니 산이 제 모습을 보여준다. 갑자기 봉우리 하나가 치솟아 올라 하늘을 찌른다. 그 위로 바람이 거세게 불어 구름이 수시로 모이고 흩어진다. 거친 기운 속에서 봉우리는 더욱 장엄하다. 작은 계곡이 귀여운 폭포로 변해 흐르고 나무와 철로 된 계단을 천천히 오르니 환선굴에 도달했다. 굴은 그 스케일에서 우선 사람을 압도한다. 우리는 산의 밖에서 그 넓고 신기한 뱃속으로 들어온 듯했다. 맑고 찬 물이 모여 흘러서 굴 안에 또 다른 계류를 만들고 있었다. 천장은 마치 용암이 아직도 살아 있는 듯 그 꿈틀거리고 끓어오름이 역력하게 전해지는 듯했다. 굴은 여전히 스스로를 만들어 가고 있었다. 자궁 속에서 생명을 만들어 가듯 거대한 산의 뱃속에서는 석순과 석주, 종유석 들이 오랜 세월에 걸쳐 감탄과 경외로움으로 만들어지고 있었다.

밖으로 나오니 밝고 아름다운 감동이 다시 전해진다. 단풍을 위에서 보며 천천히 내려왔다. 산은 오를 때의 경치와 내려갈 때의 경관이 다르다. 중간에서 사진 몇 장을 찍었다. 가을 속에서도 여름처럼 푸르게 정정한 아름답기 그지없는 엄나무 밑에서 아내의 사진 한 장을 찍었다. 500년을 산 이 엄나무는 대여섯 개로 갈라진 손바닥만 한 나뭇잎을 달고 있는데 그 전체적 수형은 오래된 은행나무를 닮아 있다. 목피가 정교하고 깨끗하다. 목피에 가만히 손을 얹어 쓰다듬어 본다. 나무의 평화로운 부드러움이 손끝을 타고 오른다. 우리가 늙어서도 이 나무와 같기를 마음으로 바란다.

대이계곡 속의 덕항산과 환선굴을 떠나 회선하는 버스 속에서 잠을 깨어 보니 차는 금진항 안으로 들어서고 있었다. 우리는 백마횟집에서 점심을 먹었다. 싱싱한 회에 소주를 마셨다. 점심의 바다는 잔잔하고 작은 항구는 졸고 있는 듯했다. 얼마 후에 생선매운탕이 나왔다. 맛있다. 배가 터질 정도로 먹고 싶을 만큼 맛있다. 남편은 햇볕과 바람 속에서 검어진 얼굴을 가진 어부이고 부인은 작은 가게를 내어 회를 팔고 생선매운탕을 끓인다. 한참 옷타령이나 하고 텔레비전 속 가수들의 젊고 현란스런 몸짓에 빠져들 만한 나이의 딸아이가 토요일 점심에 앞치마를 두르고 음식을 나른다. 조용한 햇빛이 눈부시고 우리는 포만감 속에서 낮술에 취해 잠시 부둣가를 걸었다.

남자들은 밤샘 작업으로 잠이 들고, 어부의 아낙들이 여럿 모여 어망을 가지런히 하고 있다. 아침에 잡아 올린 작은 가자미의 머리를 따내고 몸만 따로 커다란 채반 위에 말리고 있었다. 조금 사려고 했는데 많이도 준다. 꾸들꾸들 마른 가자미를 뜨겁게 달군 프라이팬 위에 얹어 튀기면 뼈째 먹을 수 있다고 한다. 어머니 드린다고 한 봉지 더 사 담아 들고 아내는 맛있게 생겼다고 좋아한다. 새로 난 해안도로를 따라 돌아 다시 정동진으로 왔다. 모래밭 위를 이리 뛰고 저리 뛰는 젊은이들 사이에 섞여 3시 4분 서울행 기차를 기다렸다. 차에 타자마자 우리는 잠이 들었다. 한두 시간쯤 늘어지게 자고 일어나 식당칸에서 맥주를 한 잔씩 하자고 했다. 프라자 호텔에서 경영하던 식탁보가 깔린 식당은 없어지고 차창을 따라 평행하게 배열된 플라스틱 의자 위에 앉아 밖을 보며 맥주를 한 잔씩 했다. 기차는 가을 산들이 도열한 태백을 향해 들어서고 아직 지붕이 검은 도시는 떨어진 잎보다 더 쓸쓸해 보였다. 가을비가 이곳만 뿌렸다.

　옆자리에는 커다란 남자의 손에 푸른 정맥이 비치는 작고 귀여운 하얀 손이 잡혀 있다. 야구 모자를 쓴 젊은 여자는 고양이처럼 남자를 응시하며 이야기한다. 우리 뒤의 중년 남녀는 이미 가까이 붙어 앉아 있지만 더 가까이 앉을 수 없어 안타까워하는 듯했다. 기차 안에 앉은 사람들 모두가 근심이 없어 보인다. 행복한 졸음에 겨워 서로 어깨를 기대고 길게 앉아 가거나 손을 잡은 채 자고 있다. 바람난 남녀들처럼 흥분과 가벼운 긴장, 그리고 돌아오는 길의 이완과 즐거운 피로가 꿈처럼 뒤섞여 있다. 기차는 이미 어두워진 어제 그 강변길을 따라 되돌아오고 있었다. 우리가 청량리역에 도착한 것은 예정보다 꽤 연착하여 거의 10시에 가까운 시각이었다. 아직 어제 서울을 떠난 그 시각이 채 되지 않았다. 꼭 스물세 시간 만에 서울의 정동쪽에 있는 동해의 푸른 바다를 보고, 단풍 가득한 기걸 찬 산의 뱃속에 들어

중복된 하루밖에 가지지 못할 때 우리는 펼쳐볼 자신의 삶을 가질 수 없다.

갔다 나왔다. 그리고 금진항 부둣가의 백마횟집에서 바다를 보며 낮술을 마시고, 더 가까워지기를 바라는 사람들 속에 섞여 다시 서울로 돌아오는 데 걸린 시간은 하루보다 짧았다.

하루는 긴 시간이다. 언제나 일상 속에서 가장 손쉽게 지나가 버리는, 그리하여 가장 짧은 시간 단위가 되어버린 하루는 사실 매우 긴 시간이다. 우리는 하루하루 살다 보면 어느새 1년을 쓰게 되고 다시 1년을 보탠다. 그렇게 10년이 흐르고, 몇 번 반복하여 늙고 만다. 하루가 짧으면 인생도 짧다. 좋은 하루를 자주 만들어 가질수록 인생도 그만큼 길고 풍요해진다. 기차가 따라 달리던 길게 흐르는 강물처럼 그렇게 산 인생은 그 주위에 풍부한 사색과 정감과 기억을 남긴다. 중복된 하루밖에 가지지 못할 때 우리는 펼쳐볼 자신의 삶을 가질 수 없다.

고전과 고우영의 만화

소설가 마크 트웨인은 고전을 "누구나 읽었기를 바라지만 읽기는 싫은 책"이라고 말했다. 고전 속에는 그 시대를 깜짝 놀라게 하여 일으켜 세우는 격랑과 폭우가 있다. 그러나 오랜 세월이 지나면서 그 당혹과 감동은 당연한 현실이 되어 있거나 그저 오래된 추억이 되고 만다. 그래서 그런지 아이들도 고전 읽기를 권하면 별로 좋아하지 않는다. 읽을 때를 놓친 어른들도 마찬가지다. 읽었어야 했던 것이지만 지금 이 나이에 읽게 되지 않는 것이 바로 고전이다.

린 타이이Lin Taiyi는 린 유탕Lin Yutang, 임어당 박사의 둘째딸이다. 그녀는 23년간 『리더스 다이제스트』의 중국어판 편집인으로 일해 왔다. 아버지의 영향을 많이 받은 그녀는 『임씨네집 둘째딸 林家次女, The Lin's Second Daughter』이라는 책에서 매우 독특한 임어당식 교육법을 소개하고 있다.

미국에 있는 동안 임어당은 아이들에게 중국어를 가르쳤다. 가르치는 동안 아이들이 독서의 즐거움을 잃지 않도록 온갖 종류의 보조 자료를 활용하였다. 당唐시집을 인용하기도 하고, 리아오차이의 이상한 이야기를 들려주기도 했다. 전기, 신문, 역사책 등을 활용했다. 서예집과 지도도 좋은 보조 자료였다. 그는 아이들의 지적 한계와 이해력을 넘어서는 것을 가르쳐서는 안 된다는 견해를 가지고 있었다. 재미를 잃을 뿐이기 때문이다. 예를 들어 중국 고전에서 쓰이는 한자어보다는 일반 잡지에서 쓰이는 언어가 아이들이 이해하기 쉽다는 것을 잘 알고 있었던 것이다. 임어당은 하루에 오전 한 시간씩 아이들이 관심을 가지고 있는 토픽에 대하여 함께 이야기를 나누었다. 그리고 오후에는 아이들이 책이나 잡지 중 하나를 선택하여 읽게 했다. 그는 또한 아이들에게 쓰기를 권유했다. 무엇이든 마음에 차오르는 것이면 써보라고 격려했다. 작가의 펜은 쓸수록 날카로워지는 것이며, 경지에 이르면 바늘 끝과 같이 정교해질 수 있다고 가르쳤다. 항상 자신의 지적 한계를 넓혀 가도록 격려했다. 마치 산위로 높이 오를수록 더 멀리 볼 수 있다는 비유의 중요성을 일깨워 주었다.

나 역시 아이들에게 그들의 지적 한계를 넘어서는 지식의 전달을 경계한다. 가끔 아이들에게 고전 중에서 읽을 만한 책을 골라 주긴 한다. 그러나 그들이 관심을 갖지 않을 만한 것은 권하지 않는다. 나는 그들이 좋아할 만한 보조 자료로 고우영의 만화를 권한다. 실제로 시간이 날 때마다 시독자視讀者(고우영 『삼국지』에 시독자에 대한 장황한 설명이 나온다)로서 나는 그의 만화를 즐긴다.

그 동안 『삼국지』의 여러 판본을 읽어 보았다. 박종화판도 보고 이문열판도 보았다. 그러나 고우영판이 최고다. 거기에는 쪼다 유비가 등장하고 진짜 싸움 잘하는 싸나이 장비가 나온다. 관우가 형주에서 죽임을 당하도록 방임하는 제갈량의 고통이 나오고, 죽어서도 눈을 부릅뜨는 관우의 흉상이 전해진다. 세 갈래로 갈라진 수염 속의 조조가 그의 인격을 그대로 담은 모습으로 등장한다. 기괴한 모습으로 분한 방통과 장송이 나오고, 깨끗한 모습의 재사 양수가 나온다. 찰고무처럼 탱탱한 손권의 누이가 나오고, 대장부 조운이 그려져 있다. 욕설이 있고 야함이 있다. 재치가 있고 시공을 초월하는 상상력이 있다. 낄낄거림이 있는가 하면, 다른 곳에 없는 교훈이 있다. 그래서 나는 오히려 소설보다 그의 만화 『삼국지』를 더 좋아하고 수시로 꺼내 본다.

조조의 아들 조비에게 무릎 꿇고 선양하는 한漢 천자의 가여운 이야기를 담은 『삼국지』의 시간적 무대보다 400년 앞서 한 나라를 만들어 천자 노릇 해먹은 유방의 이야기를 다룬 『초한지』도 끝이 부실해서 그렇지 볼 만하다. 고우영 『초한지』에 나오는 유방은 전통적인 관점에서 쓰레기 같은 인간이다. 제1편에 그가 본 유방의 관상이 나온다. 머리털은 가늘고 기운이 없어서 인정이 있음을 말해 준다. 귀는 조금 작아서 가슴 속 감정을 잘 숨긴다. 턱은 두 쪽으로 갈라져 성격의 양면성을 보여주고 있다. 입술은 곱고도 붉어서 여자처럼 보이지만 그 속에 잔인함과 살기가 숨어 있다. 눈썹은 운명적으로 다른 사람의 것을 훔쳐서 붙인 격이라 노년에는 노력 없이 더 부귀가 굴러오게 되어 있는 얼굴이다. 나는 고우영이 유방의 얼굴을 어디서 가져 왔는지 알지 못한다. 『삼국지』에 나오는 쪼다 유비의 얼굴과 비슷하지만 유방의 얼굴은 보다 간교히고 눈매가 잔인하다. 그래서 그런지 고우영 자신은 유비를 닮았다고 눙을 치지만 유방을 닮았다고는 안한다. 별로 매력적인 인물이 아니어서 그런 모양이다. 『초한지』 전편을 통해 유방이 맡은 역할은 비천한 역할이다. 술이나 먹고, 계집질이나 하는 개차반의 인생이다. 그의 장점은 그저 굽힐 때 깝박 굽히고, 힘줄 때 어처구니없이 힘주는 능소능대의 처세술이다. 천한 출신의 비루한 건달이 어떻게 하나의 나라를 세우고, 자신을 도와온 영포와 팽월 그리고 한신을 주살함으로써 나라를 유지하는지를 보여준다.

고우영의 『초한지』에는 용감하고 당당한 항우가 나온다. 오추마의 위용이 돋보이고, 우미인과의 사랑이 가슴 아프다. 회계에서 패한 항우는 자신의 본거지인 강동으로 돌아가 재기를 노리지 않는다. 배반한 부하 여마통에게 자신의 머리를 던져주고 간다. 위나라 망국의 귀족인 한신이 맑고 기품 있는 모습으로 그려져 있고, 그를 그리는 꺽달지고 아름다운 여인 서희와 상희가 등장한다. 귀신같은 지모의 사나이 장량이 나오고 냄새나는 늙은이 역이기가 도사처럼 나온다. 아름다운 인간의 모습이 그려 있고, 썩고 추한 더러운 인생이 희화된다. 오히려 세상은 속과 밖을 뒤집고, 과장되고, 희화되면서 자신의 진정한 모습을 내보인다.

그러나 고우영 최대의 걸작은 『일지매』이다. 그의 『일지매』는 같은 제목의 소설들이 발끝조차 따라가기 힘들다. "매화는 눈 속에 피어 추위에 떨고, 어미는 어려서 되어 이별에 우네." 눈물로 적은 편지를 남기고 쫓겨나는 모정이 있다. 날콩처럼 배릿한 숨결의 소녀 삼꽃이 나오고, 앞니가 살짝 벌어진 환한 처녀 월희가 있다. 호랑이 잡는 박수동의 사랑이 있고, 영의정 김자점의 매국의 음모가 있다. 현장에 남는 금으로 된 매화 가지의 통쾌한 여운이 있고, 언제나 보리알만 한 이를 잡아 튕기는 뭔가 아는 스님이 있다. 계집아이보다 더 고운 일지매의 분노와 맑은 기합 소리가 있고, 구자명의 충직과 약속이 아름답다. 푼수 걸치의 우직한 삶이 있고, 성계의 꼬챙이가 있다. 건달들의 패싸움과 난동이 살벌하고, 그 응징이 추상같다. 공로가 반역으로 둔갑하는 간교한 세상사가 있고, 배신과 암살이 있다. 그런가 하면 눈 속에 얼어가는 절망적 사랑이 있고, 뼛속에 사무치는 복수의 마음이 있다. 누가 나더러 당신을 감동시킨 책들을 말하라면 나는 서슴지 않고 『일지매』를 그 목록에 올린다.

우리는 좋은 만화가를 많이 가지고 있지 못하다. 고우영은 얼마 안 되는 좋은 만화가 중에서 단연 백미라 할 수 있다. 만화가가 많지 않은 이유가 여럿 있겠지만, 추측컨대 근본적인 것은 우리 사회가 상상력의 빈곤이라는 치명적 약점을 가지고 있기 때문인 것 같다. 상상력은 정신의 유연성 속에서 나온다. 정신적 자유로움이 부족한 사람들은 대체로 권위주의적인 속성을 가지고 있다. 그들은 윗사람이 시키는 대로 하고 아랫사람에게는 자신처럼 복종해 주기를 요구한다. 강한 자에게는 비굴하고 약한 자에게는 야비한 인간들의 대부분은 이 부류에 속한다. 한 보고서에 의하면 권위주의자들은 머리가 나쁘다.

한국 사회는 일제 36년간 이런 자들에게 시달렸다. 그리고 얼마 전까지 이런 자들의 계승자인 군부의 독재자들이 나라를 쥐고 흔들었다. 그들의 해악 중 가장 커다란 것 중의 하나가 바로 '정신적 경직성'을 온 국민에게 물려주었다는 것이다.

21세기는 상상력의 세기이다. 과학의 발달과 기술력의 증진은 인간이 상상할 수 있는 것을 개념화할 수 있고 따라서 현실화시킬 수 있다. 시간의 문제일 뿐이다. 우리가 만들 수 없는 것은 오직 상상할 수 없는 것들뿐이다. 상상력은 힘이고 국가적 자산이다. 한국의 현대사가 잃은 것은 바로 이 상상력이다. 독재자 박정희는 나라의 경제가 어려워지자 금방 와 하고 추앙받는 사람이 돼버렸다. 그가 물려준 지독한 독소, 바로 경직된 사고와 빈곤한 상상력이라는 극약에 중독된 소아병적인 반응이 나타나기 시작한 것이다.

상상력이 없이 만화는 그려질 수 없다. 좋은 만화가 태부족인 것은 그 때문이다. 모방과 잔혹과 겉모습에의 치중은 그림 속에 많은 이야기를 담지 못하고, 인간의 마음을 싣지 못한다. 천편일률적인 정신분열적 과장은 인간의 한계를 넓히기는커녕 거짓과 위선과 퇴폐를 만들어 간다. 지금 청소년을 상대로 퍼지기 시작하는 만화 보기는 그래서 오히려 걱정스럽다. 싸구려 감정과 잔혹에의 어두운 동경을 가시화시키고 있기 때문이다.

만화가 스스로 커지기 위해서는 만화가가 잘해야 한다. 좋은 만화 역시 오래 남는 고전이 될 수 있다. 그렇지 않아야 할 이유가 없다. 한 시대를 흔들고, 격랑과 폭풍 속으로 사람을 끌고 갈 수 있는 충분한 잠재력을 가지고 있다. 만화는 다른 장르의 예술보다 열등하다는 생각은 만화가 스스로 만들어 낸 열등의식이다. 만화 역시 다른 장르의 예술처럼 좋은 것과 신통치 않은 것이 있을 뿐이다. 좋은 작품이 많이 나오면 만화의 장래는 무궁무진하다.

만화 그리기를 좋아하는 아이가 있다면 만화가를 만들 생각을 가져보는 것도 좋다. 그림 속에 많은 이야기를 가지고 있는 아이는 좋은 만화가가 될 수 있을지 모른다. 엉뚱하고 상상력이 풍부한 아이는 만화가로 적격이다. 특별한 아이를 대열 속으로 몰아가면 그 아이는 불행해진다. 평범의 수준에도 도달하지 못한다.

무협의 세계

'무협 소설을 읽는 사람들은 한심한 사람들이다. 그들은 허무맹랑한 이야기에 시간을 죽이고 있다. 가공의 기괴한 인물들이 아무렇게나 사람을 죽이고, 페이지마다 피를 흘린다. 천편일률적으로 같은 이야기의 구성이며, 읽고 난 후에 아무것도 남기지 않는다.' 무협소설에 대한 사람들의 인식은 이와 비슷하다.

그러나 나는 일에 지치거나 시간에 맞추어 무슨 일을 끝내야 할 처지에 놓이게 되면, 언제나 무협소설이 보고 싶어진다. 운 좋게 재미있는 것을 고르게 되면 밤을 새워 읽는다. 읽을 시간이 없을 만큼 일에 쪼들릴 때는 그 일을 우선 끝을 낸 다음날, 책방에서 몇 권 빌려와 방바닥을 뒹굴며 본다. 무협소설을 읽는 가장 좋은 방법은 한가함을 즐기는 것이다. 말하자면 여름날 돗자리를 깔고 창문을 열어젖힌 다음, 속옷 바람으로 이리 뒹굴 저리 뒹굴 하면서 자다 읽다 읽다 자다 하면서 보는 게 최고이다.

동양 사람도 아닌 한 외국 대학의 수학 교수가 영국의 버밍햄에서 무협소설가인 양우생을 만나 다음과 같이 말한 적이 있다고 한다.

"무조건 무협소설을 나쁜 것으로 미리 단정지어 말하는 것은 옳지 않다고 생각합니다. 내용이 좋지 않은 것을 만날 수도 있겠지요. 그러나 다른 유형의 소설도 나쁜 작품이 있을 수 있습니다. 예를 들어 역사소설로 분류되는 작품도 내용이 나쁠 수 있단 말입니다. 형식만 보고 내용을 놓치면 안 돼요. 특정한 문화적 기득권에 집착하는 것은 과학적 인식이라 할 수 없습니다." 이 교수는 연구하는 틈틈이 무협소설을 즐겨 읽는다고 한다.

신파 무협소설의 대가인 김용은 당唐대의 소설로서 무협전기의 시조를 이루는 두광정의 『규염객전』을 다음과 같이 평하였다.

역사적 배경이 있으면서도 전적으로 역사에 의지하지 않는다. 젊은 남녀의 연애가 있다. 남자는 호걸이고 여자는 방년 18, 9

세의 미인이다. 심야의 변장 도주가 있고, 권력 있는 자의 추적과 체포가 있으며, 작은 객잔에서의 투숙과 기이한 만남이 있다. 첫눈에 지기를 만나 의기투합하는 장면도 있고 (……) 신비하면서도 식견이 높은 도인이 나온다. 술집에서의 약속된 만남이 있는가 하면, 골목 속 작은 집에서의 모의가 있다. 풍부한 재물과 비분강개도 있다. 신기가 맑고 득의만만한 청년 영웅이 있고 제왕과 신하가 있다. 노새와 말 비수와 사람 머리가 있다. 장기와 바둑, 흥에 넘치는 음악도 있다. 천여 척의 배와 10만 병사의 큰 전투가 있고, 병법의 전수도 있다.

단재 신채호 선생은 이 규염객을 고구려의 연개소문이라고 말했다고 한다. 좋은 무협소설은 김용의 평처럼 가지가지의 요소가 맛있는 요리처럼 잘 배합되어 있다.

신파 무협소설을 논할 때, 보통 양우생과 김용이 함께 등장한다. 작품 활동은 양우생이 김용보다 빨리 시작했지만, 작품의 성취도는 김용에 이르러 고조된다. 1966년 동석지라는 필명을 사용하여 양우생은 자신과 김용을 비교한바 있다. 그때 그는 스스로를 명사의 기질이 농후한 중국 스타일이라고 자평한 반면, 김용은 '서양식 재주꾼'이라고 평했다. 양우생은 시사詩詞, 소설, 역사 등 중국의 전통문화의 영향을 비교적 깊게 받았다. 반면 김용은 영화를 포함하여 서양 문예에 많은 영향을 받은 것으로

분석되어 있다. 그러나 실제로 김용의 경우도 중국의 전통적 문화, 예를 들어 노장철학이나 불교철학에 대하여도 많은 흥미를 가진 듯하다. 묘사된 도사와 스님들은 능히 노장의 사상을 말하고 불법을 논한다.

나는 김용의 소설을 좋아한다. 실제로 나는 책방에서 빌려오는 대신 그의 소설을 사기도 하는데, 내 아내는 그것을 이해하지 못한다. 아마 보지 않아서 그럴 것이다. 본다고 하더라도 틀림없이 빠져들지는 않을 것 같다. 왜냐하면 그녀가 좋아하는 것은 잔잔한 현실생활을 다룬 가정적인 것을 좋아하니까 아마 취향이 다를 것으로 생각된다. 처음엔 한심한 눈으로 나를 보더니 요즈음은 그러려니 한다.

김용의 소설을 읽는 재미를 배가시키려는 등장한 여인들의 독특한 특징들을 즐기는 것이다. 그녀들은 매우 아름답고 매력적이며 대부분 남자 주인공보다 훨씬 현명하고 현실적이다. 김용은 독하고 영악한 여자들에게 특별한 감정을 가지고 있었던 것 같다. 매우 중국적이라는 느낌을 준다. 예를 들어 『영웅문』에 등장하는 황용은 아름다운 검은 눈을 가진 영악하고 현명한 여인이다. 요리를 잘해 개방의 방주 구지신개 홍칠공이 곽정에게 무술의 요체를 전수하도록 만든다. 틀에 박히고 머리가 둔한 주인공 곽정이 매번 속아 넘어갈 때도 그녀는 속지 않는다. 그녀를 속이는 것은 언제나 거의 불가능하다.

『의천도룡기』에 나오는 여러 여인 역시 만만찮다. 장무기의 어머니인 은소소는 독한 여자다. 출신도 정파 출신이 아니다. 그녀는 장무기에게 여자를 믿지 말라고 말한다. 이 책의 전편을 통해, 어머니 은소소의 이 말은 장무기를 좋아하는 여러 여인들의 질투와 갈등을 통해 실제로 그를 몹시 곤혹스럽게 만든다. 이국적인 조민은 교활하고 간교하다. 착해 보이는 주지약은 독하기 그지없다. 하마터면 장무기를 칼로 찔러 죽일 뻔한다.

『신조협려』속에는 적련선자 이막수가 등장하면서 부르는 노래가 있다. "세상 사람에게 묻노니, 정이란 무엇이길래, 생사를 같이하게 한단 말인가." 유행가 가사와 별로 다를 바가 없다. 그러나 그녀의 노래는 후회와 회한으로만 그치지 않는다. 육전원에 대한 사랑이 지나쳐 그 사랑은 원한이 되었다. 이루지 못한 사랑은 '육'씨 집안 사람 모두를 몰살시키겠다는 맹세를 낳게 한다. 또 발광한 그녀는 '하'씨 집안 사람 남녀노소 20여 명을 몰살했고, '원'자가 붙은 배 63척을 때려부수기도 했다. 그 이유는 단순하다. 육전원의 아내의 이름이 '하원군'이기 때문이다. 단지 하원군의 이름과 같은 글자인 '하'와 '원'자가 들어갔기 때문 그들은 액운을 만나게 된 것이다. 여인의 원한이 깊어 간담이 서늘하다.

나는 일에 지치거나 시간에 맞추어 무슨 일을 끝내야 할 처지에 놓이게 되면,
언제나 무협소설이 보고 싶어진다.

그런가 하면 『천룡팔부』에 나오는 왕어언은 무예에 관한 모든 것을 알고 있는 천재지만 자신은 하나도 할 줄 모른다. 그녀의 사촌오빠인 모용복을 사랑한 그녀는 그를 만나 즐겁게 해주기 위해 천하의 무학비급을 독파하여 모조리 외어버린다. 그러나 그녀는 부는 바람에도 날아갈 것같이 연약하고 아름다운 여인에 지나지 않는다. 그녀는 애교에 넘치고 영리하기 그지없다.

김용이 만든 여인들은 하나하나 모두 개성이 강하고 독특하다. 하나도 그저 그런 여인들이 없다. 그녀들 역시 남자들처럼 강호를 누비고 사랑하고 복수하고 원한을 품고 또 일가를 이룬다. 그녀들은 종속적이지 않다. 무술에서도 지지 않고 지혜에서는 모든 남자들을 오히려 능가한다. 그녀들은 수동적이지 않다. 그러면서 아름답다. 아마도 양우생이 말한 대로 김용은 기본적으로 서구적이고 특히 미국적이기 때문인가 보다. 누군가가 이 세상에서 가장 불행한 남자는 '일본식 집에서 영국 음식을 먹으며 미국 여자와 사는 것'이라고 말했다고 한다. 그러나 김용이 만든 여자들은 영악하고 독하고 교활하고 현명하지만 매력적인 가냘픈 허리와 불면 날아갈 듯한 연약한 모습으로 묘사되어 있다. 미국 여자들처럼 커다란 가슴과 엄청난 엉덩이를 가진 거세고 억센 느낌이 없다.

무협소설은 어른들의 동화와 같은 것이다. 그 속에 등장하는 주인공들은 현실에 지지 않는다. 기연의 도움을 받아 불굴의 투지로 영웅이 되고 여인의 사랑을 얻고 그리고 새로운 현실을 만들어 낸다. 그들은 상황의 희생자들이 아니다. 그들은 우리를 현실적 스트레스로부터 끄집어내 준다. 복잡하고 많은 생각을 하게 하지 않는다. 쉽고 스피디하고 빨리 읽힌다. 잠시 현실을 잊게 해주어 잘 쉬게 만들어 준다. 아무 생각 없이 아무 보상도 없이 잠시 산책을 다녀온 것과 같다. 우리는 가끔 아주 한가하게 실리를 따짐 없이 시간의 낭비를 즐길 필요가 있다. 아름다움은 실용적인 것이 아니다. 바쁘다는 것이 늘 좋은 것도 아니다. 나는 바쁜 것이 싫다. 바쁘지 않으려고 애를 쓴다. 나를 바쁘게 몰아치는 것에 매이지 않으려고 한다. 나는 숨도 쉬고, 오줌도 누고, 차도 마시면서 하루를 보내고 싶다. 중요한 것을 놓치지 않으려면 마음이 바쁘면 안 된다.

 문화와 자유

손님 보이, 계산서!

보이 여기 있습니다(그는 연필과 수첩을 꺼낸다). 손님께서는 그러니까…… 삶은 달걀 둘, 송아지 고기 하나, 완두콩 하나, 아스파라거스 하나, 버터와 함께 치즈 하나, 편도 하나, 커피 하나, 전화 한 통이죠.

손님 그리고 또 담배도!

보이 (그는 셈을 하기 시작한다) 그렇지요. 담배도 있죠…… 그러니까 합해서……

손님 그만둬요. 여보슈, 소용없는 일이에요. 합하는 건 불가능해요.

보이 !!!

손님   학교에서 배웠을 텐데요. 종류가 다른 것들을 한데 합한다는 것은 수–학–적–으–로다 불가능하다는 것 말예요.

보이   !!!

손님   (언성을 높이면서) 아니 도대체 누굴 놀리려는 거요? ……송아지 고기 하나에다 담배를, 담배에다 커피를, 커피에다 편도를, 그리구 삶은 달걀에다 완두콩을, 완두콩에다 전화를 '합하려고' 하다니 정말 제정신이 아니시구먼……그래요…… (중략)

(그는 자리에서 일어선다)

안 된다구요 여보슈. 우길 것 없어요. 헛수고라니까요. 허탕이라구요, 헛탕. 알아들었어요?
팁 한푼까지도 안 되겠어요!

(그리고 그는……(중략)……나간다)

이것은 프랑스의 시인 자크 프레베르Jacques Prevert의 〈계산〉이라는 시다.

우리는 학교에서 배운 것들이 사회에 나와서는 별로 쓸 데가 없다는 것을 알고 있다. 일단 먹고 담배까지 피우고 나서 학교에서 배운 것을 한번 써먹어 봤는데, 식당의 문을 열고 잘 나갔으리라는 확신이 없다. 아마 덜미를 잡혀 흉한 꼴을 당했을 것 같다. 혹시 프랑스이기 때문에 다른 일이 벌어졌을 수도 있을까?

시인 최영미의 유럽 여행기의 첫 장은 영국의 어느 공항에서의 담배 맛으로부터 시작되는 것으로 기억한다. 그녀는 그 담배 맛을 잊을 수 없다고 한다. 여자의 담배질에 한 번쯤 눈길을 던지는 한국과는 달리 다른 사람의 눈총으로부터 벗어나 자유로운 상태에서의 긴 빨아들임은 머리꼭지에서 발끝까지 시원했을 것이다. 문화가 다르면 담배 맛이 달라지듯 삶도 달라진다. 흡연가에게 담배 20개비는 하루가 지나갔다는 뜻이다. 맛있는 담배는 맛있는 하루를 의미한다.

문화는 정신적 틀이다. 틀을 벗어나는 문제아들에 의해 문화의 영역은 넓어진다. 오염되기도 하고 고양되기도 한다. 짙어지기도 하고 구름처럼 옅게 흩어지기도 한다. 보수적인 나라는 틀을 유지하는 강철로 된 문화의 프레임을 가지고 있다. 그 틀의 원형이 깨지는 것을 완강히 거부한다. 그들은 젊은이들에 의해 문화가 주도되는 것을 원하지 않는다. 젊은이들은 그 사회가 받아들이기에는 언제나 너무 급진적이다. 오래 전부터 끌고 내려온 유산을 존중한다. 그리고 그것을 보존하는 것이 정체성을 지키는 것이라고 믿는다.

그러나 진보적인 나라는 그 틀의 경계가 유연하다. 그들은 문화의 원천이 어디인지 따지지 않는다. 그 문화가 가장 번창한 곳이 바로 그 문화의 주인이라고 믿는다. 그러므로 남의 문화를 받아들이는 것을 그 문화에 대한 종속이라고 생각하지 않는다. 자기 것에 남의 것을 더한다. 혹은 버린다. 그리하여 새로운 문화를 만들어 낸다. 다시 말하면 새로운 정신적 틀을 만들어 내는 것이다. 이 과정이 언제나 지속되는 과정에 있기 때문에 어떤 때는 틀 자체가 존재하는지조차 알 수 없다. 그들은 문화가 부드러운 소프트웨어라는 것을 잘 알고 있다.

한국의 문화와 일본의 문화는 다르고 미국의 문화 역시 서로 다르다. 그렇게들 말하고 있다. 다른 점이 있다. 그러나 한국인 같은 미국인이 있고 일본인 같은 한국인도 있다. 그래서 그는 '나는 일본 문화가 좋다'라고 고백한다. 혹은 미국인보다 더 적극적이고 개방적인 한국인도 있다. 그런가 하면 소용하고 보수적인 미국인도 대단히 많다. 이태리의 공산당원은 자국의 자본주의자보다 프랑스 공산당원과 더욱 많은 정신적 교감을 느낄 수 있다. 마찬가지로 한 문화권 안에 살고 있는 사람들도 각양각색이다.

문화에 대한 정의는 복잡하고 다양할 수 있다. 나는 복잡한 것을 싫어한다. 간단하고 명쾌한 것이 좋다. 그래서 '오컴의 면도날'이라는 가정을 좋아한다. 그것은 다른 조건이 같다면, 가장 간단한 것이 답이라는 가정이다. 나는 문화란 한 집단이 공유하는 삶의 방식이고 인생을 보는 시각이라고 정의하고 싶다. 같은 패러다임을 가지고 있는 집단은 문화적으로 동일한 집단이다. 그러므로 집단을 어떻게 분류하느냐에 따라 공유하는 문화의 내용은 달라진다. 한국의 문화, 미국의 문화, 일본의 문화는 지역적이고 역사적인 분류 방식이다. 그러나 문화 집단은 얼마든지 다르게 분류될 수 있다. 젊은이의 문화가 있는가 하면 노인의 문화가 있을 수 있다. 도시의 문화와 농촌의 문화가 또 다르다. 지배자의 문화와 피지배자의 문화는 또 다른 분류 방식이다. 뿐만 아니라 문화의 한 요소인 종교에 따라 시대와 공간을 넘어 그 문화적 공유 집단의 삶과 정신이 다를 수 있다.

다양한 문화적 분류가 가능한 것은 세계가 네트워크로 연결되고 있기 때문이다. 물리적 국경이 무너지고 인류는 다양한 소스의 문화적 정보를 공유해 가고 있다. 그림의 떡이 아니다. 맥도날드는 새로운 맛과 인스턴트라는 편의성의 개념과 함께 누구나 찾아갈 수 있는 곳에 와 있다. 문화에 대한 분류 역시 전통적인 역사 지리적 정의에서 자유로워지지 않으면 안 되게 되었다.

문화와 반문화에 대한 생각도 보다 수용적이고 보완적인 각도에서 생각되어야 한다. 자연은 반문화적이다. 동양의 정신세계는 자연 친화적이다. 예컨대 불교도의 생활은 자연과 투쟁하지 않는다. 반대로 자연과 더불어 일체가 되고자 한다. 말하자면 반문화적인 문화라고 할 수 있다. 장자의 철학 역시 철저한 반문화적 문화라고 할 수 있다. 문화적 위기상황이 생겨났을 때 반문화는 권위를 가지기 시작한다. 그것은 문화가 스스로의 위기를 극복할 수 있도록 동력을 제공한다. 비근한 예로 인간이 사회적으로 소외될 때, 장자의 철학과 불교로부터 위안을 받는 이유가 이곳에 있다.

인간은 문화적이며 또 반문화적이다. 의식적이며 또한 무의식적이다. 독일의 역사 철학자 빌헬름 딜타이Wilhelm Dilthey, 1833~1911는 '인간은 본질적으로 해석적'이라고 말한다. 인간은 '자연을 극복한 유일한 승리자이지만 또한 낙원에서 쫓겨난 유일한 패배자로서 돌아갈 곳을 잃은 방랑자'이기도 하다.

정신의 문제를 다룰 때 우리는 용감해져야 한다. 낙관적이어야 한다. 그리고 사물의 밝은 면을 볼 수 있어야 한다. 다양성의 가치를 인정해야 한다. 다양성 속에 개인은 많은 선택의 자유로움을 즐길 수 있다. 인간다워진다는 것은 자유로워지는 것이다.

그러나 몸을 가지고 있는 사람은 절대적으로 자유로울 수 없다. 우리 역시 살면서 완전히 자유로울 수 없다.

임제臨濟, ?~867(임제종의 개조, 황벽의 제자)가 추구한 것은 절대적 자유인이다. 그러나 우리가 몸을 가지고 사는 한 우리는 절대적으로 자유로울 수 없다. 모든 관계와 의존이 단절된 곳에 진정한 자기 '진인眞人'이 있는 것이다.

무위無位라 함은 자리를 가지고 있지 않은 것이다. 공간을 점유하지 않는다. 바로 존재하지 않음과 같다. 결국 임제가 말하는 무위란 시뻘건 고기 덩어리赤肉團를 말한다. 불도 없고, 법도 없고, 수修도 없고 증證도 없다. 선은 궁극적으로 깨달음도 있어서는 안 되고 닦음도 있어서는 안 된다. 무오무수無悟無修!

삼천 배를 해도 오로지 아무개를 만나겠다는 세속적 일념이면 망상에 지나지 않는다. 일 배를 해도 불심은 스치는 바람에도 실리는 법! 계율의 엄격이 나의 허세를 위한 것이라면, 그것은 악연을 더해 갈 뿐이다.

임제의 이러한 정신은 서양의 깨달음하고도 다르지 않다. T. S. 엘리엇은 56세 때 〈사중주〉라는 시를 썼다.

나는 나의 영혼에게 이렇게 말하였다
조용히 기다려라 그리고 희망 없이 기다려라
왜냐하면 희망은 그릇된 것에 대한 희망일 것이기 때문이다

사랑 없이 기다려라
왜냐하면 사랑도 그릇된 사랑에 대한 사랑일 것이기 때문이다
여기 신앙이 있다
그러나 신앙과 사랑과 희망은 모두 기다림 속에 있는 것

그가 기다린 것은 무엇인가? 수동적이고 포용적이며 그래서 소극적인 것 같은 동양정신 속에서 임제는 다시 소리친다.

사방에서 중놈들 죽으면 화장을 하지만, 나는 여기다 산 채로 묻어라.

우리는 지금까지의 '나'를 이 자리에 묻어야 한다. 신체적 죽음이 다가오기 전에 우리는 죽지 않으면 안 된다. 바람 속에 지금의 '나'를 육탈시켜야 한다. 그릇된 희망과 그릇된 사랑과 그릇된 기도와 신앙을 버리고 죽어야 한다. '나'를 여기다 산 채로 묻어라.

뱀

사람이 적게 다니는 길을 선택하여 가을 산에 올랐다. 이미 잎들은 더 이상 먹고 마시지 않는 모양이다. 여름의 윤기는 아무데도 없다. 바스락 소리가 커질 만큼 잎들은 말라 있었다. 그들은 주저하고 저항하지 않고 생을 마감할 준비가 되어 있는 듯하다. 가지마다 작은 열매를 달고 있는 나무도 있다. 색깔이 모두 다르다. 잎이 초라해지면 달려 있는 열매는 더 곱고 예쁘다.

작은 소리가 났다. 뱀이다. 뱀 한 마리가 천천히 미끄러지듯 내 앞을 지난다. 북한산에서 처음 보는 뱀이다. 가을잎 위를 소리를 내지 않고 움직이기는 어렵기 때문에 눈에 띈 모양이다. 조금 있으면 자러 들어가야 할 놈답게 살이 통통하다. 걸음을 멈추고 그 움직임을 지켜보았다. 품위 있게 천천히 미끄러진다. 한 1미터는 되나 보다. 갈색의 몸을 고요히 흔들며 서두르지 않고 가랑잎 사이를 가로질러 멀어져 간다. 북한산에 아직도 저런 놈들이 남아 있어 준다는 것이 다행스러웠다. 아직도 자연의 모습으로 의연히 남아 그 속에 작은 동물들을 품고 있는 북한산에 눈물이 날 만큼 고마움을 느꼈다. 참으로 은총이구나.

뱀은 기억 속에서 D. H. 로렌스David Herbert Lawrence를 떠올리게 하였다. 집에 돌아와 그의 시를 꺼내 다시 읽었다. 1885년 영국 노팅엄셔 주 이스트우드에서 태어나 1930년 프로방스에서 폐병으로 죽은 한 남자의 생각을 읽고 있다. 그의 감정이 전해진다.

뱀 한 마리가 나의 홈통에 왔다. 어느 무더운 날 물을 마시기 위해 왔다. 황갈색 부드러운 게으른 배를 끌고 홈통까지 와서 물이 맑게 떨어지는 돌바닥에서 모가지를 쉰다. 나보다 먼저 그 뱀이 와 있기에 나는 두 번째로 온 사람답게 서서 기다린다. 몸을 굽혀 조금 더 마신다. 땅빛 갈색, 대지의 이글거리는 내부로부터 터져 나온 땅빛 금색의 뱀은 그곳에서 그렇게 평화롭게 물을 마시고 있었다. 그러나 나를 가르친 목소리는 그를 죽여야 한다고 속삭인다. 시칠리아에서는 까만 뱀은 해가 없지만 금빛 뱀은 독이 있기 때문에. 그러나 손님처럼 조용히 내 샘물의 홈통에 와서 물을 마시고는 만족해서 고마운 표정 하나 없이 다시 대지의 이글거림 속으로 가버린 그 뱀이 몹시 좋았다. 그러나 내부의 소리는 여전히 속삭인다. 무섭지 않거든 죽여야 한다. 무서웠다. 정말 무서웠다. 그러나 그 뱀이 비밀스러운 대지의 어두운 문을 열고 나와 나의 물을 마셔 준 것이 영광스러웠다. 뱀은 물을 맘껏 마시고는 꿈꾸듯 머리를 들어 하늘을 쳐다본다. 그리고 느리고 긴 몸뚱이를 끌고는 깨진 담을 기어올랐다. 이 강렬하고 조용한 정오에 홀린 듯 보고 있었다. 갑자기 나는 물통을 내려놓고 막대기를 들어 철썩 때린다. 맞지 않았다고 생각했는데 미처 구멍 속으로 들어가지 못한 꼬리 부분이 갑자기 체통 없이 꿈틀거리며, 번개처럼 꿈틀거리며 사라져 버렸다. 나는 후회스러웠다. 얼마나 경멸할 야비하고 비열한 짓인가! 나를 경멸했다. 저주스러운 인간 교육의 목소리를 멸시했다. 그리고 나의 뱀이 다시 돌아오기를 바랐다.

로렌스는 소설로 더 유명한 사람이다. 특히 『채털리 부인의 사랑Lady Chatterley's Lover』으로 잘 알려져 있다. 그의 시는 직접적이고 재기와 활력에 차 있다. 발랄하고 때로는 산만하다. 감성적이고 호소력이 강하다. 그는 주제를 중요시한다. 기교를 부리지 않는다. 그래서 어떤 비평가는 그의 시가 '예술은 멀고 인생이 너무 가까운' 태작이 많다고 한다.

『성경』에 사탄은 뱀의 모습으로 왔다. 여자를 유혹하고 여자는 남자를 유혹한다. 뱀은 그 상징성과 특이한 형태 때문에 인간에게 혐오스러운 존재이다. 냄새를 맡기 위해 날름거리는 끝이 두 개로 갈라진 혀의 움직임 역시 소름을 돋게 한다. 아마 동물 중에서 가장 환영받지 못하는 동물의 하나일 것이다. 그러나 극히 제한된 몇 가지의 종류를 제외하면 그들이 먼저 사람을 해치지 않는다. 그들의 껍질을 벗기고, 씨를 말리는 것은 오히려 사람들이다. 종種과 종 사이에서 가장 악의적인 것은 역시 사람이다.

   뱀의 상징성 중에서 가장 유용한 개념은 성장하기 위해 허물을 벗는다는 것이다. 허물을 벗지 못하면 뱀은 죽는다. 일생을 통해 여러 번의 허물 벗기를 통해 이들은 커 간다. 성장은 긍정적 변화의 대표적인 형태이다. 뱀들에게 탈피라는 변화는 삶과 죽음의 문제이다. 하면 좋은 것이 아니다. 탈피하지 못하면 죽고 마는 것이다. 뱀은 탈피를 생존의 비중으로 다루고 있기 때문에 온갖 부정적 이미지에도 불구하고 '지혜로움'의 상징이 되었다.

상어, 가오리 그리고 말:
어떤 짧은 여행

겨울에는 따뜻한 것이 좋다. 물론 여름에는 차고 시원한 것이 좋다. 일생에 한 번쯤 호주의 시드니를 찾아갈 수 있다면 그런 맛을 느낄 수 있다. 우리가 겨울일 때 그곳은 여름이다. 그래서 눈이 펑펑 올 때 맞는 크리스마스는 시드니에서는 한여름이다. '한여름의 크리스마스', 남반구에 있다는 것은 바로 그런 뜻이다.

만일 시드니에서 불과 몇 시간밖에 머무를 수 없다면, 달링 하버Darling Harbour에 가라. 그리고 두 시간쯤 수족관에서 보내고, 두 시간쯤 시드니 항구를 한 바퀴 도는 크루즈cruise 티켓을 사라. 가장 쉽게 할 수 있는 일이다. 달링 하버에 가면 정다운 오스트레일리아 영어의 사투리가 마이크를 타고 맑고 빛나는 하늘로 흩어 퍼지는 것을 들을 수 있다. 그들은 문장의 끝을 올리는 경향이 있다. 그리고 'A' 발음이 거의 언제나 '아이'로 발음된다. '투데이'는 '투다이' 가 되고 '하버'는 '하바'로 발음한다.

배를 타고 지나가면서 시드니 오페라하우스를 구경하고 하버 브리지Harbour Bridge가 중간에 기둥 하나 없이 바다를 가로지르고 있는 것을 구경하면 된다. 끈적임 없이 찬란한 바다를 스쳐오는 바람 속에 머리카락을 날리며 밝고 강렬한 햇빛 속에서 이국적인 풍경을 즐길 수 있다는 것은 좋은 휴식이다.

먹는 것을 좋아한다면, 그리고 두 시간쯤 더 여유가 있다면, 하버 브리지 근처에 있는 '락스The Rocks'라는 지역으로 가라. 달링 하버에서 도보로 30분 이내에 있다. 그곳에 가면, '필립스 푸트The Phillip's Foote'라는 즉석 스테이크 집이 있다. 리전트 호텔 The Regent Hotel에서 150미터 정도 북쪽에 위치하며 흰색 인포메이션 센터 맞은편쯤에 있다. 들어가는 입구는 작은 카페같이 되어 있지만 안으로 들어가면 제법 넓어진다. 작은 가든도 있다. 생고기를 뷔페식으로 여러 부위별로 따로 썰어 놓았다. 크기는 한 조각이 손바닥 두 개를 펼쳐놓은 것만 하다. 그리고 두껍다. 아무거나 좋아하는 부위를 골라 담아 서너 군데 흩어져 있는 화로에 직접 구워 먹는다. 여럿이 가서 함께 후추 치고 소스를 바르고 양념도 직접 해가며 즐기면 좋다. 가지가지 야채와 과일을 마음대로 먹을 수 있다.

만일 두 시간쯤 더 여유가 있다면, 센테니얼 파크Centennial Park 로 가서 말을 타라. 전에 한 번도 타본 적이 없어도 괜찮다. 그저 한 번 타보고 싶은 마음만 있으면 된다. 센테니얼 파크는 시드니 시내의 남쪽에 있다. 달링 하버에서 택시로 15분쯤 떨어져 있다. 공원이 넓기 때문에 택시 운전사에게 말을 타러 간다고 말하고 공원 내에 있는 이쿼스트리언 센터Equestrian Center로 가자고 말하면 된다. 사전에 예약이 필요하다. 그들의 말이 너무 빠르면 천천히 말해 달라고 하라. 그러면 금방 천천히 해준다. 미리 메모를 해가지고 가면 좋다. 초보자라는 것, 가격(한 시간 가이드가 딸린 승마에 호주 달러로 30달러를 받는다), 원하는 날짜와 시간 등을 적어주고 예약해 달라고 말하면 잘 해준다. 영어 단어 몇 개만 가지고도 의사소통이 가능하다. 가고 싶은 마음만 있으면 얼마든지 할 수 있다. 잘못 알아듣겠으면 적어달라고 하라.

타고자 하는 시간보다 20~30분 먼저 도착하는 것이 좋다. 왜냐하면 사람 무게와 경험에 따라서 말을 고르고 안장을 얹어야 하기 때문이다. 몇 가지 동작을 가르쳐 줄 것이다. 초보자가 할 수 있는 것은 몇 가지 동작에 지나지 않는다. 말이 서게 하고 싶으면 고삐를 잡고 있는 두 손 모두 배 쪽으로 살짝(물론 말이 알아챌 수 있는 강도로) 잡아당기면 된다. 말을 안 들으면 조금 세게 잡아당기면 곧 알아듣는다. 오른쪽으로 가고 싶으면 고삐를 오른쪽으로 잡아당겨 말 고개가 오른쪽으로 향하도록 해주면 된다. 말이 잘 가다가 가끔 풀을 뜯는 경우가 있는데, 이때는 말 머리가 땅에 닿지 못하도록 고삐를 양 손으로 잡아 버티고, 뒤꿈치로 차라. 그들은 이것을 '빅 히트Give a big hit'라고 부른다. 모두 훈련이 잘된 말들이기 때문에 그리고 가이드들이 계속 따라다니기 때문에 즐기기만 하면 된다.

말을 타고 가면서 허리를 꼿꼿하게 펴 보라. 말을 탄 기사처럼 가슴을 펴 보라. 그리고 손바닥으로 말의 목줄기를 가볍게 쓰다듬거나 두드려 보아라. 따뜻하고 탱탱한 동물의 근육이 손바닥에 느껴질 것이다. 말에게 말을 걸어 보아라. 그들은 알아듣는다. 감정을 느끼고 이해해 준다는 것을 느낄 수 있다. 타기 전에 말의 이름을 먼저 알아두어 계속 불러주면 당신의 마음이 아주 편해진다는 것을 느낄 수 있을 것이다. 말의 이름을 불러 줌으로써 말과 당신 사이의 거리가 없어지고, 따라서 말이 당신을 떨어뜨리고 뒷발로 찰지 모른다는 상상 대신, 말과 하나가 되어 초원을 달리고 있는 즐거운 상상에 빠지게 될 것이다.

시드니 수족관은 규모가 크다. 고기의 종류도 다양하다. 그러나 보통 수족관보다 훨씬 더 감동적인 것은 규모나 종류의 다양성에 있지 않다. 관람객들을 바다 속으로 끌고 들어가는 놀라움이 있다. 어항을 옆에서 보며 지나가는 것이 아니다. 엄청나게 큰 어항을 만들고 그 속으로 유리 터널을 뚫어 관객이 지나가게 한다. 이렇게 만들어 놓으면 두 가지의 감동이 한꺼번에 밀려온다. 우선 물속에 들어와 있다는 착각이 가능해진다. 잠수함을 타고 바다 속에 있는 것처럼 여겨진다. 물고기를 육지로 끌고 나온 것이 아니라, 관객이 옷을 입고 카메라를 든 채 물속으로 들어온 것이다.

둘째는 물고기의 배를 볼 수 있다는 점이다. 살아 움직이는 물고기의 배를 볼 수 있다는 것은 마치 벗은 여인의 모습을 보는 것과 같은 긴장을 준다. 자연 상태의 동물이 주는 살아 있는 움직임이 아주 민감하게 다가온다. 2미터에 육박하는 커다란 가오리가 날개를 펄럭이듯 다가오고 이내 허연 뱃살을 드러낸다. 조그만 입이 보인다. 그 속으로 작은 이빨들이 보인다. 배가 숨 쉬느라고 불룩거린다. 아가미의 움직임이 보인다. 아래쪽으로 작은 산란 기관 같은 것이 보이고, 꼬리지느러미 앞쪽으로 퇴화된 뒷다리처럼 보이는 작은 지느러미가 쌍으로 붙어 있다. 뒷지느러미가 아주 옛날에는 다리였으리라는 추측이 자연스럽게 가능해진다. 역시 2미터가 넘어 보이는 상어가 마치 석고상처럼 아무 미동도 없이 천천히 지나간다. 석고상같이 느껴지는 것은 움직임이 없는 냉혹한 눈동자 때문인 것 같다. 그 아래로 두 줄로 나란히 가시처럼 아래위로 가득히 난 이빨들이 잔인함을 더해 준다. 가슴에 붙어 있는 아가미만이 세로로 열리며 닫힌다.

몸체의 느낌이 철로 된 잠수함 같다. 인간은 거의 대부분의 창조적 개념을 자연으로부터 얻어 온다. 새와 비행기, 상어와 잠수함은 그렇게 연결된다.

시각과 관점의 변화는 사물을 다르게 볼 수 있는 능력을 준다. 세상을 다르게 볼 수 있으면 발상이 달라진다. 시드니의 수족관이 아주 다르게 느껴지는 것도 같은 이유에서다. 고기들이 인간에게 잡혀온 것이 아니다. 인간이 고기들이 사는 곳으로 찾아간 것이다. 등과 옆모습만 보여주는 것이 아니라 우리가 보지 못한 배도 보여준다. 배는 은밀하며 가장 동물적인 부위이다. 배설과 생식과 생명이 숨쉬는 곳이다. 문화와 격식과 틀이 깨어지고 자연과 하나가 된다. 그래서 감동이 있는 것이다.

물고기도 자라면서 변화를 한다. 많은 물고기들이 자라면서 몸의 색깔을 바꾼다. '노랑 얼굴 천사 물고기Yellow Mask Angel Fish'는 다 자라기 전에는 푸른색에 흰색의 세로 줄무늬를 띠고 있다. 그러나 성어가 되면 노란색과 청색 그리고 주황과 황색이 바둑무늬처럼 섞이게 된다. 같은 어종이라고 생각할 수 없을 만큼 변한다. 또 색깔뿐 아니라 모양마저 달라지는 것도 있다. '파이네트 배트피시Finnate Batfish'는 성어일 때는 유선형에 가까운 파란색 물고기다. 그러나 아직 덜 자란 상태에서는 활강하는 검은색 독수리를 위에서 본 모습을 닮았다. 더 심한 경우도 있다. 아예 성性을 바꾸는 놈도 있다. '가이마즈 레스Gaimard's Wrasse'라는 물고기는 어렸을 때는 암컷이다. 그러나 자라면 수컷으로 변한다. 그들에게 변화란 생존을 위해 자연스러운 것이다.

살아가면서 우리는 조금씩 무엇인가가 되어간다. 깊어질 수 있다면 무엇이 되어도 좋다. 우리는 무대 위에서 지휘봉을 흔드는 지휘자로 평생을 살아도 좋다. 색소폰 주자여도 좋다. 아니면 슬로 모션으로 재생되는 비디오 속의 그 멋진 야구 선수여도 좋다. 한평생 별을 보고, 별로부터의 신호를 기다리는 넋 나간 천문학자여도 좋다. 혹은 화가 혹은 사진사여도 좋다. 언제 어디서나 긴박한 사고가 있는 곳에 가 있어야 하는 119구조대여도 좋다.

그러나 몰입하지 못한다면 바보라 불려야 한다. 그것은 마치 다녀온 곳이 어딘지도 모르는 여행자와 같다. 보지도, 듣지도, 느끼지도 못하고 되돌아온다면, 살지 않은 삶과 같다. 여행은 어딘가를 찾아 헤매는 것이다. 도착한 그곳의 속으로 깊이 들어가 보는 것이다. 새로운 것 속에 또 그 일을 하며 살고 있는 사람이 있다는 것을 발견하는 것이다. 고기를 보고 싶으면 물속으로 들어가라. 말을 타고 싶으면 말들이 있는 곳으로 가라. 깊고 자세함 속에 디테일이 있다. 디테일 속에 비로소 고유한 삶이 담길 수 있다. 디테일이 결여되어 있을 때, 우리는 그저 비슷비

숱한 삶을 살았을 뿐이다. 그것은 자신의 삶이 아니다. 깊이, 자신의 뱃속으로 침잠하여 들어가야 한다.

　우리는 그저 청중이나 관객으로 객석에 앉아 있을 수도 있다. 다른 사람이 주인공인 음악회나 축구 경기를 보고 있을 수도 있다. 그들의 삶을 구경하는 증인이 될 수도 있지만, 자신은 한 번도 주인공이 된 적이 없다면 슬픈 일이다. 인류를 위해 한순간의 빛조차 된 적이 없다면, '나'에게 주어진 시간은 무엇인가? 어떤 사람이 삶의 길을 걸어오다가 '나'에게 이르러, 눈을 크게 뜨고 잠시 매료되는 순간을 만들어 낼 수 없다면 '나'는 이 세상에서 무엇이었던 것인가? 미치지 못하고 세상을 산다는 것은 미친 짓이다.

자유와 통제의 사이

관광객은 밤이 되면 볼 것을 잃어버린다. 기껏해야 야경을 보기 위해 여행사가 제공하는 시내 야간 관광버스를 타거나 크루즈 배를 타는 것이 고작이다. 아니면 유흥과 환락의 거리를 배회하다가 술 한 잔 마시고 호텔로 돌아오는 것이 보통이다. 혹은 카지노에 가서 담배 연기 속에서 기를 쓰고 있는 사람들의 얼굴 표정을 훔쳐 보며 즐기는 정도일 뿐이다.

밤은 매혹적이지만 자연과 만나기에는 좋은 시간이 아니라고 생각한다. 산도 들도 강도 바다도 그리고 나무와 동물들도 모두 자고 있다고 여긴다. 그래서 다음날의 일정을 기대하며, 관광객도 잠을 청한다. 그러나 밤에 자지 않는 것들도 많다. 그때부터 일어나 먹고 놀고 어슬렁거리기 시작하는 놈들이 있다. 만일 밤에 이놈들을 보여줄 수 있다면 그 지루한 많은 관람객들로부터 열렬한 박수를 받지 않을까?

그곳에 가면 입구에 불타는 횃불이 다른 조명 속에서 야생적 생명력으로 춤추듯 타고 있다. 어둠과 불빛 속에서 온갖 종류의 열대 수목들이 왕성한 힘을 뽐내고 있다. 한밤이 되어야 사람들이 바글거리기 시작한다. 입구에서 표를 산다. 그리고 들어가면 서울대공원의 코끼리 열차와 같은 트램tram이 기다리고 있다. 차가 서서히 움직인다. 어둠이 주는 묘한 흥분 속으로 인디아나 존스처럼 떠나간다. 개구리와 두꺼비로 여겨지는 것들이 굵은 소리로 구성지게 울어대는 사이로 밤은 깨어나고 있다. 바위 언덕 위에 작은 마우스디어Mousedeer들이 다리를 걸치고 늘어져 있기도 하고 먹이를 먹기도 한다. 다시 이번에는 오른쪽으로 다른 종류의 염소들이 보인다. 히말라야 타르Himalayan Tahr라고 쓰여 있다. 그들의 움직임 속에서 낮 동안 푹 쉬고 밤이 되어 깨어난 민활함을 느낄 수 있다. 어두운 강 속에서 수달과 같은 것들이 무리지어 헤엄치고 물고기를 잡아먹고 있다. 조명은 훌륭하여 관람객이 어려움 없이 그들의 행동을 관찰할 수 있을 만큼 밝지만 동물에게도 편안함을 줄 만큼 어두웠다. 다시 줄무늬 하이에나들이 무리지어 배회하는 공간을 지나, 뿔 하나 달린 거대한 코뿔소가 홀로 산책하는 모습을 볼 수 있다. 하루에 무려 200킬로그램의 먹이를 먹어 치운다는 아시아 코끼리의 위용을 지척에서 보며 지나간다. 참 웃기게 생긴 개미핥기가 빠르지 못한 걸음으로 그러나 제 딴에는 급히 서둘러서 어디론가 가고 있는 것을 볼 수 있다.

트램 루트의 중간쯤에 정류장을 지나면 곧 아름다운 기린들이 떼 지어 활동하는 것과 만날 수 있다. 긴 목과 날씬한 뒷다리가 일품이다. 그리고 천천히 리드미컬하게 우아한 걸음을 걷는다. 그렇게 우아한 걸음을 본 적이 없다. 아마 레마르크의 소설 『개선문』에 나오는 여주인공 조앙 마두가 '산들바람을 안고 걷는 듯'이 그렇게 걷는다. 트램 옆으로 손만 내밀면 닿을 듯한 곳에 사슴이 새끼들을 데리고 석고처럼 서서 사람들이 지나가는 것을 바라보고 있다. 다시 얼룩박이 하이에나와 참으로 아름다운 아프리카 줄무늬 봉고들과 들소들의 사이를 지나 트램은 약 45분 만에 출발한 곳으로 되돌아온다. 더 보기를 원하는 사람들은 걸어서 돌아볼 수 있는 오솔길을 따라가면 된다. 길은 두 사람이 마주 스쳐 지나갈 정도로 좁다. 나뭇잎을 스치며 걷는 맛이 일품이다. 더운 나라의 습한 기운이 바람에 실려 온 몸을 휘감는다. 동물과 함께 사람 역시 여기서는 야행성으로 바뀌는 듯하다.

싱가포르에 있는 '나이트 사파리'는 이렇게 밤을 상품화하는

데 성공한 것 같다. 동물원이 있는 이곳은 번화가인 오차드Orchard나 마리나 스퀘어Marina Square에서 차로 30분 정도 떨어진 곳이다. 북쪽 우드랜드woodland 쪽으로 향하는 지하철을 타고 앙 모 키오Ang Mo Kio역에서 내리면 온갖 방향으로 향하는 종합버스 정류장이 나온다. 138번 버스를 타고 종점에서 내리면 된다.

    싱가포르인들에게 개발이란 자연을 더욱 자연답게 만들어 주는 것으로 여겨진다. 그들은 보잘것없는 지역에 야행성 동물을 몰고 옴으로써 긴장과 모험이 있는 특별난 곳으로 만들었다. 철조망과 인위적 울타리 대신 언덕과 계류 그리고 보이지 않는 안전장치들로 이들을 서로 격리시켜 놓았다. 관람객들은 시계視界를 가리는 아무런 격리 구조물 없이 동물들을 볼 수 있다. 마치 자연 상태에 있는 것처럼. 그들은 순한 짐승들은 트램 옆으로 배회할 수 있도록 만들었다. 볼모지였을 열대의 밀림과 정글 속으로 밤의 동물을 몰고 옴으로써, 이국땅에서의 여행을 밤까지 즐겨보고 싶은 여행객들을 '나이트 사파리'로 끌어 모은다.

    싱가포르는 인위적인 도시이다. 그들은 열대 우림 속에 페이브먼트를 깔았다. 교각을 놓고 하이웨이를 만들었다. 그 외에 나무가 자라는 땅은 잔디로 덮었다. 빌딩을 세우고 빌딩과 빌딩을 연결시켰다. 싱가포르는 거대한 조형 구조물이다. 그러나 또한 그들은 모든 인위의 뒤에 자연을 자연으로 놓아두고 더욱 자연처럼 보이도록 하는 데도 열심이었던 것 같다. 처음부터 그들의 머릿속에는 인공과 자연의 어울림이 균형 잡히지 않고는 어떤 건축 구조물도 아름다울 수 있다는 명료한 그림이 그려져 있었던 것 같다.

싱가포르에 입국하기 위해서는 다른 나라에서와 마찬가지로 입국 카드를 작성해야 한다. 거기에 붉은색으로 '싱가포르 국내법에 따르면 마약 거래는 사형'이라고 쓰여 있다. 지하철역에서 흡연하면 싱가포르 달러로 500불(40만 원 내외)을 내야 한다고 쓰여 있다. 그들은 완강하다. 그들은 엘리트 정부 관료에 의해 강력하게 통제된 일괄된 방향으로 나아간다. 그러나 그들은 또한 개방적이다. 그들의 사고가 매우 자유롭고 균형 잡혀 있다는 것을 잘 보여준 또 하나의 예가 바로 나이트 사파리의 경우라고 할 수 있다. 자유와 통제, 자연과 인위, 강력한 정부에 의한 통제 속에서 자유시장경제를 존중하는 그들은 극단의 시대를 극복하고 새로운 균형을 찾으려는 세계적인 노력에 의미 있는 예를 제공하고 있다고 여겨진다.

잔인하고 냉혹한 자유시장 경제체제와 전면적인 사회주의체제, 지금 우리는 그 사이의 어딘가에 새로운 균형점을 만들어 낼 것을 요구받고 있다.

잔인하고 냉혹한 자유시장 경제체제와 전면적인 사회주의체제, 지금 우리는 그 사이의 어딘가에 새로운 균형점을 만들어 낼 것을 요구받고 있다.

복지국가는 한때 인류가 향해 가는 이상이었다. 그러나 이제는 그렇지 못하다. 국가 재정의 부담, 근로 의욕의 감소, 국가 경쟁력의 약화 그리고 비효율적으로 비대해진 관료 집단과 비판적인 시민사회 기능의 약화는 결국 유럽식 복지국가의 이상을 파괴해 가고 있다. 오히려 이제는 공격의 대상이 되고 있다. 그들은 이제 중산층을 대변하는 정책으로 전환해 가고 있다.

중산층은 두 가지 중요한 요구를 가지고 있다. 우선 사회적으로 보다 많은 자유를 바란다. 성적 자유, 시민의 자유, 소비자의 권리, 여성의 권리, 종교문제 등에 대해 보다 관대한 입장을 가지고 있다. 그러나 경제적으로는 매우 보수적인 입장을 취한다. 정부의 긴축재정, 세율 인하, 복지부담의 축소 등을 요구한다. 중산층은 결국 자신들을 '사회적 자유주의자'이며 동시에 '경제적 보수주의자'로 규정해 가고 있는 것 같다.

우리는 유럽이 향해 가고 있는 사회민주주의의 뿌리로부터 뻗어 나온 '제3의 길'이 과연 이러한 중산층의 새로운 요구를 맞추어 갈 수 있을지 그 실천적 결과의 추이를 지켜보게 될 것이다. 사회적 자유주의와 경제적 보수주의의 요구를 가지고 지식사회로 이행하고 있는 중산층은 지금 정부가 이러한 기대를 충족시켜 줄 새로운 균형점을 찾아주기를 희망한다. 개인 역시 이러한 사회의 변화 속에서 자신의 갈 곳을 찾아 떠나야 한다.

자기 혁명은
저항과의 싸움이다 – 필승의 방법

자기 혁명에서 성공하기는 어렵다. 개인이든 조직이든 한 국가든 그것은 결코 쉬운 일이 아니다. 의도대로 되지 않았지만 어디 한 군데라도 바꾼 것에 만족하고 주저앉아야 할 때도 있다. 아니면 시작도 못 하고 패배한 개혁도 비일비재하다. 자주 실패했기 때문에 개혁의 능력 자체를 상실한 개인이나 사회도 있다. 저항과의 싸움에서 진 것이다.

그러나 언제나 지는 것만은 아니다. 이길 때도 있다. 변화에 성공하는 경우도 있다. 그때는 언제인가? 그리고 어떻게 그럴 수 있는가?

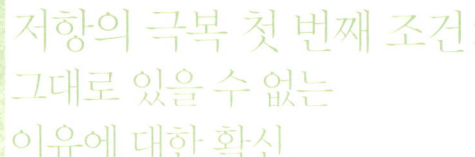

저항의 극복 첫 번째 조건: 그대로 있을 수 없는 이유에 대한 확신

　루스벨트는 공황에 가장 합당한 이름을 붙여 주었다. 그는 그것을 '생존 전쟁'이라고 불렀다. 나는 『익숙한 것과의 결별』에서 제일 첫 장에 1988년 북해에서의 유조선 폭발 사고의 생존자인 엔디 모칸의 예를 다루었다. 그에게 주어진 것은 불타는 갑판에 그대로 있다가 프라이가 되든가 바다로 뛰어내리던가 하는 것이었다. 'Fry or Jump.' 그에게는 다른 선택의 대안이 없었다. 바다로 뛰어내리는 것만이 '확실한 죽음certain death'을 피하는 유일한 길이었다. 그는 살았다.

　만일 우리가 변화를 생존의 문제로 인식하고 받아들이게 된다면 승산이 있다. 그러나 그렇지 못하다면 시작하지 마라. 그대는 결코 승리하지 못한다. 승리가 꼭 최상은 아니다. 싸움 자체가 장엄할 때도 있다. 일제시대에 독립운동은 이기기 위한 싸움이 아니었다. 그때는 싸움 자체가 용기였다. 패배한 많은 싸움이 있을수록 한국의 독립은 후손에게 떳떳한 것이었다. 감옥에서 겪은 고통이 클수록 그 고통은 독립과 함께 자랑스러움이 된다. 벌판에서 흘린 피가 많을수록 민족의 해방은 당연한 것이 된다. 미국 흑인의 절망은 그들의 해방이 자신들의 싸움과 피를 통해 얻어진 것이 아니라 백인에 의해 주어졌다는 점에 있다. 싸움 자체로 고귀할 때가 있다.

그러나 당신에게 힘이 있는데도 싸움에 진다는 것은 수치이다. 국민으로부터 권력을 위임받은 대통령이 개혁의 저항세력에게 밀려 싸움에 졌다는 것은 무능한 것이다. 자신의 운명을 스스로 쥐고 있는 개인이 자유로운 상태에서 자신과의 싸움에서 졌다는 것은 변명할 길이 없다. 자신에게 책임이 있는 것이다.

당신이 스스로의 변화에 대하여 관대한 이유는 자신과 싸우고 싶지 않기 때문이다. 적당한 휴전과 휴식에 만족하기 때문이다. 만일 당신에게 지금 이 자리에 그대로 서 있을 만한 여유가 없을 때 당신은 초조해질 것이다. 그때가 기회이다. 당신도 그 싸움에 스스로 이름을 붙일 수 있어야 한다. 그 싸움을 '생존과의 전쟁'이라고 부를 수 있을 때 당신은 스스로 변화할 준비가 비로소 되어 있는 것이다. 당신에게 다른 대안이 없을 때 당신에게 가장 성공할 확률이 높다. 변화 전문가들은 그래서 즐겨 '대안을 주지 말고 몰아붙일 것'을 충고한다.

변화를 전문으로 다루는 전문가들은 조직 혁신의 성공은 위기의 강도를 인식하는 수준에 따라 결정된다는 점을 절대 간과하지 않는다. 담배를 끊기는 어렵다. 그래서 10여 년 전만 해도 담배를 끊는 사람을 보면 독종이라고 했다. 어떻게 담배를 끊을 수 있느냐고 말한다. 그러나 요즈음은 다르다. 주위를 둘러보면 담배를 끊은 사람들이 제법 된다. 그들은 담배를 피우지 않아야 할 많은 이유를 알고 있다. 치명적인 질병이 담배와 함께 온다는 것을 수없이 많은 매체를 통해 들었다. 질병과 흡연과의 관계가 명확하게 밝혀진 것이다. 그리고 그것이 다른 사람에게도 영향을 미치는 사회적 매연이라는 인식이 확산되었다. 이제 담배를 피운다는 것이 불편한 사회가 되었다. 금연 빌딩이 늘고, 공공장소에서의 흡연이 금지되었다. 아파트의 밀폐된 공간과 아이들에 대한 배려 때문에 가정에서의 흡연은 베란다로 국한되기 시작하였다. 이제 담배를 끊지 못하면 의지가 약한 사람 정도로 보이게 되었다. 이러한 인식의 변화는 담배를 끊는 행위를 예전보다 더 쉽게 만들어 주었다. 우리는 계속적인 흡연이 건강의 위기와 밀접한 관련이 있다는 것을 느끼고 그 위기의 정체를 파악하기 시작한 것이다.

아무리 의지가 약한 사람도 쉽게 담배를 끊을 수 있는 방법이 있다. 미국의 뉴욕에 갔을 때 버스 안에서 큼지막한 금연 경구를 본 적이 있다. '암이 그대를 담배로부터 해방시키리라!Cancer cures smoking!' 애연가도 암에 걸리면 담배를 끊는다. 어떻게 그럴 수 있는가? 끊지 않으면 죽기 때문이다. 변화에서의 승리 가능성은 생존의 문제로 접근할수록 높아진다. 변화를 생존의 문제로 인식하기 시작하는 순간 그대는 승리를 향해 가고 있는 것이다.

자신이 지금 서 있는 곳을 어떻게 규정할 것인지는 개인에 따라 다르다. 실제로 자신이 지금 어디에 있는지를 알아내는 것은 생각처럼 쉽지 않을 수도 있다. 자신의 현재 위치를 알 수 없으면 가야 할 곳도 역시 알 수 없다. 자신이 어디에 서 있는가에 대한 판단은 객관적인 평가에 의해서만 가능하다. 자신이 지금 서 있기를 바라는 희망과 기대를 반영해서는 안 된다. 있는 그대로를 받아들여야 비로소 정확한 위치를 알 수 있다.

어떤 사람은 변화가 휩쓸고 지나갔는데도 무엇이 일어났는지조차 모르는 사람도 있다. 또 어떤 이는 언제나 변화에 뒤처지지 않기 위해 그 꽁무니를 줄기차게 쫓아다니기도 한다. 또 어떤 사람은 변화가 지나갈 길목에 먼저 가서 기다리고 있기도 한다. 그들은 변화를 만드는 것이 변화에 대응하는 가장 훌륭한 방법임을 알고 있는 사람들이다.

간단한 테스트를 한번 해보기로 하자. 작은 명함만 한 백지 카드를 하나 준비하라. 그리고 앞면의 좌측 상단에 당신의 이름을 적어 보라. 한자로도 적어 보고, 영문으로도 표기해 보라. 그리고 그 외에 당신이 알고 있는 다른 외국어로도 적어 보라. 이름을 적으면서 이 이름의 주인은 지구상에 오직 당신 혼자뿐임을 상기시켜 보라. 60억 인구 중에서 이 이름을 평생 쓰는 사람은 당신 혼자뿐이다. 그 이름에 의해 영광과 욕됨이 함께한다. 한번 가만히 불러보라. 작게는 10여 년, 길게는 수십 년을 그대와 함께한 이름이다. 그 이름이 다른 사람에 의해 불릴 때마다 때로는 반가웠고 기뻤을 것이다. 때로는 절망했고, 때로는 슬퍼했다. 그 이름과 함께 개인의 역사는 시작된다.

이제 우측 하단으로 내려와 다른 사람이 당신을 만나고 싶어 할 때 연락할 수 있는 방법을 써보라. 전화번호, 혹은 휴대폰, 이메일E-mail 주소 혹은 '서울특별시 영등포구……' 등으로 시작하는 주소도 같이 적어 보기 바란다. 다른 사람과의 관계가 맺어지기 위한 네트워크이다. 이 세상에서 당신이 어디에 있는지 알려주기 위한 방법을 표현해 보는 것이다. 그곳에 가면 언제나 당신이 있다. 하루 종일 울리지 않는 전화의 주인은 외롭다. 휴대폰이 걸려 오지 않는 날은 아무도 당신을 생각해 주지 않는 날이다. 우편함에 꽂힌 편지가 불특정 다수를 위한 광고 전단지를 담고 있을 때, 우리의 기대는 잠시 허망해진다. 혹시 그 사람에게서 온 편지? 그 잠깐 동안의 느닷없는 기대의 무산은 우리를 다시 평범하고 예외 없는 일상으로 몰아넣는다. '나'를 위한 연락이 아닐 때 우리는 남들로부터 단절된다. 전화번호가 틀려서 '나'에게 연락을 하지 못하는 일이 생기지 않도록, 그리고 주소가 잘못되어 모처럼의 편지가 되돌아가지 않도록…… 이런 생각을 하며 정성껏 자신의 연락처를 꼼꼼하게 적어 보라.

그 다음 이 카드의 뒷면이 나오도록 뒤집어 보라. 그리고 두 눈을 감아라. 그리고 누군가 다른 사람이 앞의 연락처로 당신을 찾아올 때, 당신만이 그들에게 해줄 수 있는 것이 무엇인지 생각해 보라. 사랑, 신뢰, 열정, 혹은 우정…… 그런 고귀한 것들은 말고. 이런 것들은 명함에 써넣을 수 없다. 이런 것들은 우리 마음의 가장 깊은 곳에 있다. 때때로 표현되지 않은 채.

지금 우리는 회사의 명함 말고 자신을 사회적으로, 그리고 경제적으로 표현할 수 있는 개인 명함을 만들어 보는 중이다. 비즈니스 카드는 표현할 수 있는 것만을 담아야 한다. 분명하고 명쾌해야 한다. 간혹 모호하게 표현될 수도 있는데 그것은 의도적인 모호함인 경우가 대부분이다. 사기꾼들이 주로 모호한 명함을 많이 쓴다.

회사의 명함 말고 당신의 존재를 알릴 수 있는 개인 명함을 만들어 보는 이유는 이제 회사가 당신의 울타리가 되지 못하기 때문이다. 당신이 영업부의 부장이든 인사부의 이사이든 영업 관리 부서의 전무이던 그 직무와 직책과 직위가 당신을 사회적이고 경제적인 위기로부터 당신을 지켜주지 못하기 때문이다.

명함의 뒷면 백지 위로 다시 생각을 집중하라. 그리고 필사적으로 생각해 보라. 당신만이 아주 훌륭하게 해낼 수 있어, 다른 사람이나 회사가 돈을 많이 주고라도 사고 싶어하는 것이 무엇인지 적어 보라. 그것은 무엇인가? 노동 관계일이라면 '나'는 누구보다도 잘할 수 있을까? 혹은 빌딩 관리? 영업? 광고? 사진 촬영? 편집? 제품 디자인? 특허 관계? 세금 관계? 영업 관리? 무엇이든 자신있는 전문 분야를 적어 보라. 만일 한 가지라도 확실하게 적어 넣을 수 있다면 당신은 경제적으로 불안해야 할 아무런 이유가 없다. 오히려 지금은 성장할 수 있는 아주 좋은 기회이다. 당신이 어떤 일의 핵심을 파악하고 있는 전문가라면 미래는 아주 밝다. 미래사회를 이루는 가장 중요하고 강력한 생산수단, 즉 전문적 지식을 보유하고 있기 때문이다. 그러나 만일 당신이 하나라도 자신있게 적어 넣을 수 없다면, 당장 어려운 상황에 처하게 될 것이다. 왜냐하면 당신은 돈을 받을 만큼 그 일을 잘하는 전문적 프로가 아니기 때문이다.

한국 사회는 특별나지 않은 그만그만한 평균적 인력을 대량으로 보유하고 있다. 그들은 무슨 일을 시키든지 적당한 수준까지는 잘할 수 있는 고학력자들이다. 그저 평균적 교육을 받고 평균적 직무에 대한 요구를 수행하고 평균적 삶을 사는 산업 사회의 인력을 만들어 왔을 뿐이다. 그러므로 그 속에서 살아온 많은 사람들이 하나의 전문 분야도 가지고 있지 못하다는 것은 매우 정상적인 일이다. 그러나 산업 사회는 이미 그 끝이 보이고 있다. 이미 미래는 오래 전에 와 있다. 우리는 지금 아주 오래된 미래 속에 살고 있다. 미래 사회가 가지는 변화의 가속성 때문에 불과 몇 년은 아주 긴 세월이다. 미래 사회는 시간의 체감률이 심한 사회이다. 변화의 방향 못지않게 그 스피드 또한 우리를 충격 속으로 몰아넣는다는 앨빈 토플러의 말을 상기할 필요가 있다.

한국 기업은 명예퇴직, 조기퇴직을 통해 평생고용의 개념을 깨뜨려간 지 불과 몇 년 만에 대량감원을 시켜나감으로써, '충성심'이라는 기업과 직원과의 수직적 관계를 청산하였다. 미국 기업과는 달리 한국 기업의 번영과 단기간의 성장은 직원들의 충성심에서 결정적인 힘을 끌어낼 수 있었다. 그들은 가정보다 회사를 우선적으로 생각해 왔다. 일요일에도 나와 일했다. 회사를 위하는 일이라면 개인의 일을 희생하는 것이 당연하게 받아들여져 왔다. 어려운 시절이 오자 가장 먼저 시작된 감원은 직원에게 배신감을 주었다. 희생한 청춘에 대한 보상은 어디서도 찾을 수 없게 되었다.

　충성심을 대신하는 기업과 직원의 관계는 계약이라는 새로운 관계로 정립되어 가고 있다. '한국형 연봉제'라는 떨떠름한 이름으로 불리는 제도의 확산은 바로 이러한 현상을 대변한다. 나는 한국형 연봉제라는 말에 강한 반발을 느낀다. 사회과학이 발전하려면 그 개념이 명쾌해야 한다. 그리고 특별한 사회과학 용어는 그 정의를 가지고 있다. 그 정의를 통해서 국제적이고 보편적인 의사소통이 가능해진다. 한국이 폐쇄적인 나라에서 개방적이고 열린 사회로 이행하기 위해서는 개념과 용어의 자의성에서부터 벗어나야 한다.

　한국형 연봉제는 연봉제가 아니다. 한국형 민주주의가 전혀 민주주의가 아니듯이 한국형 연봉제는 전혀 연봉제가 아니다. 연봉제는 적어도 두 가지 특징을 가지고 있다. 하나는 계약에 의해 유효한 관계가 유지된다는 것을 의미한다. 계약 기간이 끝났을 때 당사자 중에 어느 하나라도 재계약을 원치 않으면 그것으로 관계는 끝이 나게 되어 있다. 따라서 노동의 유연성이 매우 강한 제도라고 할 수 있다. 또 다른 하나는 감봉이 가능하다는 점이다. 지난 계약 기간 동안 기여의 정도에 따라 재계약의 조건이 불리하게 작용할 수 있다는 것을 의미한다. 한국의 경우에는 특별히 정한 경우가 아니면 법적으로 감봉이 가능하지 않게 되어 있다. 한국형 연봉제는 연봉제를 연봉제답게 하는 이 두 가지 특징이 결여되어 있다. 그런대도 연봉제라고 불린다는 사실이 우습다. 귀 빼고 생식기 뺀 당나귀를 당나귀라고 부르는 것과 같다. 아마 아직은 연봉제가 아니지만 연봉제를 지향한다는 뜻이 강할 것이다. 기업에 따라 그 운영의 정도와 개념이 다르게 적용될 수 있겠지만, 아직은 그저 성과급이라고 부르는 것이 타당할 것 같다. 근무연수에 따라 보상체계가 결정지어지는 호봉제에서 성과에 따라 보상이 달라지는 성과급의 도입은 앞으로 계약 관계를 기초로 하는 연봉제로의 이행을 예고하는 것이다. 계약 관계는 앞으로 지식 사회의 공적인 관계소關係素로서 가장 중요한 역할을 담당하게 될 것이다. 이것은 개인과 조직 사이의 관계가 수직적인 고용 관계에서부터 수평적이고 대등한 계약 관계로 바뀌고 있음을 말해 주는 것이다.

계약의 조건은 직원이 가지고 있는 과거의 성과 기록과 현재 가용한 전문 기술력의 크기에 따라 달라진다. 또 그 직원이 다른 경쟁업체로 가게 되었을 때 입게 되는 자사의 피해 정도를 평가한 자료에 의해 그 시장가치가 결정될 것이다. 기업은 핵심 기술력을 보유하고 있는 직원을 보유하기 위해 돈을 아끼지 않는다. 왜냐하면 기업의 가치는 기업이 보유한 지식의 양과 질에 의해 결정될 것이기 때문이다. 인간의 정신적 작업에 의한 부가가치가 곧 기업의 자산이 될 것임을 알고 있기 때문이다.

기업은 핵심 기술력을 가진 사람들은 보유하기 위해 더 많은 돈을 지급해야 한다. 지식기반산업Knowledge-based Industry에 종사하는 기업은 지식 자체가 그 기업의 가치이기 때문에 핵심 기술력을 보유한 전문가가 떠나게 되면 치명적인 타격을 입게 된다. 만일 그 사람이 경쟁업체로 갔다면 더욱 그렇다. 인간의 지식이 곧 경쟁력이고 기업의 자산인 지식 사회에서는 그러므로 전문가를 유지하고 개발하고 활용한다는 일 자체가 기업의 가장 중요한 인사정책이 될 것이다.

기업의 보상체계는 이들에게 충분한 보상이 가능하도록 개편되고 있다. 충분한 보상이 가능하려면 충분한 자금이 필요할 것이다. 기업은 추가적 자금을 어떻게 조성할 수 있겠는가? 기업이 찾아낸 방법은 기술력을 보유하지 못한 대다수의 직원들의 인력구조와 보상체계를 조정함으로써 그렇게 하고 있다. 첫째는 비전문 정규직원의 수를 줄이고 단순 반복적인 직무는 아웃소싱outsourcing하는 것이다. 둘째는 기술력을 보유하지 못한 직원의 보상체계를 하향 조정하는 것이다. 연봉제와 성과급의 특성은 바로 이러한 방향을 지원하도록 설정되어 있다.

이미 다가와 있는 대량실업 사태는 그러므로 전통적인 접근 방법으로는 근본적인 해결이 불가능하다. 평준화된 산업 사회에서는 정부가 경기를 부양시킴으로써 수십만 개의 일자리를 만들어 낼 수 있었다. 그러나 지식 사회에서는 새로운 직업을 수백만 개 만들어 낸다 해도 실업을 해결할 수 없다. 직업은 전문화되고 고도화된 기술을 요구하고 있기 때문에 노동시장에서는 언제나 수요와 공급 사이의 미스매치mismatch가 존재한다. 지식 사회가 요구하는 기술과 전문성을 갖지 못한 사람들은 언제나 실업 상태에 남아 있게 된다. 단순한 육체노동자와 비전문적 직종에 종사하는 사람들은 설자리가 없다. 그들은 정부의 도움을 받을 수밖에 없다. 결국 자신의 운명을 다른 사람의 손에 맡기고 말아야 한다.

개인 명함의 뒷면에 당신이 제공할 수 있는 가치와 전문 분야가 없다는 것은 당신은 아직 전문가가 아니라는 뜻이다. 당신은 지식 사회를 맞이할 아무런 준비도 되어 있지 않다는 것을 의미한다. 미래 사회의 부를 나누어 가질 가장 강력한 생산요소를 가지고 있지 않다는 말이다. 당신은 그러므로 지금 위험한 곳에 서 있다. 바로 생존의 문제를 앞에 두고 있는 것이다.

단순한 위로를 구하지 마라. 아무도 속지 않을 낙관으로 자신을 이끌어 가지 마라. 더욱 불안할 뿐이다. 반대로 사실을 받아들이고, 대담한 변화를 모색하라. 되돌아올 수 없을 만큼 너무 많이 간 인생은 없다. 젊은이에게는 아직 시간이 있다. 이미 나이가 든 사람들은 지금까지처럼 허무하게 생을 마칠 수 없기 때문에 남은 시간이 더욱 진지하고 초조하게 여겨지는 것이다. 우리는 어느 상황에서도 다시 시작할 수 있다.

하고 싶고 잘할 수 있는 일을 준비하는 데 여러 해가 걸릴 수도 있다. 10년이 걸릴지도 모른다. 그러나 아무것도 하지 않아도 2010년은 오게 되어 있다. 결국 2020년도 올 수밖에 없다. 지금 준비를 시작하지 못하는 사람들은 그때도 준비되어 있지 않을 것이다. 그리고 여전히 다른 사람에게 의존하며 불안한 삶을 살고 있을 것이다. 실업은 일자리를 갖지 못한 상태가 아니다. 진정한 실업은 인생을 살면서, 하고 싶고 잘할 수 있는 일을 발견하지 못하는 것이라는 점을 명심할 일이다.

저항을 이기고 자기 혁명에 성공하기 위한 첫 번째 조건은 스스로에게 위기를 설득시키는 것이다. 그리고 변화를 생존의 문제로 규정함으로써 자신을 구성하고 있는 습관들과의 '전면적인 생존 전쟁'을 시작할 준비를 갖추는 것이다. 전면전은 확신을 필요로 한다. 분명하고 확고한 신념을 요구한다. 이곳에 그대로 있을 수 없는 분명한 이유를 찾아낼 수 없는 사람은 결코 떠날 수 없다.

저항의 극복 두 번째 조건:
자신에게 상냥하게 대하라

한 사람이 있었다. 31세에 파산했다. 그리고 그 이듬해에는 선거에서 패했다. 34세에 다시 파산했고, 35세에는 첫사랑 여인을 땅에 묻어야 했다. 44, 46, 48세에 각각 또 선거에서 패했다. 누가 보아도 한심한 사람이었다. 그러나 그는 60세에 가장 위대한 미국 대통령 중의 한 사람이 되었다. 그의 이름은 에이브러햄 링컨Abraham Lincoln이다.

당신은 이 이야기를 듣고 서글프게 웃을지도 모른다. 이 위대한 반전에 대하여 '그는 위인이고 나는 초라하고 평범한 사람'라고 생각할지 모른다. 그러나 그 역시 위대해지기 전에는 나나 당신과 다르지 않았다. 늘 조금 피곤했을 것이다. 다른 사람의 칭찬에 마음이 들떴을 것이다. 혹은 다른 사람의 비난에 상처를 입기도 했던 보잘것없는 사람이었을 것이다. 그가 우리와 다른 점이 있다면, 그것은 자기 자신이 아닌 다른 사람이 되고 싶지 않았던 것이다. 마치 우리가 아주 어렸을 적에 우리의 눈으로 세상을 보고, 우리의 생각에 따라 행동했듯이 말이다. 이런 사람들은 자신의 삶이 세상에서 하나밖에 없는 유일무이한 삶이라고 스스로에게 끊임없이 일깨워 준다. 그들은 다른 사람과 자신을 비교하지 않는다. 오직 자기 자신의 과거와 비교할 뿐이다. 그들에게 중요한 것은 언제나 자기 자신보다 조금 더 나은 사람이 되는 것이다.

스스로에게 다짐을 하는 사람들을 많이 보았다. 아침 6시에 일어나 조깅을 하겠다든가, 영어 공부를 하루에 한 시간씩 꼭 하겠다든가 하는 것 말이다. 다짐의 의미는, '사실은 나는 하기 싫어. 그러나 하지 않으면 안 돼!'라는 것이다. 하루쯤은 용기를 내어 할 수 있다. 이튿날도 할 수 있을지 모른다. 그러나 매일 하고 싶지 않은 일을 한다는 것은 고통이다. '하고 싶은 일'이란 그 반대의 것이다. 바로 '나는 정말 하고 싶어. 누가 말려도 하고 말 거야'의 의미이다. 욕망처럼 커다란 자기 격려는 없다. 하고 싶은 것을 통해 우리는 유일한 자기가 될 수 있다. '하고 싶은 일'은 다짐이 없이도, 우리를 늦게까지 깨어 있게 하고, 새벽에 일어나게 한다. 그 일을 위해서는 다른 일을 포기하게 만든다. 그것은 떠나 있으면 그리워지는 그런 것이다. 그것을 찾아야 한다.

혹 어떤 사람은 이렇게 반문한다. "참 한가한 소리도 하시는군요. 내겐 먹여 살려야 할 처자식이 있단 말입니다. 어떻게 하고 싶은 일만 하며 살아요? 하기 싫어도 해야만 겨우 먹고 사는데." 얼마 전까지 이 말의 중요성을 인정했다. 물론 지금도 이해하지 못하는 것은 아니다. 그러나 지금 경제적 위기에 직면하고 있는 사람들을 보면 유감스럽게도 바로 이런 사람들이다.

이것은 아이러니가 결코 아니다. 이미 와 있는 미래의 모습은 '하기 싫지만 할 수밖에 없는 사람들'에게는 기회가 적은 사회이다. 반대로 '하고 싶어하는 사람'들에게는 많은 기회와 부富가 주어질 것이다.

인간의 정신적인 작업은 욕망이 없이는 이루어낼 수 없다. 스스로 원하는 것이 아니면 몰입할 수 없다. 노예는 창조적일 수 없다. 그들에게는 지시와 통제 그리고 자유를 판 대가로 밥이 주어질 뿐이다. 창조적일 이유도 없다. 주인이 시키는 대로 하면 되기 때문이다. 노예에게는 언제나 주인이 있다. 그 주인의 이름은 '상황'이라고 불리기도 하고, '포도청이라고 불리는 목구멍'이기도 하다. 혹은 '탐욕스러운 부패의 고리'라고 불리기도 하고, '제도와 관행'이라고 불리기도 한다. 무어라고 불리던 그 주인은 언제나 자기의 밖에 존재하는 무엇이다.

최고의 전문가는 자신의 내적 욕망을 따르는 사람이다. 전문가의 길은 학벌과 경력에 관계없이 누구에게나 열려 있다. 그러나 아무나 될 수 있는 것은 아니다. 자신이 하고 싶어하는 일에 시간과 정열을 쏟아 붓는 사람만이 그 자리에 가 있을 수 있다. 오직 바라는 사람만이 얻을 수 있다. 그는 그 일을 통해서 세상을 보고 세상에 기여한다.

지금 필요한 것은 자기에게 되돌아오는 것이다. 그리고 스스로에게 상냥하게 물어 보는 것이다. 하고 싶은 일이 무엇인가? 그것을 선택하는 것이다. 그리고 그 길을 따라 웃으며 가는 것이다. 그것에 자신을 전부 내주어야 한다. 인생을 모두 걸어보는 것이다.

변화는 마음의 움직임을 따라갈 때 성공한다. 그것은 마음이 움직여 가는 대로 생을 이끌어 가는 것이다. 그것은 변덕을 말하는 것이 아니다. 마음이 이끄는 대로 인생의 한 길을 따라 걷는 것을 말한다. 우리가 걷는 길 속에서 누구보다도 많이 그 길섶에 숨어 있는 것들을 보고 느끼고 숨쉬는 것이다. 그 길이 자신이 가는 길임을 믿어가는 것이다. 그리고 사랑해 가는 것이다. 점점 더 마음을 여는 것이다. 점점 더 스스로에게 편안한 사람이 되어가는 것이다. 점점 더 자신에게 다가가는 것이다.

자기 혁명을 위해 익숙한 과거와의 생존 전쟁은 에너지를 필요로 한다. 이 싸움에서 이겨내려면 엄청난 에너지를 요구한다. 에너지는 사랑함으로써 배가된다. 사랑할수록 우리는 위대해진다. 변화는 자신을 사랑함으로써 시작하며, 에너지가 생겨날수록 자신의 마음에 따라 인생을 살아갈 수 있다. 마음을 열지 않고는 자신을 위해 춤출 수 없다.

세계적인 무용가 수잔 링케Susanne Linke는 독일인이다. '세계무용축제'에 참가하기 위해 한국에 온 적이 있다. 그녀는 자신의 무용 세계를 밝히는 기자회견에서 "독일인은 생각이 너무 많아 춤추는 데는 적당하지 않다"라고 말한 적이 있다. 무용수에게 가장 중요한 것은 완벽한 포즈가 아니다. 그것은 에너지이다. 우리는 춤추면서 생각하지 않는다. 아무 생각이 없다. 오직 자신에게 열린 마음과 움직임이 있을 뿐이다.

변화에 성공하기 위한 두 번째 조건은 바로 자신에게 상냥하게 대해 주는 것이다. 어려운 때에 자기를 믿어주는 것이다. 다른 사람이 믿어주기를 바라지 마라. 스스로 믿어주어야 한다. 가장 무능력해 보일 때, 자신에게 말하라. '내'가 이 세상을 위해

할 일이 있다는 것을. 그리고 그것은 '내' 욕망 깊숙한 곳에 있으며, 신이 '내'가 태어날 때 '내' 속에 심어 두었다는 것을 믿어라. 욕망은 바로 에너지이다. 지치지 않는 자연적 힘이다. 욕망을 따라 멀리 떠나라. 아주 멀리 가라. 당신만이 다다를 수 있는 그 끝으로 가라. 그리고 그 길이 '나'의 길이었다고 말하라.

# 저항의 극복 세 번째 조건: 시간을 쓰지 않으면 욕망은 그저 그리움으로 남을 뿐이다

욕망은 밖으로 나오기를 싫어한다. '욕망'이란 단어는 사람들이 가장 매료되는 말이지만 또 두려워하는 것이기도 하다. 그것은 은밀한 속성을 가지고 있다. 사람들은 욕망이 밖으로 뛰어나와 돌아다니게 되면, 서로서로의 욕망이 부딪쳐서 큰일이 나는 것으로 겁을 먹고 있다.

욕망은 클린턴과 르윈스키의 관계를 말하는 것이 아니다. 욕망은 부패로 이어지는 탐욕이 아니다. 욕망은 그저 욕망일 뿐이다. 그것은 태양과 같아서 그저 그곳에서 불타고 있는 그런 것이다. 그것은 때때로 너무 강렬하여 논을 갈라지게 하기도 하고 산천초목을 기갈 속으로 몰고 가기도 한다. 그러나 태양이 없이는 지구도 존재할 수 없다. 욕망은 바로 그런 에너지이다. 죽을 때까지 고갈되지 않는 자연적 에너지이다. 욕망의 모습은 태양처럼 불길이 사방팔방으로 날름거리는 불덩어리와 같다. 이쪽 불길이 거세지는가 하면 어느새 잦아들고 저쪽 불길이 거세진다. 이것도 하고 싶고 저것도 하고 싶지만 이내 다 시들해지는 이유가 거기에 있다. 욕망은 또한 불덩어리 자체가 잘 보이지 않을 때도 있고 약해질 때도 있다. 우리가 무기력해질 때도 있고 매사가 귀찮을 때도 있는 것과 같다. 날씨에 따라 태양이 영향을 받는 것과 같다. 그러나 비 오는 날에도 가려진 뒤편에 태양은 있다. 그것은 거기에 늘 존재한다.

욕망은 우리가 살아 있다는 것을 증명해 주는 힘이다. 욕망의 결과는 반사회적일 수도 있고 반대로 인류를 위해 위대한 업적으로 남을 수도 있다. 신으로부터 받은 자연적 힘을 어디에 어떻게 쓸 것인가는 개인의 책임이다.

우리가 자신으로 되돌아와야 한다는 것은 욕망이라는 힘을 어디에 어떻게 쓸 것인가를 결정하라는 말이다. 욕망의 특성은 시간적 일관성을 부여받지 못하면 형상화되지 못한다는 점이다. 우리는 이미 시간에 대한 몇 가지 다른 관점을 알아보았다. 이제 욕망과 관련하여 시간의 사용이라는 점에서 중요한 대목을 다루어 보려고 한다.

스티븐 코비Stephen R. Covey와 그의 동료들이 함께 쓴 책, 『소중한 것을 먼저 하라First Things First』에 다음과 같은 일화가 소개되어 있다.

한 강사가 학생들에게 하나의 퀴즈를 냈다. 그는 커다란 통을 하나 책상 위에 올려놓았다. 그리고 커다란 돌들을 가득 채웠다. 그리고 학생들에게 질문했다. "커다란 돌들이 통에 가득 찼습니까?" 학생들이 그렇다고 대답했다. 그러자 그 강사는 조그만 조약돌들을 커다란 돌 틈 사이로 부어 넣었다. 그리고 다시 다 찼는지를 학생들에게 물었다. 학생들은 이번에는 속지 않았다. 강사는 다시 작은 조약돌의 사이를 모래로 메워 나갔고, 모래를 다 채운 다음에는 주전자로 물을 부어 통을 가득 채웠다. 그리고 학생들에게 이것을 보고 느낀 점을 말해 보라고 했다. 머리가 빨리 돌아가는 학생 하나가 대답했다.
"틈은 늘 있기 때문에, 하려고 들면 인생 속에 더 많은 것들을 채워 넣을 수 있다는 것입니다."
강사가 말했다.
"아니에요. 그게 핵심이 아닙니다. 만일 당신이 통 속에 큰 돌을 먼저 집어넣지 않았다면, 이것들을 다 집어넣을 수 없었을 것입니다."

인생에서 이 커다란 돌들은 무엇을 의미하는가? 그것은 소중한 사람이거나 중요한 일들이다. 당신은 아내와 아이들 혹은 사랑하는 사람과 함께하는 데 얼마나 많은 시간을 쓰고 있는가? 당신 자신을 위해 얼마나 많은 시간을 쓰고 있는가? 혹시 당신은 다른 사람 혹은 조직이 시킨 일을 하기 위해 모든 시간을 다 쓰고 있는 것은 아닌가?

간단히 테스트해 보자. 10분이면 된다. 종이 한 장을 꺼내라. 그리고 당신 인생에서 가장 소중한 것들을 떠올려 보라. 사람일 수도 있고 일일 수도 있다. 그것 없이는 참으로 당신 인생의 의미가 없어지는 그런 것들을 다섯 가지만 나열해 보라. 오래 생각하지 마라. 그저 처음 이 질문을 던질 때 당신의 머리에 떠오른 것들을 적으면 된다. 다 썼으면 다른 종이 한 장을 다시 꺼내라. 그리고 이번에는 당신의 최근 한 달 동안의 평균적 하루 일과를 써보도록 하라. 24시간을 그 일과에 맞추어 쪼개 보라. 잠자는 시간, 먹는 시간, 출퇴근 소요 시간, 회사에서 일하는 시간 등 하루 일과를 세분화시켜 적어 보라. 다 했는가? 그럼 이제는 두 장의 종이를 나란히 놓고 서로 연결시켜 보라. 당신은 소중한 사람과의 관계를 위해 많은 시간을 보내고 있는가? 당신을 살아 있게 하고 삶의 의미를 주는 중요한 일에 시간을 얼마나 쓰고 있는가? 많은 사람들이 이런 어리석은 연습을 해보지 않아도 자신이 중요한 일과 소중한 사람에게 시간을 쓰지 못한다는 것을 알고 있다고 말한다. 그러나 어리석지 않다면 왜 그렇게 살고 있는가? 상황 때문이라고 말하지 마라. 스스로를 상황의 희생자로 만들 뿐이다.

영화〈노킹 온 헤븐스 도어Knocking on Heaven's Door〉에는 두 사람의 젊은 남자가 등장한다. 그들은 둘 다 치명적인 질병에 걸려 병원에서 서로 만났다. 여생을 병원 침대에 누워 끝내야 할 운명인 두 사람은 어느 날 병원에서 몰래 빠져 나온다. 그들은 바다를 향해 떠난다. 한 사람은 한 번도 가보지 못한 바다를 보기 위해서, 그리고 또 한 사람은 그를 바다까지 데려다 주기 위하여. 우연히 훔친 차 속에서 거액의 돈을 발견한 두 사람은 풍족하게 돈을 뿌리며 다닌다. 호화로운 호텔의 스위트 룸에서 그들은 죽기 전에 하고 싶은 일들의 목록을 작성한다. 긴 욕망의 목록이 만들어졌지만, 악당과 경찰 모두에게 쫓기고, 또한 죽음의 짙은 그림자가 드리워진 속에서 그들이 할 수 있는 것은 한 가지 정도뿐이었다. 마침내 그들은 바다에 도달한다. 바다를 보지 못한 친구에게 바다를 보여주겠다고 데리고 온 청년은 이때 비로소 자신도 바다에 처음 와 보는 것임을 고백한다.

그들에게 바다는 마지막 욕망이었다. 그들은 처음으로 사는 듯이 살았다. 마지막 남은 시간을 모두 자신에게 주었다. 병원에 남아 다른 사람이 자신의 육체를 쪼개고 피를 말리도록 내버려두지 않았다. 마지막 빛으로 남아 있는 얼마 안 되는 시간을

자신에게 시간을 내지 못하면 하고 싶은 욕망을 이룰 수 없다.
욕망은 오직 꿈과 그리움으로 남을 뿐이다.

남들이 병상에 비끄러매는 것을 허락하지 않았다. 그들은 바닷가에서 죽었다. 그들은 자신이 바라던 욕망 속에 묻혔다.

시간을 자신에게 주어야 한다. 그렇지 않으면 자신이 누구인지 알 수 없다. 그렇지 않으면 자신의 삶이 무엇인지 알 수 없다. 우리가 이 세상에 어떻게 존재하는가라는 존재 양태가 바로 각 개인의 삶이다. 자신이 만들어 가는 인생은 좋아하고 잘하는 것을 해가며 사는 것이다. 그때 우리는 행복하다. 행복한 사람만이 오직 자신의 삶을 통해서 다른 사람의 행복에 기여할 수 있다. 우리에게 행복해질 권리가 있다는 것을 믿어라.

하고 싶고 잘하는 일을 할 때 우리는 그 분야의 좋은 전문가가 될 수 있다. 전문가라고 불리는 사람은 많다. 그러나 명함에 전문가라고 찍어 가지고 다닌다고 전문가가 되는 것이 아니다. 그 일을 좋아하는 사람이 아니면 훌륭한 전문가가 될 수 없다. 좋아하지 않고서는 늘 시간을 내기가 어렵기 때문이다. 또한 그 일에 어울리는 재능을 가지지 않고는 최고가 될 수 없다. 재능은 성취도를 높여주기 때문이다.

자신에게 시간을 내지 못하면 하고 싶은 욕망을 이룰 수 없다. 욕망은 오직 꿈과 그리움으로 남을 뿐이다. 하루에 자신만을 위해 적어도 두 시간은 써라. 그렇지 않고는 좋은 전문가가 될 수 없다. 다른 사람을 베끼고 모방해야 한다. 대가들을 통째로 삼켜야 한다. 그리고 다시 토해 내야 한다. 개인적 체험과 깨달음을 자신의 체액 속에 담을 수 있어야 한다. 그리하여 스스로의 언어로 재구성하고 표현할 수 있어야 한다.

  자신을 위해 시간을 쓸 수 없다면 당신은 살아 있는 사람이 아니다. 더 이상 쓸 시간이 없다는 것이 바로 죽었다는 뜻이다. 만들어 주는 대로 살지 마라. 삶은 만들어 가는 것이다.

저항의 극복 네 번째 조건: 전면전의 첫 번째 싸움에서 반드시 이겨라—7일간의 개혁

싸움에는 승리가 필요하다. 승리하기 위해서는 전략이 필요하다. 무작정 시작하면 이기는 것이 아니다. 정교하고 단호한 전략이 필요하다. 그리고 무엇보다 자기 자신을 공격할 수 있는 용기를 가져야 한다.

변화의 결과는 일상생활 속에서 구현되어야 한다. 생활을 바꾸지 못한 변화는 실패한 변화이다. 하루를 이해하는 방법이 바뀌고 하루를 쓰는 방법을 바꾸지 못한다면 그것은 허구이다. 하루라는 현실 속에서 구현되지 못하는 꿈은 꿈일 뿐이다. 현실의 매력은 그것이 가시적이며 손으로 만질 수 있고 다시 반복할 수 있는 구체성과 재생력에 있다.

일상 속의 하루를 깨지 못하면 일상을 바꿀 수 없다. 하루를 바꾸지 못하면 일상의 변화에 성공하지 못한다. 일상은 무엇인가? 반은 먹고 자는 것이다. 먹고 자는 것은 일상을 이루는 바탕이다. 바로 개인의 인프라스트럭처infrastructure인 것이다. 한 국가로 보면 도로와 항만과 네트워크망 등 사회간접자원인 셈이다. 건강한 개인에게는 다행스럽게 이 인프라스트럭처를 개편하고 확충하는 데 시간이 별로 걸리지 않는다. 왜냐하면 의식은 물리적인 것이 아니기 때문이다.

의식은 시간적으로 자유롭다. 우리의 의식 속의 시간은 과거와 현재와 미래를 공존시킬 수 있을 만큼 자유롭다. 의식 속에서 우리는 쉽게 과거로 되돌아갈 수 있다. 물리적으로 과거로 간다는 것은 아직 기술적으로 어림도 없는 일이지만 말이다. 의식 속에서 우리는 시간을 다르게 인식한다. 아주 긴 꿈도 불과 몇 초 동안에 꾸어진다. 혹은 같은 한 시간이라도 어떤 때는 한없이 길게 느껴지기도 하고 어떤 때는 순식간에 지나기도 한다.

의식은 또한 공간적으로 자유롭다. 의식이 가지 못하는 곳은 없다. 몸이 호주의 시드니까지 날아가는 데는 비행 시간만 열 시간이 넘게 걸린다. 공간의 제약을 넘기 위해 수송 수단이 필요한 것이다. 의식은 시드니로 날아가기 위해 아무런 공간의 제약이 없다. 의식은 감옥의 철책과 높은 담에 의해 갇히지 않는다.

의식은 시간적으로 자유롭다.
우리의 의식 속의 시간은 과거와 현재와 미래를 공존시킬 수 있을 만큼 자유롭다.

인간의 가장 위대한 힘은 바로 의식을 가지고 있다는 점이다. 그것이 무엇인지 나는 알지 못한다. 어떻게 설명해야 되는지 나는 알지 못한다. 그러나 우리는 매일 그것과 함께 살고 있다. 그저 '의식'이라고 부르며 살고 있다. 우리가 알 수 없는 것에 대한 해답은 신이 가지고 있다. 의식은 그 설명을 위해 신을 필요로 하는 대목이다.

리처드 파인만은 세상을 움직이고 있는 이 복잡한 질서는 마치 신들이 두고 있는 장기판의 게임의 룰과 같다고 말한다. 우리는 그것을 관람하고 있다. 우리는 그 게임의 법칙을 알지 못한다. 그저 구경할 수 있도록 허락받았을 뿐이다. 오래 보고 있으면 그 게임의 룰 몇 개를 알아차릴 수가 있다. 우리는 이것을 물리학이라고 부른다. 신은 신비로움을 설명하기 위해 창조되었다. 그대가 알지 못하는 것을 이해하기 위해서 신을 만들어 냈다. 만일 어떤 일이 어떻게 움직이는지 알게 되면 더 이상 신은 필요치 않다. 그러나 다른 모르는 것이 아직 남아 있으면 그대는 아직도 신을 필요로 한다. 말하자면 의식이라든가 삶과 죽음에 대한 답은 그대가 아직 모르기 때문에 여전히 신을 필요로 한다는 것이다.

무엇인가를 배워 가면서 갑자기 모든 관련된 질문들이 한꺼번에 하나의 체계로 꿰맞추어지는 순간을 경험해 보았을 것이다.

바로 신이 두고 있는 장기판의 룰 중의 하나를 이해하게 된 것이다. 그때 우리의 정신은 고양된다. '깨달음'을 체험한 것이다.

범인이 접근할 수 없는 위대한 부처의 깨달음 같은 것 말고도 깨달음이 한 사람의 운명을 바꾼 예들이 참으로 많다. 헬렌 켈러Helen Adams Keller, 1880~1968는 장애인이었다. 그녀는 앤 설리번 메이시Anne Sullivan Macy 선생에게서 쓰는 것을 배웠다. 수없이 많은 단어를 써보았지만 그것이 무엇을 의미하는지 알 수 없었다. 그녀는 괴팍해져 갔고 불행했다. 어느 날 설리번 선생은 그녀의 손에 한 단어를 썼고, 헬렌은 자신의 손으로 물이 흐르는 것을 느꼈다. 그리고 '물'이라는 단어와 손 위를 흐르는 액체의 관계를 깨닫게 되었다. 깨달음은 이 작고 가엾은 소녀를 우리가 알고 있는 헬렌 켈러로 만들었다.

깨달음은 우연히 오는 것이 아니다. '불현듯 깨닫게' 되는 것이기는 하지만 그것은 우연의 산물이 아니다. 밥 먹다가 혹은 오줌 누다가도 깨닫게 되지만 그것은 우연이 아니다. 오래도록 어떤 일에 몰두한 사람에게만 찾아오는 갑작스런 선물일 뿐이다. 연습과 수련이 필요한 것이다.

자신을 바꾸게 될 깨달음으로 우리를 몰고 가기 위해서는 자신에 몰두해 있어야 한다. 자신에 몰두하지 못하고 자신을 바꾸려고 하는 것은 어리석은 일이다. 자신에 대하여 아무것도 모르는 사람이 자신을 바꾸고 싶어한다면 그것은 자신을 죽이는 일이다. 자신에 대하여 가장 잘 아는 사람은 자신일 거라고 믿고 있는 사람이 있다. 무슨 근거로 그렇게 말하고 있는가? 당신은 일생을 통해 하고 싶은 일 하나를 들라고 하면 서슴없이 말할 수 있는가? 만일 하나를 골랐다면 그것은 다른 사람이 가치 있다고 말했기 때문인가, 아니면 그저 당신의 마음이 그렇게 말했기 때문인가? 당신의 마음은 사회가 교육과 상황과 그 밖에 모든 영향력을 동원하여 만들어 놓은 것인가, 아니면 당신의 무의식 속에서부터 나온 당신의 창조물인가?

당신은 자신이 신으로부터 받은 특별한 재능이 있다고 믿고 있는가? 그것은 무엇인가? 무엇을 하면 당신은 잘할 수 있는가? 얼마만큼이나 잘할 수 있는가? 당신은 지금 잘하는 일을 하며 인생을 살고 있는가? 만일 그렇지 못하다면 왜 다른 일을 하며 살고 있는가?

하고 싶고 잘하는 일을 하며 인생을 산다는 것이 그렇게 어려운 일인가? 만일 그것이 그렇게 어렵지 않다면 당신은 왜 그렇게 살지 못하는가? 만일 그것이 어렵기 때문에 당신은 이대로 상황과 거짓 운명이 만들어 놓은 대로 살 수밖에 없다면 당신의 인생은 무엇인가?

혹시 아이들을 위해 참고 희생하며 살겠다고 마음먹었다면 그것도 하나의 선택일 수 있다. 그러나 아이들은 아버지와 어머니로부터 배울 뿐이다. 당신이 새로운 운명을 만들어 내려고 애쓰지 못한다면 아이들도 당신에게서 그러한 용기를 배우지 못할 것이다. 서울의 어떤 치과 의사들은 공동으로 출자하여 치과 하나를 함께 경영한다. 서로 친구이거나 선후배 관계들이다. 그들은 몇 년 전부터 다가올 어려움에 대비했다. 경영의 원칙을 환자 위주로 정립하고 진료 프로세스를 바꾸었다. 공동으로 최신 장비를 구입하고 병원을 친절로 가득 차게 했다. 그리고 그들은 자식들에게 유산 물려주지 않기로 결의했다고 한다. 나는 그들이 돈 대신에 인생을 도전과 기쁨으로 바꿀 수 있는 변화의 능력을 자식들에게 상속할 수 있으리라 믿는다. 한 분야에서 지평을 넓혀가는 개인을 많이 가질수록 그 사회는 다양한 분야에서 인류에 기여하는 훌륭한 사회이다.

자기 혁명은 자신을 공격하는 것이다. 자신을 이루고 있는 여러 가지 습관들의 결탁을 와해시키는 것이다. 습관의 한 부분을 공격해서 점령한다고 해서 이기는 것이 아니다. 복구할 수 없이 완전히 궤멸시키지 않고는 성공할 수 없다. 싸움은 전면전이다. 예를 들어 담배를 끊기 위해 담배만 피우지 않으면 되는 것이 아니다. 술도 당분간 끊어야 한다. 기름진 음식도 먹지 말아야 한다. 술과 기름진 음식은 흡연의 욕구를 자극하여 원래의 상태로 돌아가게 한다. 따라서 흡연의 욕구가 사라질 때까지 담배와 연결된 습관을 자극할 수 있는 모든 것을 통제해야 한다. 변화가 어려운 것은 바로 이러한 먹이사슬 같은 연결성 때문이다. 견딜 때는 산과 같아야 한다. 견디다 보면 하루가 가고 1주일이 간다. 그러나 1주일이 갔다고 여기지 마라. 그저 또 하루가 지나간다고 생각하라. 성철 스님도 도를 닦으며 하루하루를 보내다 보면 몇 년이 흐른다고 했다. 종종 우리의 의지는 자기 도취에 빠지기 쉽다. 1주일을 참았으니 나도 참 괜찮은 인물이야, 라고 느끼는 순간이 가장 어렵다. 참으로 사소한 마음의 틈 사이로 실패는 기어든다.

자기와의 전면적 싸움에서 이기기 위해서는 자기에게 힘을 실어주는 의식이 필요하다. 북을 치고 꽹과리를 쳐야 한다. 인간은 상징적인 동물이다. 정신은 살아 있기 위해 활력을 필요로 한다. 하루를 구성하고 있는 먹고 자는 일상에 강력한 충격을 줌으로써 첫 번째 서전을 승리로 이끌 수 있다. 하루를 구성하는 인프라스트럭처를 공략하는 가장 좋은 방법은 단식斷食이다. 단식을 통해 하루를 개편하여 자신의 일상 속으로 새로운 변화를 데리고 들어오는 것이다.

단식은 신체적으로 동물이 되어 자연으로 귀환하는 것이다. 인간의 몸은 자연의 원리를 따른다. 그러므로 인간은 신체적으로 동물이다. 단식은 몸속의 노폐물을 제거함으로써 동물적 기능을 도와준다.

단식을 통해 얻을 수 있는 첫 번째 효과는 노폐물을 제거함으로써 체중을 줄일 수 있다는 것이다. 비계를 빼고, 대장의 숙변을 뽑아낸다. 깨끗한 대장은 깨끗한 피를 만들어 낼 수 있다. 피가 맑으면 몸이 깨어나게 된다.

단식이 주는 두 번째 효과는 일상에서 먹을 것을 떼어냄으로써 정신의 힘을 돌아볼 수 있게 한다. 건강은 정신에서 나온다. 건강한 정신은 건강한 몸을 만들어 낸다. 병은 정신의 피폐에서 온다. 긴장과 스트레스는 암의 가장 직접적인 원인이다. 만성적인 정신적 불안과 긴장은 몸이 언제나 위험에 대비하도록 유도한다. 위급한 상황이 되면 우리는 평소에 하지 못하는 일도 해낼 수 있는 이유가 여기에 있다. 그것은 몸이 내부의 모든 힘을 근육과 운동기관으로 몰아줌으로써 가능한 일이다. 한쪽에 힘을 몰아주기 위해서는 다른 곳으로부터 힘을 빌려올 수밖에 없다. 평소에도 언제나 긴장해 있다는 것은 그러므로 신체의 균형을 깨뜨리게 된다. 유사시에 대비하기 위해 근육과 운동기관은 신체의 다른 부분에서 병력을 빼내 온다. 면역 기능은 평소에는 할 일이 별로 없는 곳이다. 따라서 면역체계를 담당하는 병력은 모두 불안과 긴장에 대비하기 위해 근육과 운동기관으로 보내지게 된다. 장기간의 긴장과 스트레스가 암을 유발하는 것은 바로 이렇게 스스로 면역체계를 붕괴시킴으로써 자초한 결과이다.

　1972년, 시베리아의 오브 강변에 위치한 노보시비르스크 임상실험 의학연구소에서는 놀라운 발견이 행해졌다. 이 연구소의 시추린S. P. Shchurin은 세포들이 자신이 전하고자 하는 뜻을 특정한 전자기파 형태로 부호화하여, 서로 의사전달을 하고 있다는 사실을 발견하였다. 그들은 가운데가 유리벽으로 차단된 밀봉 용기에 똑같은 배양 조직을 두 곳으로 나누어 집어넣었다. 그리고 한쪽에 치명적인 세균을 투입하였다. 세균의 침입을 받은 곳의 세포는 전멸했지만 다른 곳의 세포는 그대로 살아 있었다. 이번에는 유리벽 대신 석영 유리벽으로 바꾸어 실험해 보았더니 세균을 투입하지 않은 곳의 세포까지 죽고 말았다. 세균은 분명히 석영 유리벽을 통과하지 못한다. 그렇다면 무엇이 세균을 투입하지 않은 쪽의 세포를 죽였을까? 자외선은 유리벽을 통과하지 못한다. 그러나 석영 유리는 그것을 통과시킨다. 여기에 무슨 열쇠가 있는 것은 아닐까?

　모스크바의 신문들은 이 실험의 보고서를 다음과 같이 밝히고 있다. 꿈같은 소리로 들릴지 모르지만 고통을 당하고 있는 세포에서 방출되는 자외선이 그 고통의 정도에 따라 파동의 형태로 부호화된다는 것이다. 그들은 건강한 세포가 죽어가는 세포에 노출된다는 것은 위험한 일이라고 말한다. 마치 세균이나 독극물, 해로운 방사선 등에 노출되는 것과 마찬가지라는 것이다. 죽어가는 세포로부터 경고 신호를 받은 세포는 저항할 차비를 차린다. 그리고 존재하지도 않는 적들로부터의 습격을 받은 것처럼 치명적인 타격을 입게 된다. 인간의 삶과 세포의 삶이 비슷한 것은 웬일인가? 건강은 정신적인 것이다.

단식이 주는 세 번째의 가장 실용적인 혜택은 이를 통해 자신의 하루를 개편하는 시발점으로 삼을 수 있다는 점이다. 하루를 중요한 시간 단위로 삼는 것은 매우 요긴한 생각이다. 하루는 낮과 밤으로 이루어져 있다. 살아 움직이는 시간과 잠자며 쉬는 시간으로 이루어져 있다. 그 동안 우리는 일할 때도 있고, 놀기도 한다. 한 여자를 만나 사랑을 나누기도 한다. 또 먹고 마신다. 좋은 일이 생기기도 하고 나쁜 일을 만나 슬퍼하기도 한다. 그리고 24시간은 적당히 그리고 충분히 긴 시간이다. 마치 인생의 작은 축소판과 같다. 하루를 잘 살면 인생을 잘 살 수 있다.

하루의 개편에 가장 중요한 초점은 24시간 중에서 '자신만의 시간' 두 시간을 뽑아내는 작업이다. 만일 이 두 시간이 없다면 자신을 차별화시킬 수 없다. 좋아하는 일을 아직 찾지 못한 사람이 스스로의 길을 찾아갈 수 있게 하는 것도 바로 이 두 시간이다. 이미 그 일을 하고 있는 사람에게 두 시간은 하는 일과 관련하여 새로운 지식을 넓히거나 단편적 경험을 체계화하는 시간으로 쓰인다. 이 시간은 자신과 꿈을 찾아가는 시간이다. 이것은 전문가가 되기 위한 시간이다. 기업으로 말하면 기술의 도입과 창출 비용인 셈이다. 훌륭한 기업은 매출액의 10% 정도는 새로운 지식을 획득하는 기술도입비나 스스로 지식을 창조하는 연구개발비로 쓴다. 하루에 두 시간은 9%를 조금 넘는다. 투자하지 않는 기업은 결코 좋은 기업이 되지 못한다. 특히 지식 사회에서는 더욱 그렇다. 자신에게 투자하지 않는 개인도 성공할 수 없다. 시간은 우리가 누구나 공통적으로 가지고 있는 가장 소중한 자산이다. 단식은 바로 하루를 부셔버림으로써 하루의 판을 다시 짤 수 있는 중요한 단절을 제공한다. 단식은 과거의 하루와의 결별을 의미한다.

나는 이 장에서 모든 사람들이 쉽게 할 수 있는 가장 확실한 단식법을 소개하고자 한다. 자세하게 기록하는 이유는 혼자서라도 당장 시작할 수 있게 하기 위해서이다. 이것은 내가 지난 1997년 여름, 지리산 유점 마을의 김동춘 목사 댁에서 실제로 체험한 것을 시간만 단축해 재구성한 것이다. 안식 교인들은 식생활에 까다롭다. 그리고 오랫동안 스스로 실천해 온 사람들이다. 그들의 방법은 이론이 아니라 생활이다. 그래서 신뢰할 수 있다.

『익숙한 것과의 결별』을 읽어 본 많은 사람들이 개인적으로 단식에 흥미를 가지고 있었다. 실제로 그 중 몇 명은 김 목사가 있는 지리산에 가서 포도 단식을 했다. 1주일을 한 사람도 있고, 열흘을 한 사람도 있다. 또 한 달을 한 사람도 있다. 그들은 모두 만족했다.

주의사항

몸에 지병을 가지고 있는 사람에게 단식은 매우 효과적인 도움을 줄 수 있다고 믿는다. 그러나 건강이 좋지 못한 사람은 전문적인 단식원을 활용하기를 바란다. 몸이 자연적 활력을 찾아가는 과정에서 나타나는 명현 현상 Healing crisis을 겪게 될 때, 매우 아플 수 있다. 그때 도움을 받을 수 있어야 한다. 또 단식에는 그에 적합한 환경이 있다. 음식을 끊었기 때문에 음식에 대한 욕구가 언제나 있게 마련이다. 특히 처음 시작해서 3~5일간은 매우 심하다. 간혹 유혹을 이기지 못하고 '아주 조금' 무엇인가를 몰래 먹는 경우가 종종 있다. 그러나 단식 중에는 몸이 매우 민감해져 있는 상태이기 때문에 잡것-물과 포도 외에는 모두 잡것이다-을 먹는다는 것은 아주 좋지 않다. 얼굴이 붓고 금방 빠지지도 않는다. 환자인 경우에는 매우 안 좋을 수 있다. 따라서 음식에 대하여 거의 무방비 상태인 집에서 혼자 할 수 있는 방법을 따라하지 않기 바란다.

일주일간의 포도 단식

포도 단식 요법에 대하여 요한나 브란트Johanna Brandt는 다음과 같이 말한다.

의학이 실패한 곳에서 자연은 성공하고 있다. 오직 한 가지 질병만이 존재한다. 그것은 혈액 질환이다. 우리의 피는 우리가 생각하는 것, 우리가 호흡하는 것, 그리고 음식물에 따라 좌우된다. 생야채와 과일 식사요법은 혈액의 질환을 바로잡을 수 있다. 그 중 가장 신속한 치료법은 포도요법이다. 포도는 다른 유효한 성분과 함께 어떤 소화과정도 거치지 않고 즉시 순환계로 들어갈 수 있기 때문이다.

포도 단식은 물만 먹고 하는 물 단식보다 기간을 길게 가져갈 수 있다. 따라서 숙변을 완전히 제거할 때까지 단식을 계속할 수 있는 장점이 있다. 대장의 굴곡진 곳마다 쌓여 있거나 장벽에 단단히 붙어 있는 찌꺼기를 숙변이라고 한다. 숙변은 배설 행위에 의해 빠져 나가지 않기 때문에 이를 제거해 내기 위해서는 보통 한 달 내외가 걸린다. 한 달 정도 단식하기 위해서는 포도 단식이 적합하다. 숙변을 완전히 제거할 수 있기 때문이다.

또 다른 장점은 보식의 기간 동안 음식의 양이 정상적이라는 점이다. '단식은 곧 보식'이라는 말이 있을 만큼 보식이 매우 중요하다. 물 단식의 경우 단식의 기간은 상대적으로 짧은 대신 보식 기간이 길고 까다롭다. 보식의 방법을 잘 지키지 못하면 몸에 많은 무리를 주게 된다. 포도 단식의 경우에는 단식 기간 동안 완전히 굶는 상태가 아니기 때문에 정상적인 식사량으로 되돌아가는 데 얼마 걸리지 않는다. 그러나 음식을 먹는 방법과 조합, 그리고 음식의 종류가 변하게 된다. 식이요법이기 때문이다.

1주일 정도의 기간으로는 포도 단식이 가지고 있는 혜택을 모두 누릴 수는 없다. 숙변이 모두 빠져 나오지도 않을 것이고, 과거의 습관을 잊기에도 짧은 기간에 불과하다. 그러나 몸이 변화를 느낄 만한 시간은 된다. 무엇보다 새로운 하루를 만들어 낼 수 있는 좋은 출발점이 된다는 점에서 적극 권장한다.

1. 시간의 확보

시간을 낼 수 있는 사람은 1주일 정도 휴가를 내라. 그리고 좋은 포도 단식원을 찾아가라. 가장 안전한 방법이다. 좋은 단식원이라 함은 좋은 단식 환경을 제공하는 곳이다. 자신이 혼자의 시간을 가질 수 있도록 찾아가는 곳이기 때문에 그것을 도와줄 수 있는 프로그램을 가지고 있는 곳이 있다면 좋다. 그러나 요즈음에는 단식의 고통을 덜어주기 위해 단식하는 동안 이곳저곳 관광을 시켜주는 단식원이 있는 것으로 안다. 그런 곳은 피하는 것이 좋다. 우리는 얼마 동안 성공적으로 굶어서 얼마나 체중을 뺄 수 있는가를 실험하고 있는 것이 아니다. 육체뿐만 아니라 하루를 개편해야 할 개혁을 단행하고 있는 중이다. 조용히 시간을 보낼 수 있는 곳을 찾아라.

만일 1주일 모두 시간을 낼 수 없다면 며칠이라도 내도록 해 보라. 자기를 찾아 떠나는 여행에 할 수 있는 성의를 다 내보는 자세가 필요하다. 하루라도 좋다. 일요일까지 합하면 벌써 자신을 위해 쓸 수 있는 시간이 이틀은 생긴 셈이다. 이 장은 1주일도 휴가를 낼 수 없는 많은 사람들을 가정하여 마련한 장이다. 직장을 다니면서도 가능하기 때문이다.

하루도 시간을 낼 수 없는 사람은 토요일 낮부터 시작하라, 둘째 날은 따로 힐 일이 있다. 그리고 주위 사람에게 단식을 한다고 말하라. 쓸데없는 권유와 유혹으로부터 자신을 보호하는 가장 솔직한 방법이다.

부부가 함께해 보는 것도 좋다. 혹은 직장의 동료끼리 함께 해보는 것도 좋다. 그러나 다른 사람에게 의존하지 마라. 그들에게 의존하다 보면 당신도 할 수 없게 된다. 다른 사람들은 주위에 성공한 사람이 있어야 비로소 마음이 이끌리게 되어 있다. 당신이 좋은 성공 사례가 되어 보라.

2. **원칙**

1) 주어진 1주일 동안 물과 포도 외에는 절대로 먹으면 안 된다(담배 역시 금물이다).
2) 정해진 시간표를 반드시 지켜야 한다.
3) 단식을 끝내고 보식의 지침을 준수해야 한다.

음식을 먹지 않으면 몸이 약해진다. 약해진 몸에 무리가 가지 않으려면 자신에게 매우 엄격해야 한다. 원칙을 지킬 수 없으면 시작하지 않는 것이 좋다. 특히 음식으로부터 격리된 장소에서 이루어지는 과정이 아니기 때문에 스스로에게 엄격함이 매우 필요하다. 그러나 겁을 먹을 필요는 없다. 오히려 즐길 수 있다. 즐거운 마음으로 자신이 변해 가는 것을 관찰하고 오랜만에 마주한 자신과 많은 이야기를 나눌 수 있다.

3. **준비물**

포도 단식을 위해서는 약간의 준비가 필요하다. 두세 시간쯤 장을 보아야 한다. 장을 보는 과정도 즐겨라. 하나의 진기한 체험을 준비하듯이 그렇게 즐거운 마음으로 장을 보라. 토요일 이른 오후쯤 나와서 쪽지에 적은 대로 이것저것 준비하도록 하라. 아내나 남편과 함께 나와 모처럼 즐거운 시간을 가져보라.

포도 알이 굵고 싱싱한 것이 좋다. 어떤 종류든지 관계없다. 그러나 국산 거봉 종류가 먹기에 가장 무난하다. 포도 철이면 더욱 좋지만 사철 아무 때나 가능하다. 냉동 포도나 수입 포도를 구하면 된다. 1주일 치로 거봉 다섯 송이 정도면 충분하다.

레몬 레몬은 스무 개 정도 필요하다.

숯가루 건강 식품점에 가면 쉽게 구할 수 있다. 한 통 정도면 충분하다. 두고두고 먹을 수 있다. 집에 와서 뚜껑이 있는 작은 유리병에 3분의 2 정도 차도록 덜어 내라. 그리고 섞어 가면서 스프레이로 물을 뿌려라. 숯가루가 날리면 먹기 어렵기 때문에 스프레이로 물을 뿌리는 것이므로 너무 많이 뿌리면 안 된다. 물기가 너무 많아 반죽이 될 정도면 치아에 달라붙어 먹기 사납다.

관장통 의료기기점에 가면(혹시 건강 식품점에서 팔 수도 있다) 구할 수 있다. 포도 단식용 관장통은 생긴 것이 고무관이 달린 작은 링거병과 흡사하다. 그리고 고무관을 조절할 수 있는 잠금 장치가 붙어 있다.

4. 1주일간의 개략적 단식 일정

첫째 날과 둘째 날은 몸속에 들어 있는 독소를 제거해 내는 날이다. '독소의 제거'라는 말이 생경하게 들릴지도 모른다. 그러나 단식 전문가들은 이 말을 즐겨 쓴다. 그들은 우리가 그 동안 문명의 이름으로 인위적인 생활을 해옴에 따라 자연적 활력을 잃어버렸다고 진단한다. 예를 들어 술과 담배는 알코올과 니코틴을 몸속에 축적 시킨다. 물과 공기의 오염 역시 공해 물질을 몸속에 남겨 놓는다. 또는 음식물을 통해 섭취된 농약 종류는 완전히 배출되지 않고 어딘가에 쌓여 있다. 오염 속에서 키워 놓은 소나 돼지 혹은 닭은 양육되는 과정에서 많은 항생제를 고기 속에 포함하고 있다. 또 도살되는 과정에서 공포에 질린 동물들이 화학적 작용을 통해 변질시켜 놓은 독소가 그대로 섭취되기도 한다. 혹은 감기약 같은 약물에 의해 투입된 성분이 체내에 쌓여 있기도 한다. 그런 의미에서 우리는 인위적 생활에 따른 수많은 종류의 독소를 몸속에 쌓아놓고 있다고 보는 것이다.

숯은 흡입력이 강한 물질이다. 간장을 담글 때 숯을 넣는 이유가 바로 흡입력을 통해 독소를 빨아들이게 하려는 것이다. 첫 날 숯을 먹는 이유는 숯이 가지고 있는 정화 능력을 활용하기 위한 것이다.

둘째 날은 레몬 주스를 스무 컵쯤 마신다. 레몬은 자연적 제독제로서 대단히 탁월한 효과를 가지고 있다. 생선회를 먹을 때 레몬 즙을 뿌리는 이유는 비린내를 가시게 하는 이유보다는 바로 자연 소독의 의미가 더 강하다고 한다.

셋째 날 아침부터 여섯째 날 점심까지는 포도를 먹는다. 포도를 씻을 때는 반 송이 정도 한 알씩 떼어낸 다음 밀가루를 천에 묻혀 한 개씩 깨끗이 씻어낸다. 몸이 허약해지는 상태에서 먹게 되는 최소한도의 음식이기 때문에 농약 등을 완전히 제거해 낸다는 마음으로 깨끗이 씻는다. 깨끗하게 씻은 포도를 세 시간 간격으로 하루에 다섯 번을 먹게 된다. 한 번에 먹는 양은 처음은 다섯 개 정도 먹지만 그 다음부터는 열 개 내외까지 먹어도 좋다. 껍질과 과육은 입 안에서 자연히 녹아 없어질 때까지 천천히 오래오래 씹어 먹는다. 씨는 먹지 않는다. 한국 사람의 경우 웬만큼 위장이 튼튼하지 않고서는 대체로 2~3일간 포도만 먹게 되면 위에 부담을 느끼게 된다. 아주 이상한 일이다. 체한 것 같기도 하고 위에 무언가가 매달려 있다는 느낌을 받게 되는데 이것은 정상적인 상태이다. 그러나 증세가 심하면 한 끼 정도 포도를 거르는 것이 좋다. 물론 그런 느낌이 상대적으로 약하게 느껴지는 사람도 있다. 단식은 '철저한 육식'이라는 말이 있다. 음식으로 섭취하는 양이 거의 없기 때문에 몸은 비상사태를 선언하고 몸속에 비축되어 있는 영양분을 소모하게 된다. 그러므로 살이 빠지게 된다. 단식은 바로 자신의 살을 먹는 과정을 동반하는 것이다. 단식 중에는 과도한 운동은 삼가는 것이 좋지만, 적당한 운동은 필수적이다. 많이 움직일수록 좋다.

6일째 되는 날 저녁은 포도 대신 다른 과일을 먹는다. 한두 가지 섞어 먹을 수는 있지만 단 것과 신 것을 섞어 먹어서는 안 된다. 서로 상호작용에 의해 장내에서 쉽게 부패하기 쉽기 때문이다. 먹고 싶은 과일을 한 개 내지 두 개쯤 먹으면 된다. 바나나와 토마토 정도가 가장 무난하다.

7일째 되는 날부터 보식으로 들어간다. 아침은 다시 과일 한 두 개 정도를 먹는다. 바나나처럼 전분이 많은 과일을 먹는 것이 좋다. 점심은 현미밥과 야채를 한두 가지 먹으면 된다. 밥의 양은 정상적인 밥(죽이 아니다. 죽은 소화되기 쉽지만 소화 기능을 약화시킨다. 우리가 원하는 것은 정상적인 조리 방법에 의한 주식을 우리 몸이 스스로 소화시킬 수 있도록 자연력을 회복시켜 가는 것임을 잊어서는 안 된다)을 반 공기쯤 먹는다. 현미밥은 보통 먹는 백미밥보다 훨씬 거칠다. 압력 밥솥을 이용하지 않으면 푹 무르지 않는다. 그리고 아주 꼭꼭 씹어 먹어야 한다. 침 속에 섞여 있는 소화 효소가 충분히 탄수화물을 소화시킬 만큼 천천히 꼭꼭 씹어 먹어야 한다. 보식할 때 가장 중요한 것은 오래 씹는 것이다. 오래 씹는다는 것은 두 가지 점에서 매우 필수적이다. 첫째는 음식물을 철저히 분쇄하는 일이고, 또 하나는 침 속에 있는 소화액을 음식물에 충분히 발라주는 일이다. 모두 위장이 무리하지 않고 소화시키기 쉽게 만드는 작업이다. 야채는 양상추, 오이 등 부드러운 생것을 간하지 않고 먹는 것이 좋다. 저녁이 되면 밥 대신에 고구마나 감자를 한두 개 먹고, 채식 반찬을 자극적이지 않게 요리하여 먹는다. 그러면 7일간의 단식 일정이 마무리된다.

보식 1주일 동안은 현미밥을 한 공기 가량 정상적인 양을 먹어도 되지만 보식 첫날의 조심성을 가지고 계속해야 한다. 아직 위장이 정상적 기능으로 돌아가지 않았기 때문에 많이 씹고 양념이 많은 자극적인 음식을 피하는 것이 중요한 일이다. 술과 담배는 물론 금물이다. 그리고 소화가 어려운 육식도 해서는 안 된다. 첨부된 별도의 보식 메뉴를 참고하라. 보식은 1주일만 하고 그만두는 것이 아니다. 새로운 식생활로 바꾸기 위한 출발이라고 생각하라.

단식 기간 중이나 보식 기간 중에 물을 먹는 시간이 매우 중요하다. 물은 많이 먹는 것이 좋다. 그러나 쇼도를 먹기 전후 30분 사이에는 물을 먹으면 안 된다. 이유는 간단하다. 음식을 섭취할 때는 소화 효소의 도움을 받지 않으면 안 된다. 음식을 먹기 전에 물을 먹으면 위장에 일부 남아 있는 소화 효소를 씻어내는 셈이 된다. 음식을 먹는 중에 물을 먹는 것도 그런 원리에 의해 아주 해롭다. 음식을 먹은 직후에 물을 먹는 것은 위장이 한참 소화 작용을 하는 중에 물을 부어 소화액을 희석시키는 것이므로 역시 좋지 않다. 식사 중에 물을 마시는 습관은 그러므로 몸의 소화를 방해하는 잘못된 습관이다. 단식 기간을 통해 바로잡기 바란다.

　단식 기간 중에 가장 힘든 일은, 그리고 하기 싫은 일 중의 하나는 관장이다. 그러나 반드시 해야 한다. 관장을 할 수 밖에 없는 데는 이유가 있다. 배변은 위로부터 음식이 들어와 대장에 쌓이면서 눌러주는 밀어내는 힘과 대장 스스로의 운동에 의해 이루어진다. 먹지 않으면 배변을 할 수가 없다. 먹은 것이 없으면 나오는 것도 없다. 대장에 눌어붙어 있는 노폐물을 청소할 절호의 기회이다. 좀 귀찮지만 장을 깨끗이 청소한다는 심상을 떠올리며 매일 엄숙하게 하면 시원하고 좋다. 직장을 통한 수분 흡수 역시 입을 통한 것과 같이 신체적으로 자연스럽다.

　수면 시간의 조정은 단식 기간 중에 바꾸어야 할 가장 중요한 일 중의 하나이다. 일찍 자고 일찍 일어나는 것은 농경 사회의 모델이다. 이것은 매우 자연적인 신체 리듬이기도 하다. 젊은이들은 대체로 너무 늦게 자고 늦게 일어나는 패턴을 가지고 있는 사람이 대부분이다. 나이가 좀 든 사람들은 일찍 자고 일찍 일어나는 패턴으로 복귀하는 경향이 많다. 단식을 통해 하루에 두 시간 자기만의 시간을 찾을 수 있도록 하루를 개편해 주는 것이 우리의 출발점이었다. 따라서 방해받지 않고 자신만의 시간을 쓸 수 있는 시간대를 결정해야 한다. 자신이 선택해야 할 문제이다. 나는 새벽 시간을 권장한다. 새벽이 가장 좋은 시간이다.

첫째, 자고 난 다음이라 가장 정신이 맑고 원기가 충만한 시간이다. 둘째, 아무도 방해하지 않는다. 셋째, 생체의 가장 자연스러운 리듬을 따라가는 것이다. 새벽에 깨기 위해서는 일찍 자야 한다. 10시에 자서 새벽 4시에 깨는 것이 바람직하다. 11시에 자서 새벽 5시에 깨는 것도 좋다. 만일 새벽 5시에서 7시까지 방해받지 않고 자기 시간을 가질 수 있다면 그렇게 하는 것도 좋다. 중요한 것은 원하는 시간대가 결정이 되면 그것에 적합한 수면 패턴을 만들어 내면 된다. 예를 들어 11시에서 새벽 5시까지의 시간대를 수면 시간으로 정했다면 11시가 되면 자리에 누워라. 더 늦게 자는 습관에 젖었던 사람들은 처음에는 잠이 오지 않을 수 있다. 책 한 권을 들고 몇 장 넘기다 보면 잠이 오게 되어 있다. 새벽에 정해진 시각에 깨기 위해서는 시계의 기능을 이용한다. 1주일 정도면 그 패턴이 몸에 익을 것이다. 아직 서투르면 보식 기간에도 계속하여 몸 속의 생체시계生體時計, Bio-Clock가 적응하도록 한다.

5. 보식 이후의 식생활

단식을 함으로써 효과를 볼 수 있는 것은 정화 작용을 통해 몸이 자연적 활력을 찾을 수 있게 하는 것이라고 말했다. 보식 과정을 끝내고 일상적인 생활을 하게 될 때 다시 과거의 식생활로 되돌아가게 되면 단식의 효과는 격감된다. 깨끗이 씻어낸 다음 다시 온갖 잡동사니로 장을 채우게 되는 것이다. 이것은 변화가 아니다. 과거로의 회귀를 의미한다.

유태인은 어린아이일 때 밥 먹는 법을 철저하게 가르친다고 한다. 그들은 올바른 식생활이 아이의 성장과 건강에 필수적인 바탕이며, 이것이 인간의 건전한 인성의 개발에 불가결의 요소라고 생각하기 때문이다. 반드시 지켜야 할 몇 가지만을 소개한다. 이번 단식을 통해 반드시 고치고 지나가길 바란다. 생각을 하면 곧 행동으로 이어질 수 있는 실천력은 연습과 수련의 결과이고 정신적 신뢰를 의미한다. 자신을 믿어라. 담배를 끊겠다고 생각하는 순간 담배의 개념을 지워버려라. 새로운 생각을 받아들이는 순간 그것을 믿어가는 정신적 개방이 필요하며, 이것은 정신을 풀어놓을 때만 가능하다.

1) 천천히 많이 씹어라. 탄수화물을 많이 섭취하는 한국인들은 많이 씹는 것이 특히 중요하다. 탄수화물 소화 효소는 침 속에 가장 많다. 그냥 꿀떡 넘기게 되면 위에서 처리하기 어렵다. 왜냐하면 위액 속에는 탄수화물 소화 효소가 없기 때문이다. 그리고 음식의 맛을 즐기는 것은 음식이 입 안에 있을 때이다. 천천히 먹는 사람은 많이 먹지 않는다. 자연스럽게 그렇게 된다. 천천히 먹으면 스스로 포만감을 인식할 수 있다. 그러나 빨리 먹으면 포만감을 느끼기 전에 이미 너무 많이 들어간 상태가 된다. 그래서 빨리 먹는 사람들은 대체로 많이 먹고, 먹고 난 다음

에 시달리게 된다.

2) 식사 전후나 식사 중에 물을 마시지 마라. 소화액을 희석시킬 뿐이다. 물을 먹어야 편하게 느껴지는 것은 습관 때문이다. 물은 많이 먹되 식후 두 시간 정도 지난 다음에 먹는 것이 좋다. 소화가 된 다음에 물을 마신다는 원칙을 받아들이면 곧 그렇게 익숙해진다.

3) 소식小食하라. 나이가 들어 배가 나오고 지방이 많은 사람들은 조금 덜 먹는 것이 좋다. 단식이 끝나고 위를 다시 크게 늘이지 말고 트림이 나온 후에는 먹지 않는다는 원칙을 세워라. 밥을 먹는 동안 위가 음식물로 차오르게 되면 위의 아직 차지 않은 빈 공간과 식도 사이의 공간 변화 때문에 트림이 나오게 된다. 트림이 나온 후에도 계속 먹게 되면 위가 가득 차게 된다. 식사 때마다 매번 가득 찬 상태에서 이를 소화시키기는 위에 대단한 부담이 된다. 특히 저녁때 많이 먹는 것은 매우 좋지 않다. 잠이 들면 위장도 쉬어야 한다. 많이 먹으면 밤에도 위장은 쉬지 못한다. 과도한 부담은 언제나 병으로 이어진다. 고칠 수 있는 병이면 그나마 다행이지만 그렇지 못한 경우도 많다. 저녁때는 특히 소식의 원칙을 지켜라.

4) 현미밥을 먹어라. 곡물은 핵심을 씨눈 안에 갈무리한다.

번식하기 위해서이다. 현미는 그 씨눈을 가지고 있다. 오래도록 꼭꼭 씹어 먹으면 그 씨눈의 영양분을 흡수할 수 있다. 아침에는 반드시 현미를 먹는다는 원칙을 정하라. 그리고 집에서 밥을 먹게 되는 저녁에도 언제나 현미밥을 먹도록 하라. 그러면 하루에 한두 끼는 현미밥을 매일 먹을 수 있다. 현미밥은 압력솥을 이용하여 푹 익히면 아주 구수하다. 더 구수하게 만들고 싶으면 우리 통밀을 섞어 먹으면 좋다. 그 외에도 현미에 먹고 싶은 잡곡을 섞어 먹으면 좋다. 어떻게 섞어 먹는 것이 좋은지 스스로 개발하여 주식으로 삼길 바란다.

5) 과일과 채소에 의존하라. 가장 좋은 식품이다. 자연스럽게 생식을 할 수 있는 거의 유일한 원천들이다. 그러나 과일과 채소는 따로따로 먹는 것이 좋다. 음식에는 서로 어울리는 것들이 있다. 채소는 대체로 섞어 먹어도 무난하다. 또 밥과 함께 반찬으로 먹어도 좋다. 그러나 과일의 경우는 단 것과 신 것을 서로 섞지 않는 것이 좋다. 그리고 별도의 음식으로 따로 먹는 것이 바람직하다. 쉽게 발효하기 때문에 다른 것과 섞어 먹으면 다른 음식물을 쉽게 부패시키기 때문이다.

6. 세부 일정

첫째 날, 토요일 점심은 가볍게 먹는다(며칠이라도 시간을 낼 수 있는 사람은 토요일에 시작하지 않아도 된다). 포도 단식을 시작하기 전에 체중과 맥박을 노트에 적어 두는 것이 좋다. 체중계가 없으면 별도로 살 필요는 없다. 동네 목욕탕을 이용하라.

오후 5시에 숯가루를 밥숟가락으로 떠서 한 수저 먹는다. 먹는 요령은 먼저 입 속에 한 숟가락 숯가루를 넣고 난 후 물을 마시면 된다. 먹기 어려우면 반 숟가락씩 두 번으로 나누어 먹는 것도 좋은 방법이다. 한 시간 간격으로 한 숟가락씩 전부 다섯 번 먹는다.

9시에 마지막 숯가루를 먹은 다음 30분쯤 지나서, 양치를 하고 잘 준비를 하라. 양치는 치약을 사용하지 않는다. 어떤 약품도 사용하지 않는 자연으로 돌아갈 생각을 하는 것이다. 비누도 사용하지 않고 면도도 하지 않으며, 머리를 감을 때도 샴푸를 쓰지 않는 것이 입칙이다. 그러나 식상을 다니면서 단식을 하는 경우에는 불가피한 점만 허락하되 최소화시켜야 한다. 양치를 할 때 치약을 사용하지 않는 것은 반드시 지키도록 하라.

10시에 자리에 누워라(만일 앞으로 계속 11시에는 잠을 자겠다고 생각했다면 11시에 자리에 누워라). 불을 끄고 누워 있으면 얼마 후에 잠이 든다. 훨씬 늦게 잠이 들어도 괜찮다. 곧 조금씩 빨리 잘 수 있게 된다. 첫날은 그저 이 일을 시작하게 되었음을 감사하라. 그리고 자신을 칭찬해 주어라. 이런 결심을 시작하게 된 것에 대하여. 담배는 이미 이 세상에 존재하지 않는 것이라고 믿게 된 점에 대하여. 그리고 자신의 일상이 바뀌게 될 것임에 대하여. 좋은 하루였음을 기억하라.

내일 새벽에 일어나 무엇을 할 것인지 생각하라. 하고 싶은 일이 없다면 작은 공책 하나를 준비해 두어라.

둘째 날, 새벽 4시나 5시에 일어나도록 맞추어진 자명종에 따라 일어나서 책상에 앉아라. 하고 싶은 일이 있다면 그것을 해라. 그러나 아직 정하지 못했다면, 일기를 쓰도록 하라. 어제 점심부터 마음을 떠나지 않았던 것들이 무엇인지 써보도록 하라. 그러나 서두르지 마라. 그저 하루의 일과를 쓰듯 그렇게 일기를 써보라. 6시가 되면, 미지근한 물에 숯 한 숟가락을 먹도록 한다. 따뜻한 물을 아침에 마시는 이유는 몸이 아직 깨어나지 않았다고 생각하기 때문이다. 몸에 무리를 주지 않는 온도는 체온이다.

레몬을 스무 개 꺼내, 밀가루를 헝겊에 묻혀 깨끗이 닦아낸다. 그 다음 칼로 껍질을 모두 벗겨낸다. 그러나 껍질을 버리지 마라. 비닐봉지에 담아 냉장고에 잘 보관해 두었다가 관장용으로 사용하게 될 것이기 때문이다. 스무 개 모두 껍질을 벗겨낸 후, 물을 부어가며 믹서에 넣고 간다. 이때 물의 양은 레몬 하나에 물을 섞어서 유리컵으로 하나가 되도록 한다. 결국 물과 레몬을 합해 스무 컵 정도 되도록 만든다. 믹서에 갈은 레몬즙액을 고운 천으로 걸러내어 레몬액만 커다란 플라스틱 물병에 두 개로 나누어 담아둔다.

아침 7시에 첫 번째 한 컵을 마신 후, 30분 간격으로 한 컵씩 모두 스무 컵을 마신다. 집에 가만히 있으면서 레몬액을 스무 컵 마신다는 것은 쉽지 않다. 배낭 속에 레몬액 두 병을 모두 넣고 북한산으로 가라. 둘째 날이 휴일이 되도록 한 이유가 여기 있다. 너무 험한 코스는 피하고 천천히 땀을 내어 가며 산을 올라라. 그리고 30분 간격으로 레몬액을 마셔라. 훨씬 좋을 것이다. 북한산에는 코스가 여럿 있는데, 처음 가는 사람이 힘들지 않고 오래 걸을 수 있는 코스를 하나 소개한다. 구파발 전철역에서 내린 다음, 북한산성 입구까지 버스를 타고 이동한다. 북한산성 입구에서 내려서 아스팔트 길을 따라 대서문을 거쳐 노적사 입구의 공터까지 따라 오른다. 일요일이라 사람이 많은 것이 흠이지만 좋은 페이브먼트라고 생각하고 걸어라. 대남문으로 오르는 완만한 능선을 따라 오르다가 왼쪽으로 '대동문'으로 오르는 푯말이 나오는 곳까지 올라라. 대동문에서 산성 주능선 길을 따라 산책하듯 걸어라. 북한산장을 거쳐 조금 지나면 '용암문'이 나온다. 너무 힘들면 그곳에서 도선사 쪽으로 천천히 하산하도록 한다. 산에 익숙한 사람은 자신이 가장 좋아하는 코스를 선택하여 컨디션에 따라 걷도록 한다. 그러나 하루를 굶은 상태이기 때문에 너무 험한 코스는 선택하지 않는 것이 좋다.

산길을 따라 걸으면서 30분마다 배낭에서 레몬액을 꺼내 한 컵씩 마시는 일을 잊어서는 안 된다. 걸으면서 자신과 많이 이야기를 나누어 보라. 그리고 편지 한 장을 머릿속에서 끝마쳐야 한다. 가장 소중한 사람에게 보내는 편지 한 통을 써보는 것이다. 아이들에게 보내도 좋고 아내에게 써도 좋다. 아직 잊지 못하는 여인에게도 좋고, 그리움만 쌓이는 그에게 보내도 좋다. 편지 속에 당신이 어떻게 살고 싶은지 써라. 당신의 과거, 꿈, 그리고 하고 싶은 것, 세상을 보는 당신의 믿음이 무엇인지 머릿속에 떠올려보라. 마음속에 써보라. 누가 썼는지는 모르지만 '만약' 이라는 시 속에 나오듯 연장을 들고 다시 인생 앞에 서라.

네 인생을 바친 것들이 무너져 내리는 것을 보고서도
낡은 연장을 집어들고 다시 세울 수 있다면 (……)

그때 우리는 비로소 정말 어른이 되리라.

산에서 내려온 다음 목욕탕에 들러 차분하게 땀을 씻어내라. 커다란 탕 속에 몸을 담그고 아주 마음을 놓고 눈을 감아보라. 따뜻한 물이 부드럽게 몸을 감싸고 그 속에서 몸이 녹아내리듯

한없이 가벼워지는 것을 느껴보라. 삶은 참으로 어제 우리가 느끼던 그런 것이 아니다. 오늘 우리는 아주 작은 일 때문에 산다는 것을 다르게 느낀다.

저녁 6시가 되기 전에 집으로 되돌아오라. 그리고 처음으로 관장을 해야 한다. 관장액은 냉장고에 보관해 놓은 레몬 껍질을 이용하여 만든다. 전체 레몬 껍질은 6일간 관장용으로 쓰이게 된다. 따라서 6분의 1 정도 덜어내어 물을 부어가며 믹서에 간 다음, 천으로 걸러내 두 컵 정도의 노란색 레몬액을 만들어 낸다.

레몬액을 관장통에 붓고, 따뜻한 물을 부어 관장통이 가득 찰 때까지 희석시킨다. 이때 주의할 것은 희석된 레몬액의 온도가 체온과 비슷하게 되도록 해야 한다. 레몬액이 체내로 들어갈 때 가장 적당한 온도가 체온일 수밖에 없기 때문에 온도를 적절히 맞추어 주는 것이 중요하다.

속옷을 벗고 간편한 가운 차림으로 갈아입은 후, 방이나 화장실 중 편한 곳을 골라 관장을 시작한다. 우선 관장통을 1미터 정도 높이에 매단다. 커다란 타월을 화장실 바닥이나 방바닥에 깔고, 옆으로 눕는다. 다음에 관장통에서부터 늘어진 호수 꼭지를 항문에 천천히 삽입한다. 잘 들어가지 않는 경우에는 올리브 기름이나 식용류를 꼭지의 끝에 발라주면 훨씬 수월하다. 다음 관장통의 레몬액이 모두 들어가도록 호스에 달려 있는 밸브를 풀어준다. 레몬액이 대장으로 천천히 주입되기 시작하면 배가 가볍게 아파지는 것이 보통이다. 이때는 밸브를 조절하여 조금 잠가준다. 가벼운 통증이 사라지면 다시 밸브를 열어준다. 밸브는 보통 굵은 철사로 만드는데 성능이 나쁠 수도 있다. 이때는 당황하지 말고 손가락으로 튜브를 꼭 눌러주면 레몬액 주입을 중지시킬 수 있다. 이렇게 서너 번 반복하면 관장통의 레몬액이 모두 대장 속으로 들어간다. 물이 다 들어가면 배변의 욕구가 생긴다. 숨을 크게 들이쉬며 조금 참으면 견딜 만하다. 누운 상태에서 좌우로 몇 번 몸을 뒤척여 뱃속으로 들어간 레몬액이 대장 속으로 고루 퍼질 수 있도록 도와준다. 3~5분 지난 후에 배변한다. 완전히 배변한 다음 이번에는 체온 정도의 맹물을 똑같은 요령으로 주입한다. 역시 3~5분 후에 배변한다. 결국 한 번은 레몬액으로 또 한 번은 체온 정도의 미지근한 물로 대장을 모두 두 번 씻어주는 작업이다.

사람들은 관장에 질려 시작을 못하는 경우가 있을 수 있다. 귀찮고 선뜻 맘이 내키지 않을 수도 있다. 그러나 숯가루와 레몬으로 제독한 내장을 씻어내 주지 않으면 안 된다. 특히 먹은 것이 없어 정상적인 배변을 할 수 없기 때문에 취하는 특별한 장청소법이다. 열심히 청소하면 깨끗해지게 마련이다. 빨래를 하고 나면 주부들은 마음도 개운해진다고 한다. 하물며 자신의 내장을 정화시키는 작업에서야 더 말할 나위가 없을 것이다. 관장을 자신의 장 속에 있는 온갖 노폐물과 숙변이 빠져 나오는 정화의 과정이라고 여겨라. 사실이 그렇다. 불결하게 여겨질수록 그것이 자신의 뱃속에서 나온 것임을 일깨워 줄 필요가 있다.

관장이 끝나면 하루가 지났다는 것을 느낄 것이다. 마음이 후련해질 것이다. 모든 짐을 내려놓은 듯이 편안해질 것이다. 아직도 마음에 걸려 있는 가지가지의 걱정들을 잊어버리고 밤을 맞는다는 것은 아주 좋은 일이 아닐 수 없다. 어렸을 때 우리는 어디에서고 작은 기쁨과 호기심 속에 놓여 있었다. 그러나 지금은 우리가 만들어 낸 자잘한 걱정과 근심 속에 갇혀 있다.

저녁 시간이 좀 남으면 낮 동안 산을 헤매며 머릿속에 써놓았던 편지를 노트에 옮겨 적어라. 가장 소중한 사람에게 언젠가는 들려주겠지만 아직은 자신에게 쓴 편지일 뿐이다. 생각날 때마다 수시로 더해 가게 될 개인사(個人史)에 대한 서문의 초안이 만들어진 것이다.

자신이 정한 시간이 되면 잠자리에 누워라. 아무 생각도 하지 말고 누워 깊은 잠에 빠져들어라. 이제 하루가 지난 것이다. 마치 인생이 끝난 것처럼 당신은 이제부터 눈을 감고 아무도 모르는 곳으로 가게 될 것이다. 내일 다시 이곳으로 되돌아올 것을 의심하지 않으며 이곳을 잠시 떠나는 것이다.

셋째 날도 자명종 소리가 당신을 깨워줄 것이다. 간밤에 쓴 편지를 꺼내 읽어보아라. 밤에 쓴 편지를 아침에 다시 읽으면 너무 많은 감상이 배어 나와 있음을 알게 된다. 그러나 그대로 놓아 두어라. 정 마음에 걸리는 곳은 다시 고쳐 써도 좋다. 당신은 이제 '가장 소중한 사람에게 보내는 자신의 이야기' 하나를 가지게 된 것이다.

이제부터 노트의 한 페이지에 하고 싶은 일들을 적어보라. 마음에 떠오르는 일들을 그저 옮겨 적어라. 어떠한 정신적 필터도 거치지 않고 처음 마음에 떠오르는 것들을 모두 기록하라. 마치 영화 〈노킹 온 헤븐스 도어〉에 나오는 주인공들처럼 마음에 떠오르는 대로 하고 싶은 일들을 적어보라. 열 개도 좋고 스무 개도 좋다. 거창한 것도 좋고 사소한 것도 좋다. 지금 당장 할 수 있는 것도 좋고, 죽을 때까지 해보지 못할 것 같은 것도 좋다. 마음을 모두 기록하라. 이 작업은 30분 이상 하지 마라.

우리는 이것을 '욕망의 목록'이라고 불러보자. 다음 작업은 '욕망의 목록'을 분류하는 작업이다. 당장 할 수 있는 것과 준비가 필요한 것을 나누는 작업이다. 달력을 꺼내라. 그리고 당장 할 수 있는 것들은 달력의 적당한 날에 지금 그대로 표기해 놓아라. 예를 들어 아이들 여름방학에 동해 바다가 보이는 칠보산에서 함께 3일쯤 묵고 싶다면 달력에 표시하라. 그리고 날이 밝는 대로 칠보산 관리사무소로 전화를 걸어 예약해 놓아라. 나는 언젠가 12월 24일부터 12월 26일까지의 예약을 여름에 한 적이 있다. 그리고 잊어버리고 있다가 겨울이 되어 크리스마스를 가족과 함께 눈에 쌓인 조령산장의 통나무집에서 보냈다. 달력 속에 이런 특별한 날들이 군데군데 섞여 있을 때 우리는 풍요로워진다. 풍요롭다는 것은 오래 전부터 꿈꾸고 계획하는 속에 있다. 실제로 즐기는 것은 풍요로움의 일부일 뿐이다.

준비가 필요한 것들, 예를 들어 돈, 시간, 훈련, 교육 혹은 상황이 허락해야 가능한 것들은 준비가 없이는 불가능하다. 그저 망상일 뿐이다. 망상의 모두를 이룰 수는 없다. 그러나 망상의 하나는 이룰 수 있을지도 모른다. 이루지 못해도 좋다. 그러나 그 길을 선택할 수 있다. 인생을 모두 그곳에 걸 수는 있다. 한 길을 가기 위해 우리는 많이 울어야 할지도 모른다. 그러나 하고 싶은 것을 하고 있다는 것은 즐거움이다. 우리는 즐거움 때문에 운다.

아침 6시가 되면 숯가루 한 수저를 입에 넣고 체온과 비슷한 따뜻한 물로 넘긴다. 물은 한 잔을 다 마신다. 아침 7시가 되면, 잘 씻은 포도를 다섯 알쯤 먹게 된다. 아마 평생에 그렇게 맛있는 포도를 먹어 보기는 처음일 것이다. 나는 아직도 셋째 날 먹어 본 포도의 맛을 잊을 수가 없다. 인간은 아주 조금 먹고도 살 수 있다. 살기 위해 상다리가 부러져야 할 이유가 어디에도 없다. 출근을 해야 하는 사람들은 플라스틱 용기에 포도를 싸가지고 가면 된다. 먹는 시간은 세 시간 간격으로 다섯 번 먹는다. 한 번에 먹는 양은 다섯 알 정도지만 먹고 싶으면 열 알 정도까지 먹어도 된다. 7시, 10시, 13시, 16시, 19시에 한 번씩 먹는다. 저절로 넘어갈 수 있도록 껍질까지 꼭꼭 씹어 먹는다. 씨는 버린다.

셋째 날은 '욕망'에 대하여 많이 생각하는 날이다. 준비가 필요한 것들 중에서 자신이 평생을 통해 하고 싶은 일을 선택하는 날이다. 오직 마음을 통해서 자신과 만나는 날이다. 모든 상황으로부터 자신을 자유롭게 풀어주는 날이다. 우리는 언제나 다시 시작할 수 있음을 스스로에게 설득시키는 날이다. 오늘이 아주 특별한 날이 될 수 있다는 것을 믿는 날이다. 평생을 통해 하고 싶은 일을 하나만 골라라. 그리고 어제 쓴 편지의 내용과 일치하는지 보라.

셋째 날의 저녁에도 관장을 해야 한다. 관장은 단식이 끝나는 날까지 계속하는 것이다. 빼먹지 마라. 관장을 끝낸 다음 자신의 욕망을 다시 한 번 정리하여 노트에 정리하라. 걸러진 것들은 버리고 하루 종일 마음에 남아 있는 욕망을 정리하여 한 가지를 선택하라. 인생을 걸고 그 일만을 위해 울 수 있는 오직 하나를 선택하여 적어라. 그리고 정해진 시간에 잠을 청해라. 시작한 지 또 하루가 지났다는 것을 즐거워해라. 체중이 좀 줄었다는 것을 느낄 수 있을 것이다. 누워서 배를 만져보면 갈비뼈 아래의 배꼽 위가 홀쭉하게 들어간다는 것을 느낄 수 있을 것이다. 위가 비었다는 것은 특별한 느낌을 준다. 탐욕을 버린 바람 같은 즐거움을 준다.

넷째 날, 아침에도 정해진 시간에 일어나라. 이날은 자신의 재능 목록을 만들어 보는 날이다. 이날의 화두는 그러므로 '날 때부터 잘하는 것은 무엇인가'라는 것이다. 스스로에게 물어보면 특별히 잘하는 것이 없는 것 같다. 자신을 유심히 들여다본 적이 아주 오래되었다는 것을 금방 알아차릴 수 있을 것이다. 자신에 대해 아는 것이 별로 없다. 평생을 통해 원하는 것이 무엇인지 잘 모르듯이 자기만이 아주 특별하게 잘할 수 있는 것이 무엇인지도 모른다. 그 동안 우리는 자기로부터 아주 멀리 떨어져 있었다.

그러나 잘 들여다보라. 어린 시절로 돌아가 할아버지나 할머니 혹은 친구들이 '너 참 잘한다'라고 진심으로 칭찬해 주었던 것이 무엇인지 기억해 내 보라. 그리고 그 일을 잘하게 되었던 것은 어떤 이유에서였는지 곰곰이 생각해 보라. 『익숙한 것과의 결별』이라는 책에서 나는 여러 가지 지능의 종류와 그 특징에 대해 꽤 길게 설명하였다. 자신이 가지고 있는 선천적 능력을 섬세하게 정리해 보라. 어떤 사람들은 직관력이 뛰어나다. 어떤 사람은 새로운 사람을 만나는 것이 가장 어려운 일이지만 또 어떤 사람은 다른 사람과 어울려 지내는 것을 무엇보다 좋아한다. 어떤 사람들은 논리적이고, 또 어떤 사람들은 기억력이 뛰어나다. 어떤 이들은 한 번 가본 곳의 정경을 그대로 재생해 낼 수도 있다. 노래를 잘하거나, 그림을 잘 그리거나 재치가 뛰어난 사람도 있다. 언어 지능이 뛰어날 수도 있고, 숫자에 밝을 수도 있다. 사실 지능이 뛰어나 언제나 현실을 직시할 수 있는 사람이 있는가 하면 여러 가지 사물 속에 흩어져 있는 특성들을 조합하여 그 패턴을 이해하는 데 뛰어난 사람도 있다. 그런가 하면 정서 지능이 남다른 사람도 있다. 사람은 각기 다 타고난 재능이 다르다. 가지고 있는 재능을 활용할 수 있는 일을 하게 되면 성취가 빠르다. 그리고 재능은 이전 가능한 것이기 때문에 여러 가지 직업에 활용될 수 있다.

우리는 재능을 가지고 있지 않은 것이 아니라, 자신의 재능과 무관하게 살아가는 경우가 더 많다. 그 동안 자신의 선택에 의해 삶을 살았다기보다는 상황이 만들어 주는 대로 살고 있는 경우가 더 많다. 예를 들어 학교를 나와 몇 군데 입사 시험을 치르고 그 중에서 가능한 기업에 입사하였고, 배정받은 부서에서 시키는 일을 하고 있는 경우가 태반이다. 대학에 들어갈 때도 전공보다는 받은 성적으로 가능한 학과에 의해 선택당했고, 기업에 들어갈 때도 들어가서 하는 일보다 회사 자체에 의해 선택당했다. 우리는 선택한다는 것보다는 선택당한다는 수동성에 의지하여 살아가고 있다. 우리의 삶이 일회적이며 유일한 삶이라는 가정에 비추어 보면 보잘것없는 인생을 살고 있는 셈이다.

만일 우리가 스스로 선택한 인생을 살고 싶다면 타고난 운명을 발견해야 한다. 나는 운명을 만들어 간다고 믿지 않는다. 나는 오히려 운명은 발견되는 것이라고 믿는다. 그것은 자신의 안에 갈무리되어 있다. 욕망의 이름으로, 그리고 타고난 재능의 이름으로 날 때부터 우리 안에 이미 들어와 있다. 우리의 욕망은 그러나 자라면서 사회의 문명의 틀 속에 다듬어지기 시작하고, 그리하여 우리도 알 수 없는 깊은 곳으로 숨어버리게 되었다. 교육은 타고난 재능을 계발하는 대신, 부족한 재능을 메워 가는 쪽으로 이루어졌다. 우리는 평준화되어 갔다. 자라면서 우리는 유일하고 특별나며 서로 다르다는 생각을 포기하게 되었다.

사회가 만들어 낸 가치에 대한 욕망, 즉 돈, 명예, 권력 등은 우리를 왜곡시킨다. 우리는 '인생에 대한 욕망'에 충실함으로써 사회적 가치를 만들어 낼 수 있다. 특별한 인생이 존재하기 때문에 인간의 사회적 가치는 확장되는 것이다. 마더 테레사Mother Teresa, 본명 Agnes Gonxha Bojaxhiu, 1910~1997는 자신의 인생을 살다 갔다. 그녀는 자신의 인생을 삶으로써 봉사의 지평을 넓혔다.

우리는 충무공을 위인으로만 생각한다. 그를 살아 있는 한 개인으로 생각하지 못한다. 어릴 적 친구였던 유성룡 선생은 그를 "말수가 적고 수양하는 선비 같았지만 가슴에는 담기가 차 있었다"라고 말한다. 『난중일기』를 보면 그가 얼마나 자신에게 충실한 사람인지를 보여준다. 그가 하루하루를 기록하려고 애쓴 것을 알 수 있다. 전황이 화급하여 필묵을 잡을 새가 없을 때에는 나중에 '대강이라도 적어' 놓았다. 하루라도 자신에게 충실하지 않았다면 어떻게 부패와 아첨과 파벌 속에서 자신을 버텨 올 수 있었겠는가? 충무공은 47세에야 겨우 벼슬다운 벼슬에 올랐다.

일기에 가족 이야기가 나온다. 그의 글은 짧지만 눈물을 흘리게 한다. 어머님께 하직을 고하니, 어머니께서 '잘 가거라, 나라의 치욕을 크게 씻어라' 하고 두 번 세 번 타이르셨다는 말이 나온다. 또한 정유년(1597년) 10월 14일, 막내아들 면이 전사하던 날의 일기는 참으로 마음이 아프다.

14일, 신미. 맑음. 새벽 2시경 꿈에 내가 말을 타고 언덕 위를 가다가 말이 실족하여 개울 가운데로 떨어지기는 했으나 엎어지지는 않았는데, 막내아들 면이 붙들어 껴안는 것 같은 형상이 있음을 보고 깨었다. 이것이 무슨 조짐인지 모르겠다. (……) 저녁에 천안으로부터 사람이 와서 집안 소식을 전하는데, 겉봉을 뜯기도 전에 뼈와 살이 먼저 떨리고 심기가 혼란해졌다. (……) 면이 전사하였음을 알, 간담이 떨어지는 것도 모르고 목놓아 통곡, 통곡하였다. (……) 간담이 떨어져 타고 찢어지고, 타고 찢어지는 것 같다. (……) 너를 따라 죽어 지하에서 같이 힘쓰고 같이 울고 싶건만 (……) 마음은 죽고 형상만 남아 있어 울부짖을 따름이다.

―『이순신의 일기』, 박혜일 등 번역

다시 며칠 후 10월 19일 일기에는 "어둘 무렵에 코피를 되 남짓이나 흘렸다. 밤에 앉아 생각하며 눈물지었다"라고 적고 있다.

훌륭한 개인이 아니고서 좋은 사회인이 될 수 없다. 그는 23전 23전승의 신화를 만들었다. 영국의 넬슨이 좋은 장군이기 하지만 한 인간으로서, 그리고 창의적인 천재성으로 보아 이순신의 짝이 될 수 없다. 그를 가르친 것은 조선 사회였다. 그러나 조선 사회에서 대부분이 하는 짓을 따라했다면 그는 타락했어야 한다. 세상이 그를 만들어 갔다면 그가 백의종군을 왜 했겠는가? 그는 자기 안에서 만난 자신을 따라 나선 것이다. 군무에 바쁜 속에서도 언제나 일기를 통해 자신과 만났다. 조선의 역사가 수치를 견디는 것은 그와 같은 사람들이 있었기 때문이다. 인간은 개념을 만들고 개념은 인간의 삶에 의해 구체화된다.

프리드리히 니체Friedrich Wilhelm Nietzsche는 "한 민족이 어떤 위인을 낳았는가 하는 것뿐 아니라 그 위인을 인식하고 존경하는 양식에 따라 그 민족의 특유성이 결정된다는 말은 지당하다"라고 말하고 있다. 충무공의 일기는 400여 년 전에 살았던 한 위대한 개인의 내면세계를 보게 해준다. 간곡한 충정과 어머니에 대한 그리움, 막하 장수들과의 대화, 꿈자리에 의한 마음의 끌림, 조선과 명 그리고 일본의 정치, 군사적 동향, 병을 얻어 앓고 있는 외로움, 피 끓는 정의감과 울화와 통탄…… 등을 눈물로 읽게 한다. 한 인간의 삶이 참으로 장엄하다는 것을 알게 한다.

저녁 6시가 되면 관장을 하라. 사회적 탐욕의 찌꺼기를 뽑아내듯이 스스로를 정화 시켜가는 과정이라고 여겨라. 삶이 목구멍과 똥구멍 이상이라는 것을 스스로에게 납득시켜라. 그리고 하늘이 그대에게 선물한 자신의 '재능 목록'을 꼼꼼히 기록하라. 정해진 시간에 자리를 펴고 누워라. 잠시 평범한 한 인간으로부터 어렸을 적의 자유로운 아이로 돌아가라. 많은 가능성 속에서 갈래길이 나올 때마다 하나씩 길을 골라 가는 한 아이를 상상해 보라. 때때로 울고 있지만 한 길을 따라 애써 가고 있는 한 아이를 상상해 보라. 그게 당신이다. 삶에 책임을 져야 하는 것은 바로 당신 자신이다. 남을 따라하지 마라. 시키는 대로 하지 마라.

다섯째 날, 아침에도 정해진 시간에 일어난다. 이날은 자신을 삶의 절벽으로 몰고 가는 날이다. 아침에 일어나 노트를 펴라. 그리고 명함 크기의 두 배쯤 되는 네모를 하나 그려라. 그리고 앞장에서 설명한 대로 자신의 개인 명함을 만들어 보라. 왼쪽 위에 자신의 이름을 써라. 온갖 언어로 모두 표기해 보라. 그리고 오른쪽 아래에 자신에게 연락할 수 있는 온갖 종류의 연락처를 써보라. 주소, 전화, 이메일E-Mail, 휴대폰 번호 등을 적어 보라. 그리고 지금까지 당신의 울타리가 되어 주던 회사나 조직의 이름을 빼내라. 이제 오직 자신의 등뼈로 홀로 선다는 생각을 하라. 다 했다면 그 밑에 같은 크기의 또 하나의 네모를 그려라. 그리고 '관심 분야'라고 쓰고 밑줄을 그어보라. 눈을 감고 자신이 일생을 바치고 싶은 관심 분야를 적어보라. 아직은 그 분야의 전문가가 아니지만 앞으로 하루에 적어도 두 시간은 이 분야를 공부하고 익혀 언젠가 그 분야의 전문가가 되고 싶은 그런 분야를 찾아 적어보라. 지금 그 분야와 관련 있는 일에 종사할 수도 있고 그렇지 않을 수도 있다. 그저 당신의 욕망이 흐르는 곳을 따라 가보아라. 아주 멀리 가보아라. 당신의 재능이 부르는 곳으로 가라. 취미와 같은 직업을 가질 수 있다는 것은 즐거운 일이다.

미래의 관점에서 현재를 볼 수 있다는 것은 변화를 자신의 친구로 삼는 사람들에게는 공통적인 특징의 하나이다. '하고 싶고 잘하는 일'을 찾는 것이 바로 성공과 행복의 첩경이다. 개인 명함을 만들어 본 이유는 그 일을 통해 다른 사람에게 가치를 줄 수 있고, 그 보상으로 경제적 자유를 얻기 위해서이다.

다른 사람들이 돈벌이가 된다고 말하는 것들은 언제나 가변적이다. 예컨대 커피 전문집은 몇 년 전 대유행을 했다. 퇴직하고 커피 전문점이나 하나 차리면 웬만한 월급쟁이 봉급과 비교되지 않는다고 말들 했다. 장사가 잘된다는 소문이 돌면, 많은 사람들이 줄을 서서 그 일을 하려고 한다. 커피 전문점이 많아지면 나누어 가지는 돈은 줄어든다. 시장이 새롭게 창출되지 않는 한, 같은 사업을 하는 사람이 많으면 몫이 줄어드는 것은 시장경제의 분명한 원리이다. 자신이 하고 싶은 일이 다른 사람은 별로 관심을 가지지 않는 분야라도 좋다. 수요가 적은 만큼 공급도 적다면 불안해할 필요 없다. 아주 확고하게 그 분야에서 자신의 전문성을 과시할 수 있기 때문이다. 다른 사람이 좋다고 하는 것을 맹목적으로 따르지 마라. 그저 사람들이 많이 간 길을 따라 걷는 것에 불과하다. 대열 속에 낀다는 것은 평준화된 사회에서는 안심이 되는 일이다. 그러나 우리가 막 살아가기 시작한 지식 사회에서는 그것은 다른 사람이 가진 것을 공유하고 있는 특별하지 못한 노동력에 불과한 것이다.

넷째 날과 똑같이 6시경에 따뜻한 물 한 잔으로 숯가루를 마시면서, 새로운 하루를 맞이한다. 7시에 역시 하루의 첫 포도를 먹는다. 10시, 13시, 16시, 19시에 각각 먹고, 18시쯤 관장을 마치는 하루의 패턴을 그대로 따라가라. 관장을 끝내고, 마지막 포도 식사를 하게 된다.

당신의 명함은 만들어졌는가? 하루 종일 그 일에 대해 생각해 보았는가? 오늘 직장에 나가 일을 하면서 지금하고 하고 있는 일에 일생을 건다는 것이 어떤 모습으로 자신에게 다가오는지 상상할 수 있었는가? 그것은 기쁨이었는가? 아니면 비전이 없는 지리한 반복이고 숨막히는 절망이었는가? 당신의 손에 바로 인생이 달려 있다.

나는 '변화 관리'라는 분야에서만 16년을 일해 왔다. 외로운 길이었다. 다른 사람들이 잘 나가는 분야에서 승승장구할 때, 나는 한구석에서 일하고 있었다. 한 해 한 해가 갈 때마다 사람들은 적당히 자리를 바꾸어 가며, 자신의 경력을 쌓아갔다. 그 중에는 다양한 경험을 가진 좋은 경영자가 배출되기도 했다. 그러나 모든 사람이 그렇게 될 수는 없었다. 변화 관리라는 분야에도 몇 사람들이 다녀가곤 했다. 나는 그들과 함께 일했다. 나는 이 분야에 계속 머물렀고, 이 분야에서 일했다. 좋아서 이 일을 하고 있었다. 때때로 기업의 품질 경영 심사원으로 아시아

태평양 조직을 지원하는 일을 하기도 했고, 프로세스 리엔지어 링을 총괄하기도 했다. GE의 '타운미팅' 같은 직원의 참여 프 로그램을 개발하고 주관하기도 했다. 이 분야의 시각을 통해 인 간을 이해하고, 조직을 알아가게 되었다. 때때로 나는 많은 가 치를 줄 수도 있었지만, 그렇지 못할 때도 있었다. 조직은 그 구 성원에게 원하는 만큼밖에는 가져가지 못하게 되어 있다. 특히 변화의 경영은 최고 경영자의 비전과 함께 움직여 가는 것이기 때문에 비전을 공유할 때는 가치를 줄 수 있지만 그렇지 못할 때는 아무 일도 할 수 없다.

변화 경영을 기술적으로 담당하고 있는 기업 내 전문가들은 내가 알기로 별로 많지 않다. 이런 분야를 다루는 부서에 2~3 년 근무하다가 보직을 바꾸어 다른 곳으로 가는 것이 일반적이 다. 대체로 그들은 이 분야가 매우 어렵고 빛나지 않는 곳이라 는 것에 동의한다. 기득권자들은 자신들이 환영할 수 있는 변화 가 아니면 저항하게 되어 있다. 기득권자들은 이미 조직을 장악 하고 있다. 기업 내의 변화 전문가가 이들의 저항을 이기고 변 화에 성공하기는 불가능하다. 오직 최고 경영자를 중심으로 하 는 개혁 주체의 힘을 활용할 수 있을 때 비로소 가능한 일이다. 변화 경영 전문가들은 이 힘에 기술적인 지원을 더 하는 것이 다. 이 분야가 주로 외부 컨설턴트들의 영역이었던 이유가 바로 여기에 있다.

요즈음 나는 조직 문화의 재창조라는 해묵은 과제에 관심을 가지고 있다. 지금은 조직과 구성원 사이의 전통적 관계가 와해된 상태이다. 한국의 경우, 충성심을 중심으로 하는 수직적 고용 관계는 수평적 계약 관계로 급속히 이행하고 있다. 조직을 움직이는 것은 역시 사람이다. 프로세스 리엔지어링이 성공하려면 새로운 프로세스가 일상적 현장에서 살아 움직여야 한다. 보상 체계가 바뀌어야 하고, 관리의 체계가 함께 변해야 한다. 그리고 그 안에서 가치를 창출하는 인간을 움직여야 한다.

인간의 정신적 작업이 주도하는 사회로 우리는 이행하고 있다. 네트워크는 지식 사회에서 인간이 서로 관계하는 전형적인 관계 패턴이다. 이 사회는 우리에게 새로운 인간 관계, 그리고 새로운 개인과 조직의 관계를 요구하고 있다. 조직의 문화는 이러한 본질적인 관계의 변화 속에서 재구성되어야 한다. 조직 문화를 재구성하는 과정에서 필수적인 과제는 개인의 자기 혁명이다. 개인이 하나의 핵이 되지 못할 때, 네트워크는 작동되지 않는다. 그러므로 개인을 일으키지 못하고는 네트워크에 기초한 조직 문화는 만들어질 수 없다.

개인으로 보아서도 자기 혁명은 필수적 과제이다. 아직도 생존의 문제로 다가오지 않는 사람이 있다면 참으로 안타까운 일이다. 그런 의미에서 당신이 지금 자신의 개혁을 위한 프로그램에

닷새째 참여하고 있다는 것은 매우 잘한 결정이 아닐 수 없다.

　나는 내가 변화 경영 전문가로서 한 길을 걷고 있는 것을 후회하지 않는다. 그러나 그 동안 이 일에 더 열심이지 못했던 것을 후회한다. 하루에 두시간씩 자신만의 시간을 내어, 읽고 정리하고 쓸 수 있다는 것은 내 사고의 지평을 넓혀 주었다. 나에게는 비전이 있다. 내가 앞으로 한 5년쯤 더 이렇게 할 수 있다면 나는 지금보다 훨씬 나아질 것이다. 자신보다 더 나은 사람이 되는 것보다 기분 좋은 일은 없다. 10년 쯤 더 이렇게 할 수 있다면 혹시 이 분야에 아주 가치 있는 기여를 하게 될지도 모른다. 다른 사람들에게 도움이 되는 것처럼 기쁜 일이 없다. 20년쯤 더 이렇게 할 수 있다면, 이 분야에 들어선 모든 사람들이 자신의 길을 가다가 나를 만날 수 있을 것이다. 다른 사람에게 잠시 경이로움을 줄 수 있고, 그리하여 그들로 하여금 자신이 이 길을 선택한 것이 옳은 일이었다는 자신감을 줄 수 있다면 그 분야에서는 하나의 일가를 이루었음을 말하는 것이다. 34년의 몰입이라…… 그저 괜찮은 일이 아닐 수 없다. 나는 그렇게 살고 싶다.

　다섯째 날에도 정해진 시간에 잠자리에 들어라. 다시 배를 만져보라. 홀쭉해져 있는 것을 느낄 수 있을 것이다. 그 정도 가지고 뱃가죽이 줄어들 정도가 아니라면, 시간을 늘여 잡아서 본

격적으로 해보는 것이 지금까지의 시도를 헛되이 하지 않는 것이다.

여섯째 날 아침에도 정해진 시간에 일어나라. 벌써 포도 단식의 마지막 날이다. 대개의 경우 체중이 4킬로그램 내외로 줄어 있을 것이다. 그 동안 적었던 노트를 펴 보아라. 무엇이 적혀 있는지 차례로 정리해 보자.

- 첫째 날 : 몸무게/맥박 등, 그리고 짧은 일기
- 둘째 날 : 가장 소중한 사람에게 보내는 편지 한 장
- 셋째 날 : 욕망의 목록(준비가 필요한 욕망들의 리스트, 그리고 그 중에서 일생을 걸고 싶은 것 한 가지 정도, 당장 할 수 있는 욕망의 목록, 그리고 그 일정이 표시된 캘린더)
- 넷째 날 : '재능의 목록'
- 다섯째 날 : 관심 분야가 적혀 있는 개인 명함

여기까지 적혀 있으면 제대로 된 것이다. 여섯째 날에는 그 동안 우리가 빼낸 두 시간을 앞으로 어떻게 활용할 것인지 계획을 짜야 한다. 10시부터 잔 사람은 새벽 4시부터 6시까지를 활용할 수 있다. 만일 11시부터 잤다면 새벽 5시부터 7시까지를 활용할 수 있다. 혹은 저녁 10시부터 12시까지 사용하고 싶은 사람도 있을 것이다. 무엇이 되었든 우리는 원하는 시간에 자서

원하는 시간에 일어나는 연습을 해왔다. 그리고 생체 리듬이 이에 적응할 때까지 계속하게 되면 새벽에 일찍 일어나는 것이 힘들지 않게 된다. 습관이 될 때까지 자신에게 엄격하라. 6일쯤 지나면 어느 정도 쉽게 된다는 것을 알 수 있을 것이다.

두 시간은 철저하게 자신의 욕망과 재능에 기초한 관심 분야에 바쳐져야 한다. 관심 분야가 전문 분야로 바뀌는 데는 몇 년이 걸릴 수도 있다. 심지어 10년 이상이 걸릴 수도 있다. 그러나 지금 시작한 사람은 소요된 시간만큼 자신의 비전에 접근하게 된다. 지금 시작하지 못한 사람은 몇 년이 지난 후에도 자신의 목줄을 다른 사람이 쥐게 하는 수치를 감수해야 할 것이다.

여섯째 날의 마지막 식사, 즉 저녁 7시 식사는 포도 외에 다른 과일을 먹는다. 바나나 토마토 등이 적합하지만 자신이 특히 먹고 싶은 과일을 한두 가지 골라 한 개 정도씩 먹는다. 이때 단 것과 신 것은 섞지 않는다. 나는 한 달 간의 포도 단식이 끝나는 날 저녁에 바나나 두 개와 작은 토마토 하나를 먹었다. 저녁을 모두 마치는 데 30분은 걸렸던 것 같다. 저녁 먹기 전에 관장을 마치는 것은 다른 날과 변함이 없다.

잠자리에 들기 전까지 지난 1주일을 되돌아보라. 지난 1주일 전과 비교하여 나와 많이 친해졌다고 느끼고 있는가? 앞으로의 생활이 1주일 전과는 달라 질 것이라는 확신을 가지고 있는가? 체중은 많이 줄었는가? 담배는 더 이상 피지 않을 수 있겠는가? 앞으로 계속 기록하는 습관을 유지할 수 있겠는가? 이런 질문들에 대해 대답해 보라.

나는 포도 단식을 한 달 간 하면서 13킬로그램이 빠졌었는데, 보식하는 보름 정도 사이에 8킬로그램이 늘었다. 지금은 단식 전에 비해 5킬로그램 정도 빠져 있는 몸무게를 유지하고 있다. 1주일에 네 번 내지 다섯 번은 저녁 10시에 잠을 잔다. 그러나 깨어나는 시간은 거의 언제나 새벽 4시이다. 하루에 두 시간은 그러므로 언제나 나의 것이다. 책을 보고, 정리하고 쓴다. 1년 반이 지나는 동안 나는 두 권의 책을 썼다.

나는 이 시간을 더할 나위 없이 사랑한다. 나에게 약간의 언어 지능이 주어졌다는 것을 알게 해주었다. 그리고 변화 경영이라는 것이 무궁무진한 가능성을 가진 연구 분야라는 것을 깨닫게 되었다. 이것은 개인에게 적용될 수 있으며, 사회와 기업을 위해서도 매우 실용적 가치를 제공하는 요긴한 학문이라고 믿게 되었다. 대학의 경영학과가 관심을 가지고 체계적 연구를 하기 시작해야 할 좋은 주제라고 생각한다. 이 시간은 나를 발견하고 내 운명을 느껴가는 시간이다. 나에게 시간을 씀으로써 비로소 나는 좀더 나를 좋아하게 되었다.

드디어 마지막 일곱째 날이 왔다. 이날은 그 동안 떠나 왔던 일상의 것들로 되돌아가는 첫 번째 날이기도 하다.

우리는 자신의 욕망과 재능을 되찾아오는 여행을 떠나 있었다. 어른이 되어 떠난 아주 드문 모험이었다. 과감하게 일상의 먹고 자는 패턴에 도전했었다. 우리가 아주 조금 먹고도 씩씩할 수 있다는 것도 알게 되었다.

인간은 정신이 죽으면 끝장이다. 자신의 욕망과 재능을 잘 들여다봄에 따라 우리가 세상에 종속되어 있는 것이 아니라는 것을 알게 된다. 세상은 흰색과 검은색 그리고 명암의 강도가 다른 회색으로 칠해진 것이 아니다. 그것은 다양한 색깔로 채색된 컬러풀한 일상이다. 나를 좀더 잘 알게 되었다는 것은 세상을 받아들이는 자신의 시각인 뷰 파인더 view finder가 세상의 색채를 구별할 수 있게 되었다는 것을 의미한다. 그리고 자발적으로 세상을 이루는 거의 무한정한 여러 색채 중에서 하나의 색깔이 되어 이 세상을 살고 싶은 것이다. 우리는 세상의 아름다운 색깔이 되어 적극적으로 참여하고 싶은 것이다. 7일간의 여행에서 우리가 얻은 것은 바로 이 '자발적 참여'라는 정신적 에너지이다. 당신이 되고 싶은 무엇인가가 될 수 있다면 당신은 위대한 사람이다. 스스로 좋아할 수 있다면 당신은 행복한 사람이다. 당신이 누구이든 그리고 무엇을 하든 행복한 사람만이 사회의 행복에 기여할 수 있다.

　새벽에 일어나 어제까지 곰곰이 생각해 온 것들, 앞으로 새로 자신에게 주어진 두 시간을 어떻게 쓸 것인지에 대해 잘 정리해 놓아라. 당장 내일부터 그 일을 하며 보내야 하기 때문이다. 아직도 욕망과 재능에 대한 정리가 완결되지 않았다고 하더라도 놀라지 마라. 우리에게 이미 자기를 들여다볼 엄청난 시간이 주어지고 있다. 당신을 위해 새로 조성된 '하루 두 시간'은 인생의 거의 10%에 해당된다. 당신은 앞으로 엄청난 자기 투자를 할 수 있는 바탕을 마련하였다. 그것이 당신의 미래를 바꾸어 놓을 것이다.

　아침 6시가 되면 숯가루와 함께 따뜻한 물을 마시며, 이 특별한 날을 음미하라. 그리고 7시쯤에 전분이 많은 과일을 한두 개 먹도록 하라. 이때부터 하루 세 끼를 먹는 습관으로 복귀한다. 오전에 해야 할 중요한 추가적 일은 관장이다. 단식 기간 중의 마지막 관장이 된다. 12시에 과일즙을 직접 갈아서 먹도록 한다. 1시에 점심을 먹는데 현미 잡곡밥 2분의 1 공기와 토마토 한 개를 먹는다. 이때 반찬은 먹지 마라. 6시에 다시 과일즙을 갈아 마신다. 저녁 7시에 한두 개의 과일을 먹거나 아주 가벼운 식사를 한다. 가벼운 식사라 함은 현미 잡곡밥 2분의 1 공기 정도와 한두 가지의 야채식을 말한다. 정해진 시간에 잠자리에 든다.

보식 둘째 날부터는 첨부한 보식 메뉴를 참고하라. 먹는 것이 아주 중요하기 때문에 그럴 수 있는 사람들은 그대로 지키면 좋은 건강을 유지할 수 있을 것이다. 일견 매우 복잡해 보이지만 따라서 해보다 보면 자연스럽게 채식 위주의 식사를 하게 되고 그 다음부터는 습관이 된다.

그러나 이대로 모두 지키기는 어려울 것이다. 우선 준비하는 데 돈과 시간이 많이 들어간다. 또 사회생활을 하다 보면 지키기 어려운 것이 사실이다. 그러나 보식하는 1주일 정도는 이 보식 메뉴에 따라 그 대강을 지키는 것이 안전하다. 도시락을 싸 가지고 가면 1주일은 잘 지킬 수 있다. 보식이 매우 중요하다는 것을 거듭 밝힌다.

보식의 핵심은 몇 가지로 정리할 수 있다. 첫째는 현미밥이다. 둘째는 식단의 핵심에 채소와 과일을 올려놓는 것이다. 셋째는 자극적인 음식, 맵고 짠 것, 늦은 저녁 식사, 간식, 인스턴트 음식과 육식을 삼가는 것이다. 넷째는 앞에서 설명한 보식 이후의 식사 패턴을 지키는 것이다. 즉 많이 씹을 것, 소식할 것, 물은 식간食間(끼니 때와 끼니 때의 사이)에 먹을 것 등이다. 이 기본 식단과 식사 요령은 앞으로도 크게 당신의 건강을 도와줄 것이다.

단식이나 보식하는 과정에서 주어진 지침에 충실하면 부작용은 없다. 그러나 단식 중에 다른 음식을 조금 맛보거나 하면 붓게 된다. 그때는 즉시 포도를 끊고, 숯가루를 한 시간 간격으로 한 숟가락씩 먹는 것이 좋다. 심하면 전문가의 도움을 받도록 하라.

나는 내가 배우고 경험한 것을 그때의 기록을 중심으로 누구라도 혼자 이 일을 할 수 있도록 자세하게 기록하였다. 집에 돌아와 아내와 큰아이에게 나흘짜리 프로그램으로 실행해 보게 하였다. 그들은 지침을 그대로 따라했다. 음식을 먹고 싶은 마음을 며칠간 참아 낸다는 것은 그리 어려운 일이 아니다. 약간의 자제력과 절제만 있으면 된다. 그러나 자신이 없으면 시간을 내어 단식원에서 하는 것이 안전하다.

7. 시간표

본문에서 자세히 설명했지만 다시 일목요연하게 표를 만들어 보면 아래와 같다. 첫째 날과 둘째 날, 그리고 마지막 보식 첫날의 일정은 각기 다르고 이미 충분히 설명되었기 때문에 다시 되풀이하지 않겠다.

셋째 날부터 여섯째 날까지*

시간	시간별 해야 하는 일
오전 6시	숯가루 한 숟가락과 따뜻한 물 한 컵 복용
7시	포도 5~10알
10시	포도 5~10알
13시	포도 5~10알
16시	포도 5~10알
19시	포도 5~10알**

* 관장은 둘째 날 저녁부터 시작한다. 16시와 19시 사이에 하거나 19시 이후에 해도 관계없다. 7일째(보식 첫날) 관장만 아침 과일식 이후에 한다.
** 여섯째 날(마지막 날) 19시 식사는 포도 대신 과일을 먹는다.

8. 보식 메뉴

식사 요일	아침	점심	저녁	비고
일	현미+율무(밥) 미역국(표고, 감자, 양파) 채소 겉절이	통밀빵 채소 겉절이 (토마토) 콩국(땅콩, 콩) 도라지 무침	과일(택일) 사과, 배, 귤, 포도, 복숭아, 자두, 살구 등 한두 개	• 채소 겉절이 시금치, 양배추, 상추, 샐러리, 당근, 토마토, 비트, 배추, 오이, 도라지, 돗나물, 케일, 미나리, 양파 등 두세 가지 선택
월	현미 잡곡(현미) 콩수프(땅콩) 채소 겉절이 마	감자(고구마) 채소 겉절이 (돗나물) 미역국(표고, 양파) 더덕(무침)	배 한 개 통밀빵 두 쪽	• 견과류(한 끼 한 가지) 호두, 잣, 은행, 호박씨, 해바라기씨, 아몬드, 찐 땅콩 • 튀밥 옥수수, 현미, 잡곡
화	현미 잡곡(율무) 감자국(양파, 당근) 채소 겉절이 김(파래) 무침	고구마(토란) 채소 겉절이 물김치(무) 우엉(무침)	귤 세 개 감자 세 개	• 소스 ① 두부, 양파, 소금, 올리브 ② 두부, 양파, 당근, 소금, 올리브유 ③ 두부, 토마토, 양파, 올리브유, 소금 ④ 들깨가루, 양파, 올리브유, 소금
수	현미 잡곡(율무) 미역국(표고, 감자) 채소 겉절이 무 무침	감자 채소 겉절이 두부찌개 토마토(날것)	사과 한 개 통밀 긴빵 여섯 개	⑤ 토마토, 양파, 올리브유, 소금 ⑥ 토마토, 양파, 땅콩, 올리브유
목	현미 잡곡(율무) 콩(땅콩)국 채소 겉절이 도라지 무침	통밀빵 채소 겉절이 콩나물 알로에(난것)	배 한 개 튀밥(약간)	• 잼 ① 사과+물 끓인 후, 믹서에 감 ② 들깨+올리브유+소금 ③ 땅콩+올리브유+소금 ④ 아몬드+올리브유, 소금 ⑤ 바나나+두유
금	현미 잡곡(율무) 감자국 채소 겉절이 김(파래) 무침	현미떡국 채소 겉절이 도라지찜 연근(무침)	바나나 두 개 (잘 익은 것)	• 채소 겉절이 근채, 엽채, 과채류 혼합해서 요리하면 더욱 좋음
토	현미 잡곡 냉이국(버섯, 양파) 채소 겉절이 두부찜(백김치)	통밀빵 (호박즙) 채소 겉절이 무 찌개 당근(날것)	자두 세 개 감자 세 개	• 보조식품/차 ① 영지버섯+대추(차로 마심) ② 쑥(인진쑥)+들깨 ③ 컴프리(뿌리) ④ 매실, 민들레 ⑤ 효모
비고	영지버섯+대추차를 생수에 타서 마심. 녹즙(두 가지 선택한 후 야곤 가미) 신선초, 케일, 컴프리, 양배추, 시금치, 쑥, 미나리, 돗나물, 당근	솔잎+대추(식후) 솔잎을 대추와 함께 오래 씹어 물이 되 도록 해서 삼킴	저녁을 간단히 하고 10시 이전에 취침	• 좋은 것 ① 즐거운 마음 ② 아침(새벽) 산책 ③ 신앙생활(기도, 찬송)

• 삼갈 것 : 가공식품, 과식, 간식, 육식, 설탕, 식용유, 튀김, 생선, 라면, 맵고 짠 것,
늦저녁 식사, 술, 담배, 양약, 속식, 다식, 차, 우유, 스트레스, 청량음료

저항의 극복 다섯 번째 조건:
끊임없이 대화하라

　미국의 와이어트사 The Wyatt Company는 1993년 당시 구조조정 등 급박한 변화를 치러 온 531개 회사의 최고 경영자를 대상으로 다음과 같은 조사를 실시하였다. 즉, 구조조정 과정 중에서 좀더 좋은 방법을 강구했었더라면 하고 후회하는 것 중에서 한 가지만을 들라고 주문했다. 놀랍게도 이들은 압도적으로 '직원들과의 커뮤니케이션'이 가장 힘들었고 비효율적이었다고 토로했다.

　이것은 기업과 개인 간의 커뮤니케이션만을 의미하는 것이 아니다. 자기 혁명을 실천하는 개인에게도 자신과의 끊임없는 대화는 필수적인 조건이다. 어쩌면 자기 암시와 같은 것이다.

에밀 쿠에Emile Coue는 프랑스의 자기 암시 요법가인데, 그는 자기 암시에 기초한 상상력을 통해 무통 분만과 자가 치료법을 주창하기도 했다. 동양의 경우 상상력을 통한 자기 암시는 기氣를 수련하는 사람들에게 매우 자연스럽게 받아들여지고 있다. 칼 구스타프 융Carl Gustav Jung에 이르러 이것을 '심적 에너지Psychic Energy'라는 보편적 이름으로 불리게 되었다.

마르셀 보겔Marcell Vogel은 인간의 사랑 혹은 무관심이 키우는 식물의 생명을 좌우한다는 것을 증명해 보였다. 작은 나뭇잎 두 개를 따보라. 그리고 창가에 두고, 한 나뭇잎에는 사랑과 관심을 주고, 다른 나뭇잎은 철저히 무시해 보라. 보겔에 따르면 관심과 사랑을 받은 나뭇잎은 그렇지 않은 나뭇잎보다 더 오래도록 푸르른 상태로 머무른다는 것이다. 무슨 황당한 소리인가? 그러니 원한다면 한 번 염력을 실험해 보라.

나무에서 떨어져 나온 나뭇잎 하나도 외부와 교신을 하고, 우호적인 이웃에 의해 생명을 연장한다. 자기 암시와 정신적 에너지에 의해 그것이 가능하다는 것이다. 나는 이 말을 믿는다. 왜냐하면 몇 그루의 나무를 베란다에 키우면서, 그 나무들을 가장 잘 키우는 방법은 그것들을 예뻐해 주는 것이라는 걸 나는 알고 있기 때문이다.

마르셀 보겔은 한 강연에서 다음과 같이 말했다.

식물이 인간과 교감할 수 있다는 것, 그리고 그렇게 하고 있다는 것은 분명한 사실입니다. 식물은 우주에 뿌리를 둔 감정이 있는 생명체입니다. 인간의 입장에서 본다면 장님이고 벙어리이고 귀머거리일지 모릅니다. 그러나 나는 그들이 인간의 감정을 알 수 있는 대단히 예민한 생명체라는 것을 믿어 의심치 않습니다. 그들은 인간에게 유익한 에너지를 방출하고 있으며, 어떤 사람은 그 에너지를 느낄 수도 있습니다. 그리고 그는 그 에너지를 받았다가 다시 식물에게 되돌려주는 것입니다.

그리고 보겔은 그 예로 미국 인디언에 관한 이야기를 들려주었다. 그들은 기운이 떨어지면 숲 속으로 들어가 양팔을 활짝 벌린 채 소나무에 등을 기대고 나무로부터 힘을 받아들인다는 것이다.

인간의 건강은 매우 정신적이다. 마음이 즐거운 사람은 병에 쉽게 걸리지 않는다. 의사가 치료하기 가장 어려운 사람이 바로 스스로 치료 의지를 갖지 않는 사람이다. 변화도 마찬가지다. 스스로에게 많은 심적 에너지를 쏟아 붓지 않고는 결코 성공할 수 없다. 아이들에게 사랑을 쏟지 않고 그들을 키워 낼 수 있겠는가? 변화하고 싶다면 자신과 마주서야 한다. 그리고 자기 마음속에서 움직이는 것들에 모든 마음을 집중시켜야 한다. 그리고 마음의 이야기를 들어야 한다. 어쩌면 그것은 작은 깨달음들의 연속인지도 모른다. 아니면 그저 커다란 깨달음 하나인지도 모른다. 아니면 그저 매일 매일의 일기일 수도 있다.

충무공의 일기는 국보 제76호이다. 이 일기 속에는 모든 일상이 그대로 들어 있다. 그는 이 일기를 우리들이 볼 수 있을 것이라고 상상하지 못했을 것이다. 그것은 자신과의 끊임없는 대화였고 세상을 보는 그의 시각이었다. 그래서 그 속에는 아주 많은 것들이 솔직히 들어 있다. 그가 여러 번의 파직과 백의종군, 그리고 국문을 받는 동안 이 일기가 없어지지 않은 것은 참으로 다행스러운 일이 아닐 수 없다. "암행어사(유몽인)가 거짓된 말을 믿고 문서를 꾸몄다는 것이 놀랍다"는 말이 나온다. 또 "뇌물의 다소로 죄의 경중을 결정한다 하니, 이러나가는 그 실말이 어찌될지 모르겠다. 이야말로 한 줄기 돈만 있으면, 죽은 사람의 넋도 찾아온다는 말인가" 하는 한숨이 아직도 들리는 듯하다. 또 있다. "이러고야 조정에 사람이 있다고 할 수 있겠는가? 다만 때를 못 만난 것이 한스러울 따름이다"라고 적었다. 1597년 정유년 5월 6일의 일기는 차마 볼 수가 없다(간첩 요시라要時羅를 동원한 일본의 계략과 원균의 모함에 빠진 조선 조정이 공을 함거에 실어 서울로 압송한 것이 이 해 2월 26일이었다. 그리고 4월 1일에 석방하였다. 판중추부사 정탁의 탄원서가 없었더라면 죽었을

당신의 마음이 깨어 있는 한, 그리고 처음과 같은 마음을 가지고 있는 한 당신은 저항에 굴복할 수 없다. 욕망이 흐르는 대로 마음의 길을 따라 껍데기를 벗고 그렇게 가라.

지도 모른다. 정유재침은 이렇게 이순신의 투옥으로 개막되었다). "새벽부터 저녁까지 사무치고 슬픔 마음에, 눈물은 엉기어 피가 되었건만 아득한 저 하늘은 어찌 내 사정을 살펴주지 않는고. 왜 빨리 죽지 않는가"라고 적고 있다. 공에게 만일 일기가 없었다면 살지 못했을지도 모른다. 안네 프랑크Anne Frank도 그랬을 것이다.

매일 자신을 들여다보라. 당신이 왜 변화를 시작했는지, 그리고 그것을 막고 있는 것이 무엇인지를 들여다보라. 슬픔이 있다면 적어라. 또 기쁨이 있다면 그것도 놓치지 말라. 바라지 않는 것을 해야만 한다면 왜 그런지 생각해 보아라. 후회가 있고 통한이 있는 것이 인생이다. 원망이 있고 억울한 것이 또한 인생이다. 그러나 도움이 있고 정이 있고 애정이 있는 것이 또한 우리의 삶이다. 그 속에서 우리는 살아간다. 늘 자신이 유일무이한 삶을 살고 있음을 잊어서는 안 된다. 당신의 마음이 깨어 있는 한, 그리고 처음과 같은 마음을 가지고 있는 한 당신은 저항에 굴복할 수 없다. 욕망이 흐르는 대로 마음의 길을 따라 껍데기를 벗고 그렇게 가라.

이 책을 마무리하며

특색이 있어야 해요…… 평범함 속에서 남과 다르다는 것을 찾아내라고 하지 마세요. 그것은 오만입니다…… 난 보면 알아요. 추하고 못난 사람도 특별날 수 있어요. 자신감 같은 것을 느끼게 해야 되요…… 긴장감은 준비가 되어 있지 않았다는 거예요. 자신감이 없는 것이기도 하고요…… 노래는 음표가 아닙니다. 느낌이에요. 칼로 찌르는 느낌이 나와야 해요…… 침묵하면 고통이 덜할지 몰라요. 내 선생이 그렇게 말했지요…… 관객은 적입니다. 이겨내야 해요. 그들에게 호의를 구걸하지 마세요. 이겨내야만 합니다. 그들을 감동으로 몰아세워야 합니다…… 나는 여러분에게 모든 것을 주었어요. 모든 것을 주었다는 것이 예술입니다. 그 일만을 위해 울어야 합니다……

당신은 내게 이름을 말해 주었습니다. 어디에 있었습니까? 당신은 누구입니까?…… 사람들은 무관심해서 문제예요. 언제나 디테일이 결여되어 있어요…… 가수란 작곡가와 연결되어 있습니다. 베르디와 셰익스피어와 직선적 끝이 서로 닿아 있다는 말입니다…… 예술은 협동입니다. 협동과 지배예요…… 노래를 부를 때 상상을 해야 해요. 그가 되어야 되고 그녀가 되어야 합니다. 봄날 아침 10시예요. 토스카를 사랑하는 청년이 성모 마리아를 그려야 하는 거예요. 그 느낌이 와야 해요. 느낌이 없는 사람들에게 나는 분노밖에 줄 수 없습니다…… 등장이 중요해요. 퇴장도 그렇고. 그 사이에 무대가 있고 예술이 있어요. 인생도 마찬가지 입니다.

"마리아 칼라스. 1923년 뉴욕에서 그리스 이민자의 둘째딸로 태어났다. 80킬로그램의 몸무게를 50킬로그램까지 줄였다. La Divina(노래의 여신)이라 불렸다. 1977년 심장마비로 54세에 파리에서 죽었다." 나는 책상 위에서 이와 같이 메모된 쪽지를 하나 발견했다. 그 쪽지에는 "1998년 6월 15일 금. 문예극장 윤석화의 〈Master Class〉, 테렌스 맥날리 작, 1966년 토니상 최우수 희곡상"이라고 덧붙여 있었다. 처와 두 분의 수녀님, 그리고 그녀와 함께 일하는 젊은이들과 같이 동숭동에서 이 연극을 보았다.

기성 음악가를 대상으로 강의가 이루어지는 〈마스터 클래스〉에서 마리아 칼라스는 자신의 예술을 이야기한다. 거의 모놀로

그처럼 진행되는 이 연극에서 칼라스 역을 맡은 윤석화는 줄곧 컵에 물을 따라 마셨다. 무대의 조명이 바뀌면서 윤석화의 얼굴만 밝아졌다. 그녀가 말할 때마다 침이 비처럼 튀었다. 인생의 치열함을 느꼈다. 그녀는 한 번도 멈춘 적이 없었고 더듬는 적도 없었다. 준비와 몰입의 무서운 점이다.

칼라스의 말처럼, 오페라가 없어도 태양은 떠오를 것이다. 예술가가 없어도 세상은 돌아갈 것이다. 그러나 좋은 예술가들은 세상을 더 나은 것으로 만들어 왔다. 훨씬 풍요롭고 현명한 세상으로 말이다. 그들은 특별한 사람일지 모른다. 아마 그럴 것이다. 그리고 아마 당신도 그럴 수 있을 것이다. 당신을 위해 일하고, 그 일을 통해 스스로를 사랑하게 되고, 그럼으로써 당신의 인생을 정의할 수 있다는 것은 좋은 일이다. 인생을 살며, 누군가가 당신이 함께 있어서 좋았다고 말해 준다면, 당신은 훌륭한 사람이다.

우리에게는 지금 자신감과 에너지가 필요하다. 당신이 아직 학생이라면, 용맹정진하는 선사禪師들이 그러하듯, 선생의 전부를 삼키고 다시 게워내야 한다. 당신이 지금 직장인이라면, 경영자와 상사의 호의를 구걸하지 마라. 허리를 펴고 당신의 등뼈로 서라. 당신은 직장 속에서 전문적인 1인 기업을 경영하는 경영자가 빨리 되어야 한다. 만일 당신이 이미 직장을 잃어버렸다면, 지금이 바로 그 동안 발목을 잡아왔던 것들을 떨쳐버리고, 하고 싶은 일을 할 수 있는 가장 좋은 기회라는 것을 상기해야 한다. 실업이란 직장에서 쫓겨나는 것을 의미하지 않는다. 인생을 통해 하고 싶은 일을 찾지 못하는 것이 바로 진정한 실업이다. 우리는 선택할 수 있다. 선택함으로써 자유롭게 종속될 수 있다. 그 일만을 생각하고, 그것만을 위해 웃고 울 수 있다. 인생을 거는 것이다.

우리는 인생을 치열하게 살아가는 사람들에게서 배워야 한다. 미쳐야 한다. 적어도 미치지 못하는 자신 때문에 미쳐야 한다. '자신이 종사하는 분야에 모든 것을 내놓아야 한다. 그렇게 할 수 없다면 그 분야를 떠나야 한다. 타협이란 있을 수 없다.' 정신 나게 하는 말이다.

추천사 | 나는 지금 사랑하는 일을 하고 있는가

올 여름에 개봉되었던 영화 〈지금 사랑하는 사람과 살고 있습니까?〉 식으로 말해 보면, '당신은 지금 사랑하는 일을 하고 있습니까?' 쯤이 되겠다. 당신은 그런가. 과연 그런가.

많은 직장인들에게 지금 하고 있는 일은 최선의 선택이 아니었다. 하고 싶은 일이 있기는 하되 여건상 미룰 수 밖에 없었거나, 자신이 무엇을 원하는지 알지도 못한 채 생활비를 벌기 위해 지금 직장과 직업에 발을 들여놓았을 것이다. 그렇게 짧지 않은 세월을 보내고 이제 와 따져 보니 시간이 그렇게 길게 남아 있지 않다. 마음은 초조해지고 드디어 결정적인 물음과 마주한다. 앞으로의 생도 이렇게, 지금처럼 살 것인가.

나 또한 그러했던지 재작년, 길을 잃고 크게 방황했다. 나를 신입사원으로 뽑아 주고 기회를 준 '광고'에 대해 깊은 회의에 빠져 들었다. 앞으로의 시간들도 지난 세월처럼 보내야 하는가를 놓고 심각한 고민에 빠졌다. 중고등학교 시절을 얌전히 보냈으니 이렇다 할 사춘기를 겪지 않았는데 마흔이 넘어 진짜 사춘기를 맞는가 했다. 생의 후반기를 어찌 보낼까에 관한 모색이었으니 고민이 가볍지 않았고 결국 나는 휴직을 하고 1년간을 떠돌았다.

구 소장님의 책을 만난 게 그 무렵이었다. 진작에 사 두었으나 읽지는 않았던 『익숙한 것과의 결별』을 그때 처음 읽었다. 내 안이 온통 '앞으로의 생'에 관한 고민으로 꽉 차 있어서였을까. 자기 자신의 삶을 말하는 그의 문장들은 단숨에 읽혔고 나는 숨을 몰아 쉬듯 그의 다른 책들을 찾아 읽기 시작했다. 좋아할 만한 작가를 발견하면 그의 전작前作과 전작全作을 구해 읽는 편인 나의 독서 취향도 한몫 해서, 2005년 봄의 어느 시기부터 최근까지 『낯선 곳에서의 아침』, 『그대, 스스로를 고용하라』, 『나, 구본형의 변화 이야기』, 『일상의 황홀』, 『코리아니티 경영』, 『사람에게서 구하라』를 내리 읽었다. 최근엔 직접 만나 식사하고 이야기를 나누는 기쁨도 얻었다(구본형 선생님은 '구본형 변화경영연구소'를 이끌고 계셔서 구 소장님으로 언급했다).

실물로는 처음 대한 그의 얼굴은 매우 평화로웠다. 내가 이해하는 평화는 모든 것을 맡긴 사람에게 허락되는 것이었고 내게도 가끔 그런 순간이 있기는 하다. 하지만 대부분은 노여움과 짜증과 불안과 두려움 속에 사는 것이어서, 평화로운 그의 얼굴은 보기 좋았고 부러운 것이었다. 내가 물었다. IBM에서 직장생활을 하실 때에도 지금 얼굴과 같았느냐고. 아마 달랐을 거라는 답이 돌아왔다. 회사에서는 행복하지 않았다고. 그렇다면 그의 평화는 행복을 찾은 이가 도달한 상태인 것일까.

원하는 일을 원하는 때에 할 수 있는 사람은 행복하다. 하지만 대부분의 사람들에게 행복은 사는 것 뒤에 놓인다. 행복하지 않아도 우리는 살아야 하고 돈을 벌어야 한다. 일상 생활은 영위하되 내면은 공허하고 고독하다. 일상과 내면이 일치하지 않을 때 간극을 어찌 메워야 할까. 변화! 어떻게든 지금과는 다르게 변화하는 일이 첫 번째 순서일 것이다.

바로 이 대목에서 구본형 소장님의 이야기가 설득력을 지닌다. 그가 말하는 변화는 세상이 말하는 변화와 다르다. 누구나 변화를 말하고, 이제 변화는 선택이 아니라 생존이라고 하는데, 게다가 변해야 산다고도 하는데, 그러나 그 뜻은 세상의 흐름을 좇아 발 빠르게 변신하라는 수준을 넘지 않는다. 재빨리 바깥 세상을 향해 안테나를 뻗으라고 할 뿐, 자신을 들여다보라는 얘기는 어디에도 없다. 그러나 구본형 소장님이 말하는 변화는 전적으로 안쪽을 향해 있으며 자기 생을 사는 것으로 요약된다.

나는 그래서 그의 글이, 그의 문장이 좋다. 이 세상에 하나뿐인 자기 자신의 생을 사는 변화 이야기 말이다. 경영 계통의 글이 드디어 품위를 찾았다고나 할까. 구 소장님 자신의 말처럼 경영학과 인문학적 결합의 시도는 커머셜하지 않은 경영 서적, 시선을 사람에게 두는 독특한 책을 낳은 것 같다.

구본형이라는 이름을 처음으로 세상에 널리 알린 『익숙한 것과의 결별』에 이어, 그만큼이나 많이 읽힌 『낯선 곳에서의 아침』이 개정판을 출간한다. 나는 그의 책을 즐겨 읽은 독자라는 이유로 이 글을 쓰게 되었다. 글 잘 쓰는 분의 책에 문장을 보태는 일은 생각보다 부담스럽고 어려워서 만추의 어느 일요일을 순전히 이 글을 쓰는 데 바쳐야 했지만 기꺼이 그렇게 했다. 내가 읽고 좋았던 책을 소개하는 일이므로.

"햇빛을 뼛속으로 받아들이고 마음이 흘러가는 대로 놓아두는 사람들, 그리하여 노동과 놀이를 같은 것으로 만들어 가는 사람들에게 드린다"는 그의 말처럼 그런 분들이 이 책을 읽어주었으면, 또한 이 책을 읽은 분들은 그렇게 되었으면 하는 말을 거추장스럽지만 보탠다. 11월의 어느 휴일을 충만하게 보냈다.

최인아
제일기획 크리에이티브 디렉터·전무

최인아 1961년 서울에서 태어나 이화여자대학교 정치외교학과를 졸업하고, 제일기획에 입사하여 제작본부 담당 상무를 거쳐 현재는 제작본부 본부장(전무)으로 재직중이다. 2002년 제일기획 마스터상을 수상하였고, 저서에 『프로의 남녀는 차별되지 않는다』가 있다.

『낯선 곳에서의 아침』을 읽기 위한
인물 사전

공민왕 恭愍王, 1330~1374

고려 제31대 왕(재위 1351~1374). 호는 이재怡齋, 익당益堂. 이름은 전顓. 충숙왕의 둘째아들이고 비는 원나라 위왕魏王의 딸 노국대장공주魯國大長公主이다. 원나라의 지시로 충정왕이 폐위되면서 왕위에 올랐다. 원나라가 쇠퇴해지자 원나라 배척 운동을 일으키고, 1356년 몽골 연호·관제를 폐지하고, 이어 100년간 존속한 쌍성총관부를 쳐서 폐지하는 등 빼앗긴 영토를 회복했다. 그러나 그 뒤 홍건적, 왜구의 계속적인 침범으로 국력이 소모되었고, 1365년 노국대장공주가 죽자 그녀를 추모하여 불사佛事에 전심했다. 신돈을 등용하여 정치 개혁의 성과를 올렸으나, 1371년 신돈을 역모죄로 처형한 후 왕은 정치 개혁의 의지를 잃고 만다. 미소년 집단인 자제위子弟衛 출신인 홍륜이 익비益妃를 범하여 임신시키자, 이를 은폐할 의도로 홍륜, 최만생 등을 죽이려다가 오히려 그들에게 살해되었다. 그림에도 뛰어나 고려의 대표적 화가의 한 사람이며, 여러 작품 중에서 〈천산대렵도〉가 국립 현대미술관에 있다.

니코스 카잔차키스 Níkos Kazantzakís, 1883~1957

그리스의 시인·소설가·극작가. 여러 나라를 편력하면서, 역사상 위인을 주제로 한 비극을 많이 썼다. 당시 유럽의 철학·문예·사회사조 등의 영향을 크게 받으면서도 자연인의 본원적인 생명력을 잃지 않았다. 『그리스인 조르바』, 『다시 십자가에 못 박히는 그리스도』 등 만년의 소설에 의해 세계적인 명성을 얻었으나, 그의 본령은 시작(詩作)으로 호메로스에서 취재하여 근대인의 고뇌를 그린 장편 철학시 『오디세이아Odĩssa』가 대표적이다. 그는 니체에게서 '불행과 슬픔, 그리고 불안을 자랑으로 바꾸어 놓는 것'을 배웠고 조르바에게서는 '인생을 사랑하고 죽음을 두려워하지 않는 법'을 배웠다고 말한다.

데이비드 브린 David Brin

미국 SF 팬에게 가장 인기 있는 작가 중 한 사람이다. 1950년 남캘리포니아에서 태어나 캘리포니아 대학에서 천체물리학을 전공, 박사학위를 받았다. 『Uplife』 시리즈로 유명한 그의 작품들은 극히 전통적인 SF로 자리매김되고 있다. 저서에는 『실용적 효과』와 『시간의 강』 등이 있다.

D. H. 로렌스 David Herbert Lawrence, 1885~1930

영국의 소설가·시인·비평가. 교양 없는 주정뱅이가 아버지와 격렬하게 대립했던 어머니가 모든 애정을 그에게 쏟은 일이 사춘기의 그의 여성 관계를 복잡하게 만들었다. 이러한 것들은 뒷날 그의 문학에 흐르는 주제의 한 원형을 이루었다. 1912년 노팅엄 대학 시절의 은사 E. 위클리의 부인이며 6세나 연상인 프리다와 사랑에 빠졌는데, 『아들과 연인』은 이때에 쓴 것이었다. 1915년에는 『무지개』를 발표했는데, 성 묘사가 문제되어 곧 발매 금지를 당한다. 『캥거루』, 『날개 있는 뱀』 등의 장편에는 예언자적인 독특한 세계관이 담겨 있으며, 만년에 피렌체에서 완성한 『채털리 부인의 사랑』은 그 동안 충분히 나타내지 못했던 그의 성 철학을 펼친 작품으로, 외설 시비로 오랜 재판을 겪은 후 미국에서는 1959년, 영국에서는 1960년에야 비로소 완본 출판이 허용되었다. 이 밖에도 많은 중단편소설·시집·여행기·평론집·서간집 등이 있다.

데이비드 호킨스 David R. Hawkins

미국 정신치료협회의 종신회원이며, 저작자. 사춘기 때 영하 20도의 강추위 속에서 신문 배달을 하다가 눈보라 바람을 피하기 위해 눈구덩이 속으로 들어가 있는 동안 영적인 엑스터시ecstasy를 느껴, 이때부터 인간의 의식과 영혼의 문제에 몰두하게 되었다. 38세 때 치명적 질병으로 죽었으나 영적 교감을 통한 마음의 평화를 체험하게 되어, 진정한 자아에서 인생의 해답을 찾으려 한다. 1973년에는 『식이요법을 통한 정신치료』라는 책을 노벨상 수상자인 라누스 폴링과 공동 집필하기도 했다.

루터 버뱅크 Luthur Burbank, 1849~1926

미국의 원예 개량가. 21세 때 찰스 다윈의 저서 등에서 자극을 받고 작물 개량 사업을 시작했다. 최초의 성공은 버뱅크 감자로(1872), 이것은 세계에서도 우수한 품종으로 되어 있다. 그 밖에 과수·화초의 선택, 교배에 의한 다수의 품종을 개량하는 데 성공했고, 밤나무·호두나무 등의 가구·건축용재의 품종 개량에도 전력했다. 날카로운 관찰력과 뛰어난 직감력을 가졌으며, 넓은 지식과 과학적 고찰, 독특한 수법으로 일생을 육종 개량에 전념했다. 저서에는 『방법과 발견』(전12권, 1914~1915), 『인류를 위하여 식물은 어떻게 순화馴化되는가』(전8권, 1921) 등이 있다.

리버티 하이드 베일리 Liberty Hyde Bailey, 1858~1954

식물학자이며 원예가이다. 미국 미시간 주의 사우스헤이븐에서 태어났다. 하버드 대학에서 식물학 교수 아사 그레이(Asa Gray, 1810~1888)를 보조했고, 미시간의 농업대학에서 일했다. 여기서 일한 경험을 바탕으로 『미국 농업 백과』(1907~1909)와 『원예 백과』(1917)를 출판했다. 1913년 교직에서 퇴임한 후 세계 여행, 새로운 식물 연구, 수집 등에 전념했다. 65권이 넘는 저서와 수백 편에 이르는 논문을 발표했다.

리처드 파인만 Richard Phillips Feynman, 1918~1988

미국의 이론물리학자. 매사추세츠 공과대학과 프린스턴 대학에서 공부했으며, 제2차 세계대전 중에는 원자폭탄 개발에 참여했다. 1945년 코넬 대학, 1950년 캘리포니아 대학 교수가 되었다. 코넬 대학 시절부터 양자전기역학Quantum

Electrodynamics을 연구, 재규격화이론再規格化理論을 완성했다. 여기서 사용된 파인만 다이어그램은 이론물리학에 널리 이용되고 있다. 1950년 이후에는 액체 헬륨의 이론을 연구했고, 1965년 재규격화이론 연구의 업적으로 줄리언 S. 슈윙거, 도모나가 신이치로와 함께 노벨물리학상을 수상했다.

린 위탕 林語堂, 1895~1976

중국의 소설가·문명비평가. 1919년 하버드 대학에서 유학, 언어학을 공부하고 독일로 건너가 예나Jena 대학과 라이프치히 대학에서 수학했다. 1923년 귀국하여 국립 베이징 대학 영문학 교수가 되었는데, 음운학을 연구하는 한편 루쉰 등의 어사사語絲社에 가담하여 평론을 썼다. 1932년 유머와 풍자를 주장하는 『논어』, 1934년 소품문지小品文誌 『인간세』를 창간해 소품문을 유행시켰으며, 1935년 『My Country and My People』을 쓰고, 이듬해 영국으로 가서 『생활의 발견』 등으로 중국 문화를 소개했다. 소설 『Moment in Peking』, 『A Leaf in the Storm』 등에서는 근대 중국의 고민을 표현했다.

마더 테레사 Mother Teresa, 1910~1997

본명은 아그네스 곤자 보야지우Agnes Gonxha Bojaxhiu. 유고슬라비아 태생으로 인도에서 활동했던 박애가·수도회장. 캘커타 빈민가에 살며, 빈민·고아·힌센병 환자 등의 구호에 힘썼다. 1979년 노벨평화상을 수상했다. 2003년 요한 바오로 2세에 의해 성인 반열에 올랐다.

마크 트웨인 Mark Twain, 1835~1910

미국의 소설가. 본명 새뮤얼 클레멘스Samuel Langhorne Clemens. 미주리 주 출생. 가난한 개척민의 아들로 태어나 네 살 때 가족을 따라 미주리 주 북동부 미주리 강(미시시피 강의 지류) 연안에 있는 한니발Hannibal로 이사했다. 그 후 인쇄소의 견습공을 거쳐 1857년 미시시피 강의 수로 안내인이 되었는데, 한니발로 이사한 뒤부터 이 시기까지의 생활과 경험은 후일 작가 형성에 큰 영향을 미쳤다. 그의 필명인 마크 트웨인은 뱃사람들의 용어로 안전수역을 나타내는 '두 길'(한 길은 6피트)을 뜻한다. 작품으로는 『톰 소여의 모험』, 『미시시피 강의 생활』, 『도금시대』 등이 있으며, 특히 『허클베리 핀의 모험』은 문명에 오염되지 않은 자연아의 정신과 변경인邊境人의 혼魂을 노래한 미국적인 일대 서사시로 알려져 있다.

밀턴 프리드먼 Milton Friedman, 1912~2006

미국의 경제학자. 러트거스 뉴저지 주립대학Rutgers University · 시카고 대학 등에서 공부했으며, 1948~1976년 시카고 대학에서 교수를 지내고 스탠퍼드 대학의 후버 연구소로 옮겼다. 신화폐수량설New Monetarism로 통화정책의 중요성을 주장했으며 케인스 학파의 재정 중시책에 반대했다. 자유방임주의와 시장제도를 통한 자유로운 경제활동을 주장했으며 1976년 노벨경제학상을 받았다. 저서에 『선택의 자유』, 『소비의 경제이론 : 소비함수』, 『미국과 영국의 통화 추세』 등이 있다.

빌헬름 딜타이 Wilhelm Dilthey, 1833~1911

독일의 철학자. 생生철학의 창시자이다. 자연과학에 대해 정신과학의 영역을 기술적·분석적·심리적 방법으로 확고하게 만들었다. 이어 칸트의 비판 정신의 영향을 받아 헤겔의 이성주의·주지주의에 반대하여 역사적 이성의 비판을 제창하고, 역사적 생의 구조를 내재적으로 파악할 것을 주장했다. 해석학 영역에서는 프리드리히 슐라이어마허(Friedrich Ernst Daniel Schleiermacher, 1768~1834)의 해석학 연구를 거쳐, 역사적 생의 이해, 역사적 의미의 이해를 중심으로 하는 해석학의 방법론을 확립했다. 그의 해석학·역사철학은 실존철학·문예학·양식학樣式學·유형론에 커다란 영향을 끼쳤다. 저서에 전집 12권(1914~1936)이 있다.

스티븐 코비 Stephen R. Covey

하버드 대학 경영대학원에서 공부하고, 브링검 영 대학의 부교수를 역임했다. 리더십 분야에서 '코비 리더십 센터'의 창설자이며 회장이다. 『포춘Fortune』지가 선정한 세계 500대 기업 중 200여 개의 기업에서 자신의 리더십 교육을 실시하고 있다. 『성공하는 사람의 7가지 습관』, 『소중한 일을 먼저 하라』, 『원칙 중심의 리더십』, 『성공하는 사람들의 8번째 습관』 등의 저서가 있다.

신돈 辛旽, ?~1371

고려 말의 승려. 속성俗姓은 신辛, 돈旽은 집권 후에 정한 속명俗名이며, 법호는 청한거사淸閑居士, 승명은 편조遍照. 김원명의 추천으로 공민왕으로부터 신임을 받고 사부로서 국정을 맡았다. 1365년 그는 고려 내부의 혼탁한 사회적 적폐를 타개, 질서를 확립하고자 정치개혁을 단행해 민심을 얻는다. 그러나 그의 급진적 개혁은 상층 계급의 반감을 사서, 왕을 살해하려는 역모죄로 몰려 수원에 유폐되었다가 1371년에 처형되었다.

알퐁스 도데 Alphonse Daudet, 1840~1897

프랑스의 소설가. 남프랑스 님Nimes 출생. 리옹Lyon의 고등중학교에 들어갔으나, 가업의 파산으로 중퇴하고, 알레스에 있는 중학교 사환으로 일하면서 청소년 시절을 보냈다. 시집인 『연인들』(1858)을 발표, 이것이 당시의 입법의회 의장 모르니 공작에게 인정받아 비서가 되었고, 이를 계기로 문학에 더욱 정진했다. 그 후 시인 프레더릭 미스트랄을 비롯하여 플로베르, 졸라, E. 공쿠르, 투르게네프 등과 친교를 맺었다. 풍부한 서정과 잔잔한 묘사로 애독되는 소설 『별』과 이 소설이 실린 단편집 『방앗간 소식』(1866)으로 문명文名을 확립했다. 소설로는 『월요이야기』(1873), 『사포』(1884), 『타라스콩 항구』(1890) 등이 있고, 수상집에 『파리의 30년』(1000) 등이 있나. 희곡으로는 『아를의 여인』(1872)이 있는데, 비제가 작곡함으로써 유명해졌다. 그는 자연주의의 일파에 속했으나, 선천적으로 민감한 감수성, 섬세한 시인 기질 때문에 시정詩情이 넘치는 유연한 문체로 불행한 사람들에 대한 연민과 고향 프로방스 지방에 대한 애착심을 주제로 한 인상주의적인 작품을 썼다.

애덤 스미스 Adam Smith, 1723~1790

영국의 경제학자·철학자. 고전경제학의 창시자이다. 1737년 글래스고 대학에 입학, 도덕철학 교수인 F. 해치슨으로부터 영향을 받았으며, 1740~1746년 옥스퍼드 대학을 거쳐 1751년 글래스고 대학의 교수가 되었다. 해치슨 교수의 후임으로 도덕철학의 강의를 맡은 후, 『도덕 감성론』이라는 저서를 펴내 전 유럽에서 명성을 떨쳤다. 후일 그는 '경제학의 아버지'로 불리게 되었으며, 근대

경제학, 마르크스 경제학은 그의 『국부론』에서 출발하게 되었다. 『국부론』은 경제학을 처음으로 이론·역사·정책에 도입, 체계적 과학으로 이룩하였고, 중상주의적 비판은 당시 영국의 자유통상정책으로 구체화되었다.

알베르트 아인슈타인 Albert Einstein, 1879~1955

미국 이론물리학자. 독일 남부의 소도시 울름Ulm에서 출생. 스위스 국립공과대학 물리학과를 졸업하고, 베른 특허국의 관리 자리를 얻어 5년간 근무했다. 광양자설·브라운 운동의 이론·특수상대성 이론을 연구, 1905년 발표했다. 특수상대성 이론은 당시까지 지배적이었던 갈릴레이나 뉴턴의 역학을 송두리째 흔들어 놓았고, 종래의 시간·공간 개념을 근본적으로 변혁시켰으며, 철학 사상에도 영향을 주었고, 질량과 에너지의 등가성等價性의 발견은 원자폭탄을 예언한 것이었다. 브라운 운동에 관한 기체론적 연구는 분자물리학에 새로운 국면을 열었다. 광전효과 연구와 이론물리학에 기여한 업적으로 1921년 노벨물리학상을 받았다. 제2차 세계대전 중 독일이 원자폭탄 연구에 몰두하자, 미국의 과학자와 망명한 과학자들은 원자폭탄을 가질 필요성을 통감하여 당시 대통령 루스벨트에게 그 사정을 알리는 편지를 보내, 이것이 원자폭탄 연구인 '맨해튼 계획'의 시초가 되었다. 미국에서는 그를 기념하여 아인슈타인상을 마련하고 해마다 두 명의 과학자에게 시상하고 있다.

앨빈 토플러 Alvin Toffler, 1928~

미국의 문명비평가. 뉴욕 대학 졸업 후, 과학·문학·법학 부문의 5개 명예박사 학위를 취득했다. 『포춘』지 부편집장, 코넬 대학 객원교수, New School for Social Research 교수, Institute for the Future, IBM Corporation 고문 등을 역임했다. Prix du Meilleur Livre Étranger(프랑스), Mckinsey Foundation Book Award를 수상했다. 저서에 『문화소비자』, 『제3의 물결』, 『미래의 충격』, 『권력이동』, 『부의 법칙과 미래』 등이 있으며, 편저에 『내일을 위한 교육』, 『미래주의자』 등이 있다.

언스트 메켈버그 Ernst Meckelburg, 1927~

과학과 기술 분야와 관련한 수백 편의 논문을 썼고 많은 서적을 출간했다. 수십 년 동안 심령학, 의사물리학 등 과학의 경계지대에 대한 연구에 집중해 왔다. 특히 비정상적인 시간 현상이나 의식 현상에 대한 수많은 연구 업적을 가지고 있다. 저서로는 『심리의 나라』, 『미래에서 온 방문객』, 『상위 공간』 등이 있다.

에릭 홉스봄 Eric John Ernst Hobsbawm, 1917~

1917년 출생. 1980년 이후 런던 대학에서 경제학과 사회역사학 명예교수를 지냈다. 케임브리지 대학에서 박사학위를 받았으며 버클벡 대학에서 강의하기도 했다. 케임브리지 대학에서 연구원으로 일했으며 캐나다 요크 대학의 교수를 역임했다. 저서에 『원시의 환락』(1989), 『혁명기』(1962), 『극단의 시대』(1997) 등이 있다.

에밀 쿠에 Émile Coué, 1857~1926

프랑스의 심리치료학자. 트루아Troyes에서 출생. 약사로서 교육을 받았으나 1900년경에 최면술을 연구하기 시작해 자기최면 치료의 일종인 자기암시라는 정신치료기법을 고안해 냈다. 이 방법은 환자 스스로가 매일 매일 '나는 좋아지고 있다'라는 등의 말을 계속 반복함으로써 치료할 수 있다는 것이다. 영국과 미국에서 쿠에 말년에 자기암시 치료법이 성행했다.

에이브러햄 링컨 Abraham Lincoln, 1809~1865

미국의 제16대 대통령(재임 1861~1865). 켄터키 주 호젠빌 출생. 가난한 농민의 아들로 태어나 어려서 노동을 했기 때문에 거의 학교 교육을 받지 않았으나 독학하여 1838년 변호사가 되었다. 1847년 연방하원의원으로 당선되었으나, 1기로 끝내고 변호사 생활을 하다가 1850년대 노예 문제가 전국적인 문제로 크게 고조되자 정계에 복귀, 1856년 노예 반대를 표방하여 결성된 공화당에 입당했다. 1860년 대통령에 당선되었으나, 그의 당선과 함께 남부의 모든 주州는 잇따라 합중국을 이탈해 남부연합국을 결성했다. 1861년 4월 섬터 요새에 대한 남군의 공격으로 마침내 남북전쟁이 시작되었고, 1862년 남군이 수세에 몰린 때를 노려 노예제 폐지를 예고하고 외국의 남부연합국 승인을 저지함으로써, 북부와 해외 여론을 자기편으로 유도했다. 1864년 재선되었으며, 1865년 4월 9일 남군 사령관 R. E. 리가 애포매턱스에서 그랜트에게 항복함으로써 남북전쟁은 종막을 고했다. 남군 항복 이틀 뒤인 4월 14일 워싱턴의 포드 극장에서 연극 관람 중 남부인 배우 J. 부스에게 피격, 이튿날 아침 사망했다. 그는 1863년 11월 게티즈버그 국립묘지 설립 기념식 연설에서 "국민의, 국민에 의한, 국민을 위한 정부는 지상에서 영원히 사라지지 않을 것이다"라는 말을 남겼다.

요하네스 케플러 Johannes Kepler, 1571~1630

독일의 천문학자. 신학을 공부했으나 곧 싫증을 느끼고, M. 메스트린 교수로부터 소개받은 코페르니쿠스의 지동설에 감동받아 천문학으로 전향했다. 1595년 『천체력天體曆』을 발간하고, 이듬해 『우주 구조의 신비』를 출간하여 행성의 수와 크기, 배열 간격에 대한 생각을 밝혔다. 그 후, 행성들의 합을 연구하던 중에 뱀주인자리에서 초신성을 발견했으며, 1609년 화성 관측 결과를 『신 천문학』이라는 제목으로 출간했다. 여기서 행성의 운동에 관한 제1법칙인 '타원 궤도의 법칙'과 제2법칙인 '면적 속도 일정의 법칙'을 발표하여 코페르니쿠스의 지동설을 수정, 발전시켰다. 1619년에는 『우주의 조화』를 출간하여 행성의 공전 주기와 공전 궤도의 반지름과의 관계를 설명한 행성 운동의 제3법칙을 발표했다.

요한 볼프강 폰 괴테 Johann Wolfgang von Goethe, 1749~1832

독일의 시인·극작가·정치가·과학자. 명문 출신으로 어린 시절부터 엄격한 교육을 받았다. 17세에 라이프치히 대학에 들어가 법률학을 배웠으나 병을 얻어 한때 중단하였다가 슈트라스부르크 대학에서 학위를 받았다. 슈트라스부르크 대학 시절 J. G. 헤르더를 만나 큰 영향을 받았는데, 그것은 슈투름 운트 드랑(질풍노도운동)의 계기가 되었으며 그 선봉이 된 희곡 『괴츠 폰 베를리힝엔』(1773)과 소설 『젊은 베르테르의 슬픔』(1774) 등을 발표했다. 그의 연애 체험은 이들 작품 및 이후의 여러 작품의 근간을 이루고 있다. 1775년 바이마르 공국의 영주 카를 아우구스트의 초청으로 그곳에 가서 문학적 활동뿐 아니라 많은 공직을 수행하면서 영주의 신임을 얻어 각료로서 교육·재정·산업·군사 등 다방면에서 재능을 발휘했고, 그 경험이 『파우스트』 2부에 잘 나타나 있다. 1786~1788년 이탈리아를 여행하고 『타우리스 섬의 이피게니』, 『타소』 등 고전적 작풍의 희곡을 완성했다. 1794년에 만난 실러는 그가 죽기 전까지 우정이 지속되었으며 상호간에 정신적·예술적으로 미친 영향 또한 지대했다. 작품에는 『빌헬름 마이스터의 수업 시대』(1795~1796), 『빌헬름 마이스터의 편력 시대』(1821) 등이 있으며, 1831년에는 23세에 초고를 쓴 필생의 대작 『파우스트』를 완성했다. 그는 문학작품이나 자연 연구에 있어서, 신神과 세계를 하나로 보는 범신론汎神論적 세계관을 전개했으며, 그의 종교관은 범신론적 경향이 뚜렷하지만, 복음서의 윤리에는 깊은 존경을 표시했다. 한편 자서전 『시와 진실』(1811~1831)도 그의 생활과 사상을 아는 데 중요하다.

윌리엄 포크너 William Cuthbert Faulkner, 1897~1962

미국의 작가. 미시시피 주의 뉴올버니 출생. 1949년 노벨문학상 수상자이며, 두 차례나 퓰리처상을 받았다. 제1차 세계대전에 참전했으며, 미시시피 대학을 중퇴하고, 1924년 친구의 도움으로 처녀 시집 『대리석이 목신상木神像』을 출판했다. 그후 소설을 쓰기 시작하여, 1926년 첫 작품 『병사의 보수』를 발표하고, 『모기』(1927), 『음향과 분노』, 『성역聖域』(1931), 『압살롬, 압살롬!』(1936), 『우화』(1954, 퓰리처상 수상), 『읍내邑內』(1957), 『자동차 도둑』(1962, 퓰리처상 수상) 등을 발표했다. 이들 작품에서 포크너는 미국 남부사회의 변천해 온 모습을 연대기적으로 묘사했다. 그는 '요크나파토파Yoknapatawpha 군郡'이라는 가공의 지역을 설정하고 그곳을 무대로 해서 19세기 초부터 20세기의 40년대에 걸친 시대적 변천과 남부사회를 형성하는 것으로 생각되는 대표적인 인물들을 등장시켜 한결같이 배덕적背德的이며 부도덕한 남부 상류사회의 사회상을 고발했다.

유성룡 柳成龍, 1542~1607

조선 중기의 문신·학자. 자 이현而見. 호 서애西厓. 시호 문충文忠. 의성 출생. 퇴계 이황의 제자로서 과거에 급제하여 여러 벼슬을 두루 거치고 풍원부원군에 봉해졌다. 1592년 임진왜란이 일어나자 도체찰사로 군무를 총괄, 이순신·권율 등 명장을 등용했다. 화기 제조, 성곽 수축 등 군비 확충에 노력하는 한편, 군대 양성을 역설하여 훈련도감이 설치되자 제조提調가 되어 『기효신서紀效新書』를 강해하였다. 임진왜란 때 명나라 장수 이여송이 바둑을 둘 줄 모르는 선조에게 대국을 요청하자 그는 우산에 구멍을 뚫어 훈수함으로써 이여송을 무릎 꿇게 했다는 일화가 전해질 만큼 바둑 애호가였다. 저서에 『서애집』, 『징비록』 등이, 편서에 『황화집』, 『정충록』 등이 있다.

이색 李穡, 1328~1396

고려 말기의 문신·학자. 호는 목은牧隱, 시호는 문정文靖이며, 고려 3은 중의 한 사람이다. 14세 때 진사 시험에 급제하였고, 21세 때 원나라에 유학하여 성리학을 배웠다. 그뒤 원나라의 과거에 급제하여 국사원 편수관 등을 지냈다. 1367년에 한산군에 봉해지고, 이듬해 예문관 대제학·성균관 대사성에 올랐다. 이성계가 권력을 잡자 장단 및 청주 등지에서 귀양살이를 하다가 65세 때 풀려났으나, 방랑길에 올라 객지에서 일생을 마쳤다. 고려 말기의 성리학 발전에 공이 큰 대학자로서, 그 문하에서 권근, 김종직, 변계량 등의 뛰어난 학자들이 나왔다. 저서로는 『목은시고』, 『목은문고』 등이 있다.

이순신 1545~1595

조선 선조 때의 명장. 시호는 충무, 자는 여해. 유성룡의 천거로 전라좌도 수군절도사가 되어 거북선을 제작하는 등 군비 확충에 힘썼다. 임진왜란이 일어나자 한산도에서 적선 70여 척을 무찔러 정헌대부에 올랐다. 정유재란 때 원균의 모함으로 사형을 받게 되었으나, 정탁의 구원으로 백의종군하다가 통제사 원균이 패하자 흩어진 병선을 모아 적선 100여 척을 무찌르고 노량해전에서 적의 유탄에 맞아 전사했다. 저서로는 『난중일기』가 있다.

이제현 李齊賢, 1287~1367

고려 말기의 성리학자·문신. 호는 익재益齋, 역옹, 실재實齋이고, 시호는 문충文忠이다. 충렬왕 27년(1301년) 15세 때에 문과에 급제한 후 여러 관직을 거치며 평생을 나라 일에 몸바쳤다. 대문장가로서 성리학의 기초를 세웠으며, 원나라 조맹부의 글씨체를 고려에 들여와 널리 전했다. 그가 지은 『익재난고』의 '소악부'에는 17수의 민간 가요가 한시로 번역되어 실려 있어 오늘날 고려가요 연구의 귀중한 자료가 되고 있다. 저서에 『익재난고』, 『효행록』, 『역옹패설』 등이 있다.

임제 臨齊 의현 義玄, ?~867

중국 당나라의 선승禪僧. 임제종의 개조開祖. 어려서부터 불교에 심취하여 출가 후, 경·율·논經·律·論을 배우고 황벽 희운黃檗希運을 스승으로 찾아가 그의 법을 이어받았다. 매우 엄격해서 제자를 가르치는 데 봉棒을 사용한 덕산 선감德山宣鑑과 쌍벽을 이루어, '덕산의 봉, 임제의 갈'이라는 말이 유행했었다고 한다. 중국 선종 가운데서 법손法孫이 가장 번창했다. 제자 혜연慧然이 엮은 『임제록臨濟錄』은 그의 언행들을 담고 있다.

장자 莊子, B.C. 369~B.C. 289?

중국 고대의 사상가. 제자백가 중 도가道家의 대표자이다. 성은 장莊, 이름은 주周. 송宋의 몽읍蒙邑에서 태어났다. 정확한 생몰 연대는 미상이나, 맹자孟子와 거의 비슷한 시대에 활약한 것으로 전한다. 관영官營인 칠원漆園에서 일한 적도 있었으나, 그 이후에는 평생 벼슬길에 들지 않았으며 10여 만 자에 이르는 저술을 완성했다. 저서인 『장자』는 원래 52편篇이었다고 하는데, 현존하는 것은 진대晉代의 곽상郭象이 산수刪修한 33편(内篇 7편, 外篇 15편, 雜篇 11편으로, 그 중에서 내편이 원형에 가장 가깝다고 한다. 장자의 사상은 대부분 우언寓言으로 풀이되었으며, 그 근본은 노자老子의 무위사상無爲思想을 계승하는 것이지만, 현세와의 타협을 배제하는 점에서는 더욱 철저하여, 바로 그와 같은 면에서 장자의 분방한 세계가 펼쳐진다. 이러한 장자사상은 위진현학魏晉玄學의 사상적 기반이 되었으며 남북조 시대에 성행한 반야학般若學과 당나라 때

융성한 선종禪宗 형성에 영향을 주었다. 송宋·명明 이학理學은 유학을 위주로 하면서도 내면적으로는 장자 철학을 수용했다. 장자의 이러한 초탈사상은 자연주의 경향이 있는 문학예술에도 영향을 주었다. 한국에서는 조선 전기에 이단異端으로 배척받기도 하였으나 산림山林의 선비들과 문인들이 그 문장을 애독했다.

자크 프레베르 Jacques Prevert, 1900~1977

프랑스의 시인. 1930년까지는 초현실주의 작가 그룹에 속하는 시인으로 활약하다가 이후 관심을 영화로 돌려 『악마는 밤에 온다』, 『말석 관람객들』 등의 명작 시나리오를 썼다. 초기 시에는 쉬르레알리즘의 흔적이 엿보이는데, 샹송풍의 후기 작품에서는 통렬한 풍자와 소박한 인간애가 작품에 생명을 불어넣어 주었다. 대표작으로는 『파롤』, 『스펙터클』 등이 있으며, J. 코스마가 작곡한 샹송 〈고엽〉의 작사자이기도 하다.

제임스 오툴 James O'tool

남캘리포니아 경영대학원 교수를 역임했으며, 리더십 향상을 위한 비영리 교육 기관인 아스펜 연구원Aspen Institute 부원장을 지냈다. 미국의 교육위원회가 선정한 미국 고등교육의 가장 존경받는 100대 인물에 선정되기도 했다. 저서로는 『변화를 이끌어 가기 : 가치 중심의 리더십을 위한 논쟁』 등이 있다.

조식 曺植, 1501~1572

조선 중기의 학자. 호는 남명南冥, 시호는 문정文貞이다. 지리산에 들어가 성리학을 연구하여 독특한 학문을 이룩했다. 전생서 주부, 단성 현감, 상서원 판관에 임명되었으나 모두 사양했다. 1566년에 왕의 부름을 받고 찾아가 나라를 다스리는 도리와 학문의 방법을 설명했고, 두류산 덕산동에서 학문을 연구하며 후배들을 가르쳤다. 그의 문하에서 김효원, 김우옹 등 뛰어난 학자들이 나왔다. 저서로는 『남명집』, 『유편』 등이 있고, 작품으로는 〈남명가〉, 〈왕롱가王弄歌〉, 〈권선지로가勸善指路歌〉 등이 있다.

조준 趙浚, 1346~1405

고려 말과 조선 초의 문신. 호는 우재吁齋, 송당松堂이며, 시호는 문충文忠이다. 평양에서 태어나 1374년에 문과에 급제하여 지제교와 전법 판서가 되었다. 이성계를 추대하여 개국 일등공신으로 평양백의 벼슬을 누렸고, 5도도통사로 병권을 장악했다. 그 후 판문하부사 및 영의정부사에 올랐다. 그는 토지 제도에 밝은 학자로서 하윤 등과 『경제육전』을 펴냈으며, 저서로 『당집』이 있다.

존 스타인벡 John E. Steinbeck, 1902~1968

미국의 소설가. 1962년 노벨문학상을 수상했다. 이른바 로스트 제너레이션을 이은 1930년대의 사회주의 리얼리즘을 대표하는 작가로서, 그의 작품은 사회의식이 강렬한 작품과 온화한 휴머니즘이 넘치는 작품으로 대별된다. 처녀작 『황금의 잔』을 시작으로, 『승부 없는 싸움』, 『생쥐와 인간』 등을 발표하여 명성을 확고히 했다. 1938년 그의 소년 시절을 그린 뛰어난 단편집 『긴 골짜기』를 발표하고, 이듬해 대표작 『분노의 포도』로 퓰리처상을 받았다. 기계화 농업의 압박으로 농토에서 쫓겨난 이동 농민들의 비참한 생활을 변천하는 사회 양상과 함께 힘차게 그린 이 작품은 작품 구성면에서도 새로운 시도가 엿보이는 사회주의 리얼리즘 작품이다. 그는 이 작품으로 1930년대를 대표하는 작가의 한 사람이 되었다. 그 밖의 작품으로는 『통조림 골목』, 『에덴의 동쪽』 등이 있다.

존 P. 코터 John P. Kotter

하버드 경영대학원의 리더십 전공 교수. 그의 논문은 『하버드 비즈니스 리뷰』의 최우수 논문에 선정되어 두 번이나 맥킨지상을 수상했다. 그 밖에 엑손 등의 기업들로부터 리더십과 관련한 공헌을 기리는 상을 여러 차례 받았다. 『변화의 주도』 등 다수의 훌륭한 리더십 관련 저서가 있다.

찰스 다윈 Charles Robert Darwin, 1809~1882

영국의 생물학자·진화론자. 의사의 아들로 태어나, 아버지의 희망대로 의과대학에 들어갔지만, 그 뒤 신학대학으로 옮겼다. 그러나 학생시절부터 동식물에 대한 흥미를 가져 생물학에 열중했다. 1831년에 대학을 졸업하자 박물학자로서 해군 측량선 비글호를 타고 남아메리카와 남태평양의 여러 섬 및 오스트레일리아 등을 탐험하면서 생물 자료를 모았다. 4년간에 걸친 항해에서 돌아온 뒤, 세계 여러 나라의 생물을 관찰하면서 신념을 가지게 된〈진화론〉의 논문을 정리하여 린네 학회에 제출하고, 곧 이어 유명한 『종의 기원』을 펴냈다. '세상 만물은 신이 만든 것' 으로만 여기던 당시 사회에서〈진화론〉은 크게 비난을 받았으나, 차차 학계의 인정을 받게 되어 생물학계에 새 기원을 열었다. 저서로 『비글호 항해기』, 『비글호 항해의 동물학』, 『산호초』 등이 있다.

칼 폰 린네 Carl von Linne, 1707~1778
스웨덴의 식물학자. 룬트 · 웁살라 대학에서 의학을 공부했으나, 다시 친구와 함께 생물학을 공부해서 졸업 전인 1724년에는 식물학을 강의했다. 한때 영국, 네덜란드로 건너가기도 했지만, 1738년 스톡홀롬으로 돌아와 병원을 개업했고, 웁살라 대학 교수가 되었다. 그의 명성이 알려지면서 많은 학생들이 웁살라 대학으로 모여들었으며, 1774년 강의 중에 뇌일혈로 쓰러져 후유증으로 4년 후에 죽었다. 그의 업적은 생물분류법의 기초를 확립한 것이다. 저서『자연의 체계』는 2명법을 확립한 분류학의 보전寶典이다.

칼 데이비드 앤더슨 Carl David Anderson, 1905~1991
미국의 물리학자. 뉴욕에서 출생하여 캘리포니아 공과대학에서 수학하고 같은 대학에서 교수를 역임했다. 1932년 아원자 중 하나인 양전자를 발견한 공로로 빅터 프란츠 헤스와 공동으로 1936년 노벨물리학상을 수상했다. 1936년 일본 물리학자인 유카와 히데키가 1935년 주장했던 중간자의 존재 여부를 실험으로 증명했다.

칼 구스타프 융 Carl G. Jung, 1875~1961
스위스의 정신과 의사로, 바젤 출생이다. 바젤 대학의 학부를 졸업한 후 1900년 취리히 대학 부속 부르크횔즐리 정신병원의 E. 블로일러 교수 밑에서 정신의학을 전공했다. 1904년경 정신분석의 유효성을 제일 먼저 인식하고 연상 실험을 창시하여, 프로이트가 말하는 억압된 것을 입증하고 '콤플렉스' 라고 이름붙였다. 이로 인해 프로이트의 수제자로 인정되었으나, 그 후 그는 '리비도' 라고 하는 개념을 성적性的이 아닌 일반 에너지라고 했기 때문에 프로이트와 의견이 대립되어, 1914년 정신분석학회를 탈퇴하고, 이후 자신의 심리학(분석심리학)을 수립하는 데 노력했다. 그의 심리학은 신비적인 색채를 지니고 있는데다 난해했기 때문에, 일반심리학에는 영향을 끼치지 못했다.

크리스토퍼 버드 Christopher Bird

1928년 미국 매사추세츠 주 보스턴 출생. 하버드 대학에서 생물학을 전공했으며, 동양철학과 동양학을 연구했다. 하와이 대학에서는 인류학을 연구하기도 했고, 소비에트 문화의 전문가이기도 하다. 『타임』지에 다수의 연구논문을 발표한 바 있다. 피터 톰킨스와 함께 『식물의 정신세계』(1972)라는 책을 썼다.

클리브 백스터 Cleve Backster

CIA에서 심문 기술을 개발하는 것을 도왔던 거짓말 탐지기 전문가이다. 거짓말 탐지기 훈련학교와 샌디에이고에서 백스터 연구소를 운영했다. 1966년 2월 백스터 이펙트Backster Effect를 발표했다. 이것은 탐지기를 통해 식물의 감정적인 반응을 감지해 낼 수 있었다는 주장이다. 1986년 정부 산하 연구기관의 위원회에서 백스터의 연구소를 방문함에 따라 그의 연구소는 정부와 관련이 있는 것으로 알려지게 되었다.

토드 부크홀츠 Todd G. Buchholz

케임브리지 대학과 하버드 법률대학원을 졸업한 경제학자이며 법률가. 백악관 경제담당 비서를 역임했다. 1989년 학생들의 투표로 결정되는 하버드 대학 최우수 강의상Allyn Young Prize을 수상한 바 있다. 저서로는 『죽은 경제학자들의 살아 있는 아이디어』가 있다.

틱 낫 한 Thich Nhat Hahn

불교의 선을 수행하는 종교가이며 학자·시인·정치적인 인물로 알려져 있다. 베트남 전쟁을 강력히 반대해, 1966년 미국으로 건너가 전쟁을 중지하도록 요청하기도 했고 파리회담에 불교 대표로 참석하기도 했다. 전쟁 후에는 난민 구제 활동을 펼쳤다. 킹 목사는 노벨평화상을 받았을 때 그도 같은 상을 받아야만 한다고 하기도 했었다. 저서로는 『세 개의 라마 봉인』, 『수트라』 등이 있다.

포리스트 카터 Forrest Carter

저술가. 저서로 『작은 나무의 배움』이 있다. 이 작품은 그가 1930년 대공황 때 이스턴 체로키 힐에서 할아버지와 함께 살았던 추억을 자서전처럼 엮어 놓은 것으로, 비평가들과 독자들로부터 많은 찬사를 받았다. 영혼의 깊은 곳으로 접근해 들어가게 하는 매력적인 책이다. 우리나라에서는 『작은 나무야 작은 나무야』로 번역 출간되었다.

프랭클린 루스벨트 Franklin D. Roosevelt, 1882~1945

미국의 제32대 대통령(재임 1933~1945). 뉴욕 주 하이드파크 출생으로 하버드 대학을 졸업하고, 1904년 컬럼비아 대학에서 법률을 공부했으며, 1907년 변호사 개업을 했다. 1928년 뉴욕 주지사에 당선되어 2기를 재임했다. 1932년 민주당 대통령 후보로 지명되자, 그 지명 수락 연설에서 '뉴딜New Deal'을 선언했다. 1929년 이래 몰아닥친 대공황으로 천 수백만에 달하는 실업자를 배출하고 있던 당시 미국은 루스벨트를 대통령으로 뽑았고, 그는 강력한 내각을 조직하고 경제공황을 극복하기 위해 뉴딜정책을 추진했다. 1936년 재선되었고, 1940년 3선되었다. 1941년 일본의 진주만 공격을 계기로 제2차 세계대전에 참전했다. '대서양 헌장'의 발표를 비롯, 카사블랑카·카이로·테헤란·얄타 등의 연합국 회의에서 전쟁의 결정적 지도권을 장악하여 영국의 총리 처칠과 전쟁 종결에 많은 노력을 기울였다. 1944년 대통령에 4선되고 국제연합 구상을 구체화하는 데 노력했으며, 1945년 4월 세계대전의 종결을 보지 못하고 뇌일혈로 사망했다.

프리드리히 니체 Friedrich Wilhelm Nietzsche, 1844~1900

독일의 철학자·시인. 실존철학의 선구자. 기독교적, 민주주의적 윤리를 약자을 노예 도덕으로 간주하고, 강자의 자율적 도덕, 즉 군주 도덕을 역설했으며 그 구현자를 초인超人이라 명명하였다. 저서로는 『비극의 탄생』, 『차라투스트라는 이렇게 말했다』, 『권력에 대한 의지』 등이 있다.

플라톤 B.C. 428?~347?

소크라테스의 제자. 아테네 서북부에 학원 아카데메이아를 개설했다. 소크라테스를 주역으로 한 『대화편』을 다수 쓰고, 특히 중기에는 초월적인 이데아를 참 실재實在로 하는 사고방식을 전개했다. 철학자가 통치하는 이상국가의 사상으로도 유명하다. 저서로는 『소크라테스의 변명』, 『향연』, 『국가』 등 약 30편의 『대화편』이 있다.

피터 톰킨스 Peter Tompkins

1917년 미국 조지아 주에서 태어났다. 영국, 프랑스, 이탈리아 등지에서 교육을 받았으며 하버드 대학, 콜롬비아 대학, 소르본 대학에서 공부했다. 졸업 후 신문사와 방송국에서 일하면서 저술 활동을 했다. 저서로는 『대 피라미드의 비밀』과 크리스토퍼 버드와 함께 저술한 『식물의 정신세계』(1972) 등이 있다.

허버트 클라크 후버 Herbert Clark Hoover, 1874~1964

미국의 정치가, 제31대 대통령(재임 1929~1933). 아이오와 주 웨스트브랜치에서 태어나 스탠퍼드 대학을 졸업한 뒤, 광산 기사로서 미국 서부 및 호주에서 성공했다. 제1차 세계대전 중에는 런던에서 미국 구제위원회, 벨기에 난민구제위원회를 조직하여 활동하다가 귀국 후 식량국장을 거쳐 전후 상무장관이 되었다. 상무장관으로 있을 때 실업계의 조직화와 산업의 자치에 의한 합리화 정책을 추진하여 1920년대 미국 경제의 비약적 발전에 공헌했고, 1928년에 실업계의 지도자로서 대통령에 당선되었다. 그러나 이듬해 가을 세계경제공황이 일어나자 대책을 세우는 데 실패하여 공황 수습에 온 힘을 기울였으나 성과를 올리지 못했다. 제2차 세계대전 후 트루먼 대통령의 요청으로 세계의 식량 문제를 개선하는 데 힘썼다.

헬렌 켈러 Helen Adams Keller, 1880~1968

미국의 작가이며 강연가. 자신의 장애를 극복하여 많은 장애인들을 격려했다. 앨라배마 주의 투츠컴비아에서 태어나, 19개월이었을 때 급성질환으로 귀머거리와 장님이 되었다. 장님을 위한 퍼킨스 재단의 앤 맨스필드 설리반에게 점자를 읽고 쓰는 법을 배웠다. 1890년에는 단지 한 달 만에 말하는 것을 배우기도 했다. 래드클리프 대학을 우수한 성적으로 졸업했고 매사추세츠 맹인위원회에서 일하면서 맹인을 위해 기금을 모집하고 미국과 영국, 이탈리아, 남아프리카 등지에서 강연하는 등 다양한 활동을 했다. 평화주의자이며 사회운동을 적극적으로 펼쳤다. 제2차 세계대전 후에는 부상병들을 방문하고 장애인들을 대표하여 유럽에서 강연회도 가졌다. 저서로는 『나의 인생』(1902), 『어둠을 헤치고』(1913), 『나의 선생님, 앤 설리반Teacher : Anne Sullivan Macy』(1955) 등이 있으며 그녀의 일대기는 영화와 책으로 나오기도 했다.

호르헤 루이스 보르헤스 Jorge Luis Borges, 1899~1986

아르헨티나의 시인·소설가. 에스파니아에서 전위 시인 그룹인 울트라이즘파에 가입했으나, 귀국 후에는 독자적인 시풍을 개척했다. 시집으로는 『부에노스아이레스의 열정』, 『전방의 달』, 『산 마르틴의 일지』가 있다. 그의 시의 근본원리는 은유에 있는데, 미·지성·형이상학·윤리 도덕 등의 우의와 상징으로 대담하게 통합되고 서로 조응하여 나타나는 환상세계에서 그 본질을 볼 수 있다. 특히 기담과 같은 단편집 『픽션』, 『알레프』 등이 펼치는 교묘하고 치밀한 허구와 패러디의 소우주가 갖는 묘한 매력을 간과해서는 안 된다. 문예평론에서는 극히 주관적인 『속續·심리』가 높이 평가되고 있다.